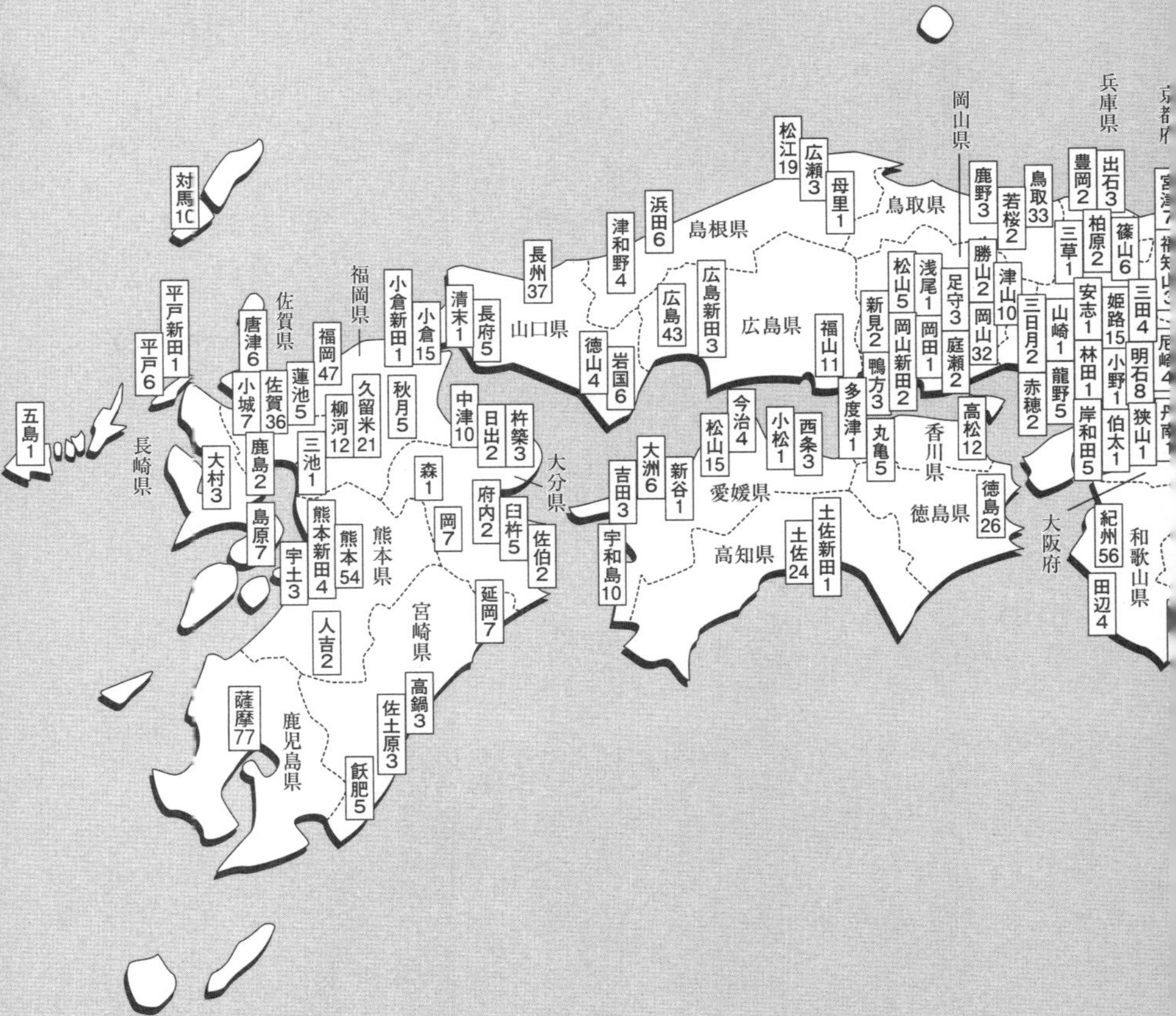

対馬10
五島1
平戸6
平戸新田1
長崎県
大村3
唐津6
佐賀県
小城7
佐賀36
蓮池5
鹿島2
島原7
三池1
福岡47
福岡県
柳河12
久留米21
小倉新田1
小倉15
秋月5
清末1
長府5
長州37
山口県
中津10
日出2
杵築3
大分県
森1
岡7
府内2
臼杵5
佐伯2
熊本新田4
熊本54
宇土3
熊本県
人吉2
宮崎県
延岡7
高鍋3
佐土原3
飫肥5
薩摩77
鹿児島県
津和野4
浜田6
島根県
徳山4
岩国6
広島43
広島新田3
広島県
松江19
広瀬3
母里1
鳥取県
福山11
吉田3
宇和島10
大洲6
新谷1
松山15
今治4
小松1
西条3
愛媛県
高知県
土佐24
土佐新田1
多度津1
丸亀5
香川県
高松12
徳島県
徳島26
新見2
松山5
浅尾1
岡山新田2
岡田1
鴨方3
足守3
庭瀬2
岡山県
鹿野3
勝山2
岡山32
津山10
若桜2
鳥取33
三日月2
赤穂2
山崎1
龍野5
兵庫県
豊岡2
出石3
柏原2
篠山6
三草1
安志1
姫路15
三田4
林田1
小野1
明石8
岸和田5
伯太1
狭山1
大阪府
紀州56
田辺4
和歌山県

シリーズ藩物語

八戸藩

本田伸……著

現代書館

プロローグ
八戸藩物語

甲斐国の豪族南部氏《なんぶし》が北奥の地へ拠点を移したのは、鎌倉期である。その後は南北朝期の一族内対立や室町期の安藤氏との抗争を経て、戦国期には現在の青森県下北半島から津軽地方、秋田県鹿角《かづの》地方、岩手県和賀郡《わがぐん》・稗貫郡《ひえぬきぐん》に至る広大な領地を有し、東北地方屈指の名家に成長した。「三日月の円くなるまで南部領」ということばが、その状況をうまく言い表している。

馬淵川《まべちがわ》と是川《これかわ》（新井田川《にいだがわ》）が形成する沖積平野と太平洋に開けた八戸浦を擁する八戸には、人の営みの痕跡が各所に残っている。国宝に指定された合掌土偶を始めとする縄文出土遺物、是川清水寺《せいすいじ》の平安期の仏像や南北朝〜室町期の絵馬類、櫛引《くしひき》八幡宮の中世の大鎧群や舞楽面など、文化財の豊富さは枚挙にいとまがない。

八戸は長らく、南部一族の八戸氏《はちのへし》に支配されてきた。本拠の根城《ねじょう》は馬淵川南岸の河岸段丘上に位置し、本丸・中館《なかだて》・東善寺館《とうぜんじだて》・岡前館《おかまえだて》・沢里館《さわさとだて》を備えた典型的な中世城館である。八戸氏は田名部《たなぶ》地方（現在の下北半島）も領有し、三戸《さんのへ》を拠点とする南部本家でさ

藩という公国

江戸時代、日本には千に近い独立公国があった

江戸時代。徳川将軍家の下に、全国に三百諸侯《しょこう》★の大名家があった。ほかに寺領や社領、知行所《ちぎょうしょ》★をもつ旗本領《はたもとりょう》などを加えると数え切れないほどの独立公国があった。そのうち諸侯を何々家《け》家中《かちゅう》と称していた。家中は主君を中心に家臣が忠誠を誓い、強い連帯感で結びついていた。家臣の下には足軽《あしがる》層《そう》★がおり、全体の軍事力の維持と領民の統制をしていたのである。その家中を藩と後世の史家は呼んだ。

江戸時代に何々藩と公称することはまれで、明治以降の使用が多い。それは近代からみた江戸時代の大名の領域や支配機構を総称する歴史用語として使われた。その独立公国たる藩にはそれぞれ個性的な藩風《はんぷう》と自立した政治・経済・文化があった。幕藩体制とは歴史学者伊東多三郎《いとうたさぶろう》★氏の視点だが、まさに将軍家の諸侯の統制と各藩の地方分権が巧く組み合わされていた、連邦でもない奇妙な封建的国家体制であった。

今日に生き続ける藩意識

明治維新から百四十年以上経っているのに、今

えも一目置く存在で、戦国期には家中最強の家臣として本家を強力に支えた。本家との抗争の道を選んだ九戸《くのへ》政実《まさざね》が豊臣秀吉の奥羽仕置によって潰されたのとは対照的である。

江戸時代に入り、南部本家は三戸から盛岡へ移った。八戸氏も遠野（現岩手県）へ移されたが、八戸にはすぐに根城に代わる新城が築かれ、城下町の整備が進められた。八戸は改めて、北の押さえの要地と位置づけられたのである。寛文四年（一六六四）、南部重直《しげなお》の死去により本家を継いだ南部重信《しげのぶ》は、幕命で分家当主に取り立てられた弟直房《なおふさ》に封地《ほうち》を分けるにあたり、あれこれ悩んだ末に八戸を与えた。こうして、直房は八戸南部家の祖となった。八戸藩の物語は、ここから始まる。

八戸を得たことは直房にとって、幸運だったと思う。二万石という表高の割には広い領地、北東風ヤマセが卓越する冷涼な気候、農業生産性の低さと凶作・飢饉の多発など、治めづらい面は多々あったろうが、歴史的に見て、大きな戦乱や支配者の変転を受けることがなかった八戸には、人々の生活・文化・習俗がしっかりと息づいていたからである。八戸が、地域社会や経済活動が継続的かつ連続的に発展してきた土地であることを、本書では強く意識しておきたい。

でも日本人に藩意識があるのはなぜだろうか。明治四年（一八七一）七月、明治新政府は廃藩置県《はいはんちけん》★を断行した。県を置いて、支配機構を変革し、今までの藩意識を改めようとしたのである。ところが、今でも、「あの人は薩摩藩の出身だ」とか、「我らは会津藩の出身だ」と言う。それは侍出身だけでなく、藩領出身も指しており、藩意識が県民意識をうわまわっているところさえある。むしろ、今でも藩対抗の意識が地方の歴史文化を動かしている。そう考えると、江戸時代に育まれた藩民意識が現代人にどのような影響を与え続けているのかを考える必要があるだろう。それは地方に住む人々の運命共同体としての藩の理性が今でも生きている証拠ではないかと思う。

藩の理性は、藩風とか、藩是《はんぜ》とか、ひいては藩主の家風ともいうべき家訓などで表されていた。

〔稲川明雄（本シリーズ『長岡藩』筆者）〕

諸侯▼江戸時代の大名。
知行所▼江戸時代の旗本が知行として与えられた土地。
足軽層▼足軽・中間・小者など。
伊東多三郎▼近世藩政史研究家。東京大学史料編纂所所長を務めた。
廃藩置県▼藩体制を解体する明治政府の政治改革。廃藩により全国は三府三〇二県となった。同年末には統廃合により三府七二県となった。

シリーズ藩物語

八戸藩

――目次

これも八戸

八戸周辺地図

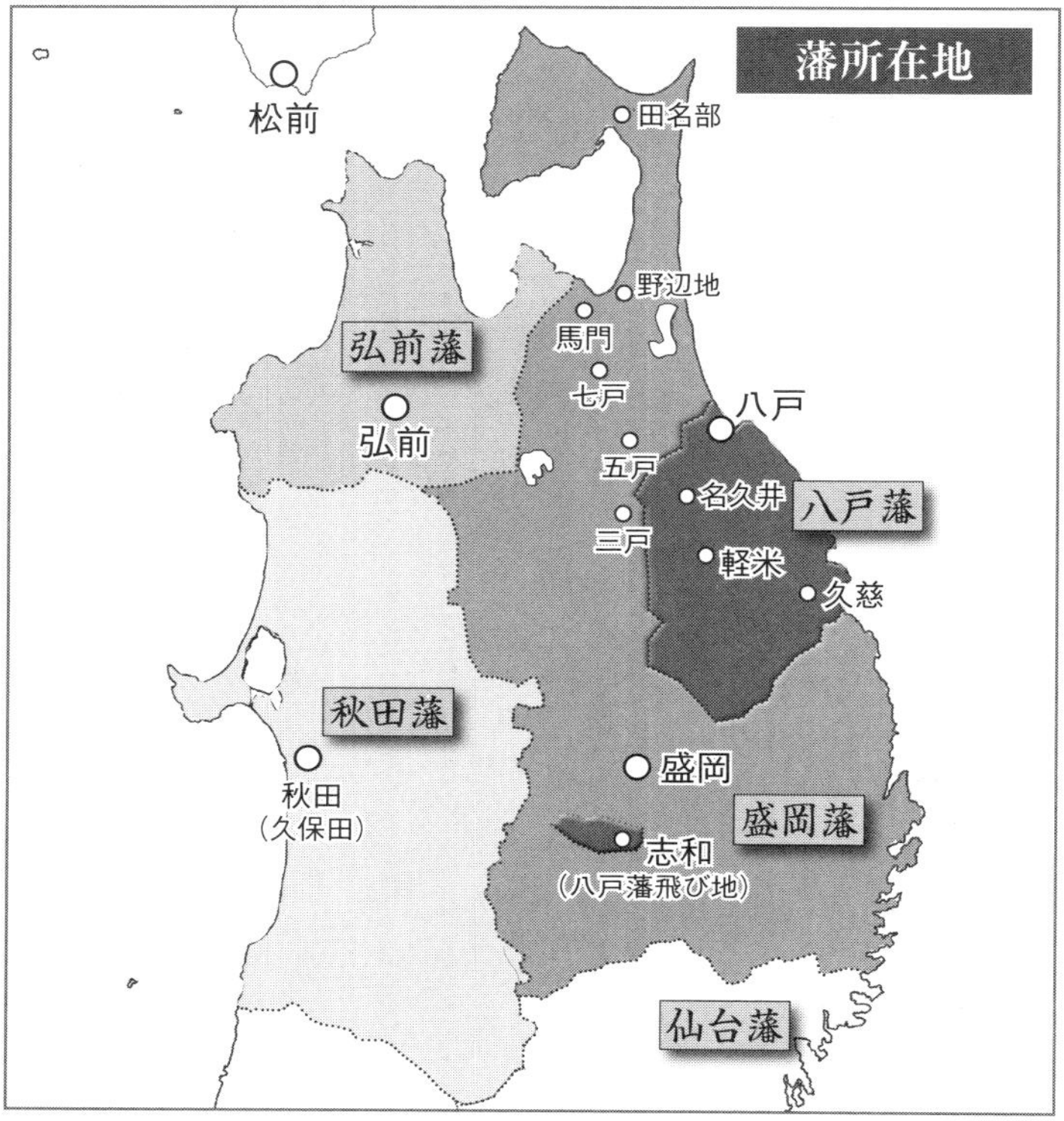
藩所在地
松前
田名部
野辺地
馬門
七戸
八戸
五戸
名久井
三戸
軽米
久慈
弘前藩
弘前
八戸藩
秋田藩
秋田
（久保田）
盛岡
盛岡藩
志和
（八戸藩飛び地）
仙台藩

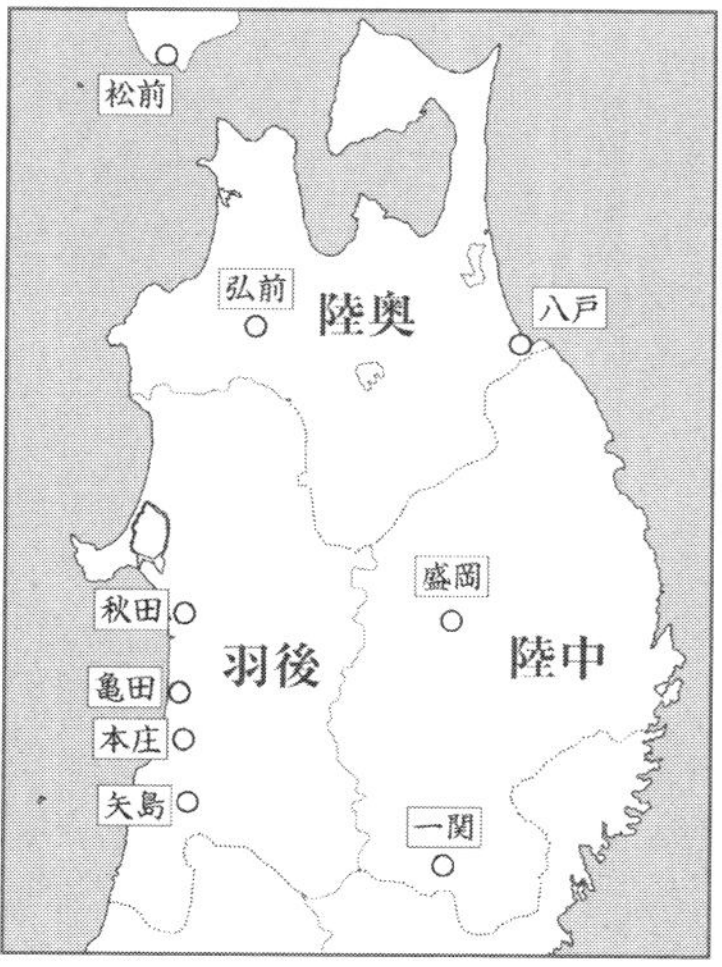
松前
弘前
陸奥
八戸
盛岡
秋田
羽後
陸中
亀田
本庄
矢島
一関

八戸周辺
鉄道路線略図
大湊
大湊線
津軽鉄道
津軽中里
五所川原
青森
津軽五所川原
青い森鉄道
五能線
弘前
東北新幹線
八戸
八戸線
大館
二戸
久慈
東能代
IGRいわて
銀河鉄道
三陸鉄道
北リアス線
花輪線
秋田新幹線
東北新幹線
山田線
秋田
盛岡
宮古
角館
釜石線
羽越本線
大曲
花巻
釜石
東北本線
三陸鉄道
南リアス線
奥羽本線
一ノ関
気仙沼

第一章 八戸藩のはじまり

伝統と格式を誇る南部家の相続問題のこじれから、八戸藩は誕生した。

文久改正八戸御城下略図（八戸市立図書館蔵）

◆1 八戸藩の成立

養子の出自にこだわるあまり、南部重直は次の盛岡藩主を決める機会を逃した。
思わぬ幸運に恵まれて大名となった中里数馬は、
八戸藩初代藩主南部直房として、藩政のありようを模索する。

八戸藩以前の八戸①――北奥の要地八戸と八戸氏

八戸藩が成立する前、八戸には二つの「八戸城」があった。八戸氏の根城《ねじょう》（現史跡根城の広場）と、八戸氏が岩手県遠野《とおの》へ去った後に南部利直《なんぶとしなお》が置いた八戸城（現三八城公園）である。

八戸氏はいわゆる根城南部氏で、「八戸」姓を用いていた。戦国末期に三戸南部氏（のちの盛岡南部氏）を本家と仰いで支配下に入り、江戸時代には盛岡藩の筆頭家老「八戸弥六郎」として藩政を支えた。つまり根城南部氏・遠野南部氏・八戸氏は同じものである。天正十八年（一五九〇）七月、南部信直《のぶなお》が小田原の豊臣《とよとみ》秀吉《ひでよし》に会いに行けたのも、根城の八戸政栄《まさよし》が三戸をしっかり守っていてくれたからである。

旧八戸城（根城）東門（テクノス提供）

文禄元年（一五九二）正月に始まった唐入《からいり》（＝朝鮮出兵）は、豊臣政権の実力を示す一大イベントだった。諸大名は肥前名護屋《ひぜんなごや》に集められ、東北地方からは伊達《だて》政宗《まさむね》が先陣に、秋田実季《さねすえ》・南部信直・津軽為信《つがるためのぶ》らが後詰《ごづめ》に配置された。昭和四十三年（一九六八）発見の「肥前名護屋城図屏風」（佐賀県立名護屋城博物館蔵）には、秀吉がいる名護屋城をはじめ陣屋・町家、湾に浮かぶ安宅《あたけ》船などが克明に描かれている。半径三キロ圏内に一二〇を超える大名の陣屋が築かれ、名護屋城弾正《だんじょう》丸《まる》のすぐ隣に津軽為信の陣屋が置かれていた。南部信直の陣屋とは約六〇〇メートル、前田利家《まえだとしいえ》の陣屋とは約八〇〇メートル、徳川家康の陣屋とは約一〇〇〇メートルの距離である。

ごく短期間に一四万もの人間が押し寄せたため、現地は混乱した。小ぜり合いは日常茶飯事で、殺伐さを少しでもやわらげようと、連日のように茶会が催された。仮装の宴（瓜畑《うりはた》遊び）もあり、徳川家康のあじか（ザル）売りや織田有楽斎《おだうらくさい》の旅僧が喝采を浴びた。

同年十二月、南部信直はこの地で仇敵秋田実季と和解した（「宝翰類聚」）。為信も信直との和解を望んで家康に仲介を頼んだが、前田利家の「為信は表裏之《ひょうりの》仁《じん》」（＝油断ならない人物）という発言もあり、手打ちがうまくいったかどうかは定かでない。

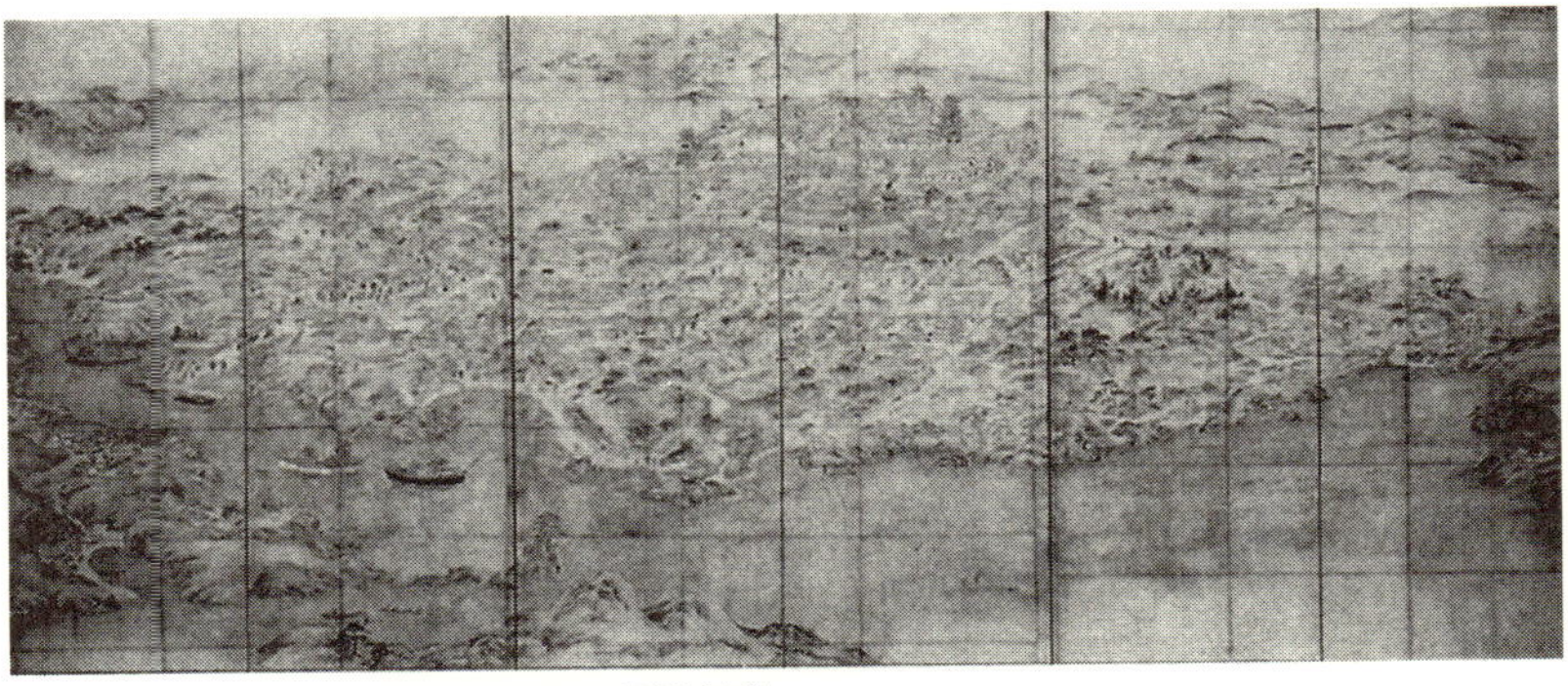
肥前名護屋城図屏風（佐賀県立名護屋城博物館蔵）

八戸藩以前の八戸②——南部本家の八戸支配

文禄四年（一五九五）八月、八戸政栄《まさよし》の長男直栄《なおよし》が二十五歳の若さで死去すると、八戸氏は家督問題に悩まされた。政栄はまず次男三五郎（直政《なおまさ》）と直栄の娘ねねを結婚させ、直政に家督を継がせた。ただし、二人はともに九歳の幼さだったため、政務は政栄が代行した。隠居の身を押して実質的に当主に復帰したのである。しかし、直政が若死にし、嫡子久松《ひさまつ》も病死したため、今度は直政の正室ねねが家督を継いだ。ねねは出家して清心尼《せいしんに》と名乗り、一族の有力者新田《にいだ》家からの養子、直義《なおよし》に家督を譲るまでしっかりとつなぎを果たした。女性の相続は中世の武家の慣習として認められており、南部家中にはそうした中世的要素がまだ残っていたのである。大坂の陣が終わり戦乱も収まった元和三年（一六一七）、南部信直の子利直《としなお》は八戸氏が支配していた田名部《たなぶ》（現在の下北半島一帯）を半ば強制的に借りあげ、寛永四年（一六二七）には八戸直義に、遠野への領地替えを命じた。八戸氏の大きな力は領内統一の邪魔になる、というわけだ。

利直は八戸氏の影響力を廃するため、根城の北東約三キロのところに八戸城を築いた。八戸城は盛岡城の支城という位置づけで、

八戸氏（根城南部氏・遠野南部氏）関係略図

（八戸藩成立以前）

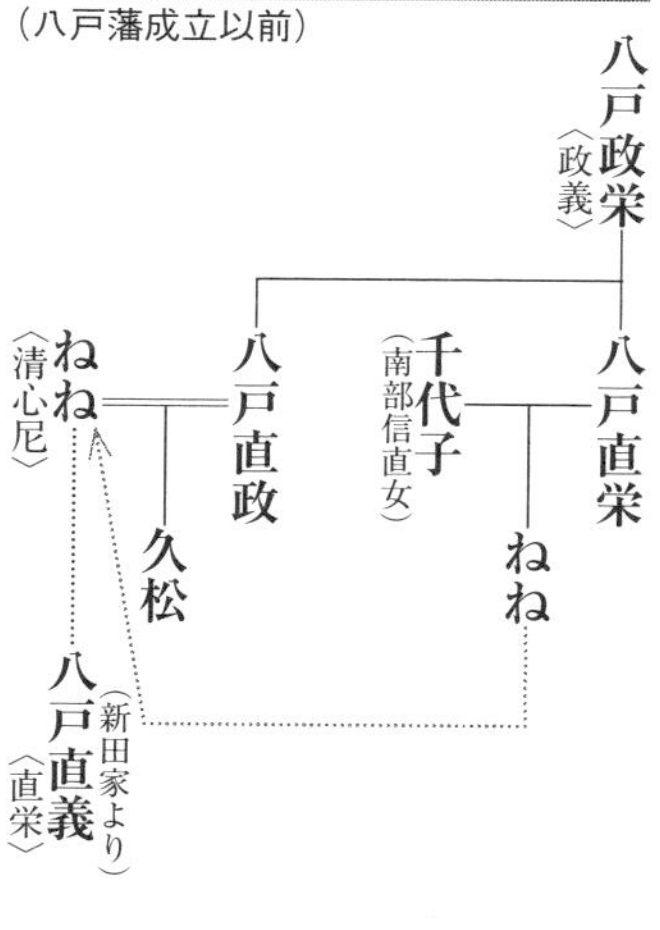

城代《じょうだい》と代官《だいかん》が派遣された。城の南の大手筋を基準として、東側に上町《かみまち》（三日町《みっかまち》・十三日町《じゅうさんにちまち》・廿三日町《にじゅうさんにちまち》）が、西側に下町《しもまち》（八日町《ようかまち》・十八日町《じゅうはちにちまち》・廿八日町《にじゅうはちにちまち》）が町割りされ、武家や商人が生活を営んだ。万治三年（一六六〇）に重直の鷹狩りのお伴で八戸を訪れた医師の渡辺益庵《わたなべえきあん》は「田面木《たものぎ》を過ぎ根城を越えて八戸に来ると、大きい城がある。建物は高く、深い堀を巡らしてある」「建物は軒端に雲がかかるかのようで、上がってみると足がたどたどしくなる」などと書いたが（『八戸紀行』）、さすがに誇張のし過ぎだろう。高台に建物があったこと、堀らしきものがあったのは良いとして、何層もの城郭・天守や堅固な城壁といった威容を誇る施設は、八戸城には備わっていなかった。のちに八戸藩主として八戸城を引き継いだ直房は、現在の三八城《みやぎ》神社あたりに御殿《ごてん》（役所と藩主の執務場所）と奥《おく》（藩主の居間など）を置いたが、幕府からは城とは認められず、陣屋として扱われた。

二分された南部家―重直の遺領相続をめぐって

寛文四年（一六六四）九月十二日、盛岡藩主南部重直《しげなお》が江戸桜田の藩邸で死んだ。中風《ちゅうぶう》だったという。幕府は重直の二人の弟を召し出し、七戸隼人《しちのへはやと》（重信《しげのぶ》）に盛岡で八万石を、中里数馬《なかさとかずま》（直房《なおふさ》）に八戸で二万石を与えた。跡継ぎの子がないのは武家諸法度《しょはっと》違反で、南部家は改易《かいえき》（＝取りつぶし）されても仕方なかった。し

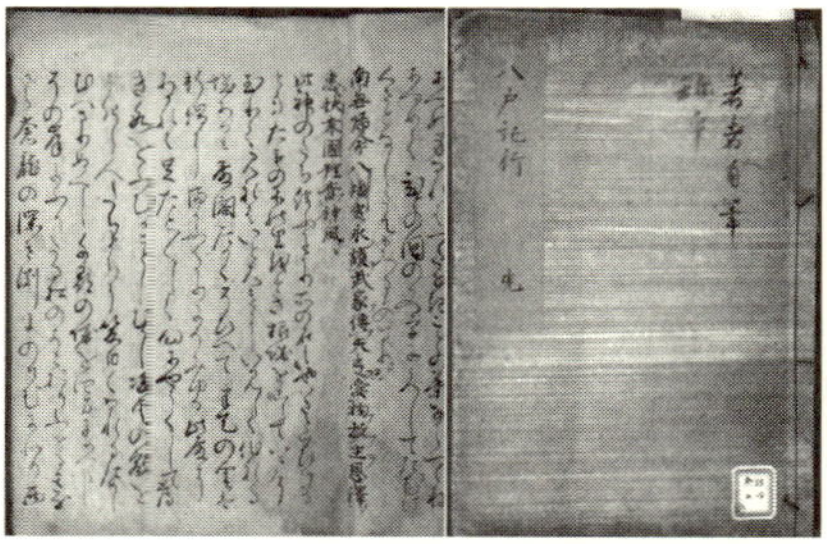
「八戸紀行」の八戸城記事（もりおか歴史文化館蔵）

八戸城跡（三八城公園、テクノス提供）

かし、幕府は南部家が鎌倉時代以来の由緒ある家柄であること、重直が生前に養子探しを行っていたことに配慮し、二つの新藩取り立てというかたちで分割相続させた。折から、四代将軍徳川家綱《いえつな》が文治《ぶんち》主義を導入し、大名の改易を控えて浪人の発生を抑えようとしていたことも幸いした。こうして八戸藩は独立した。

　重直は南部利直の三男で、寛永九年（一六三二）に盛岡藩主となった。兄二人（家直、政直）と弟四人（利康《としやす》、重信《しげのぶ》、利長《としなが》、直房《なおふさ》）があったが、家直（経直とも）・政直・利康は早くに死去していた。それでもまだ弟らが残っていたが、重直は身内から養子を立てることに消極的だった。利長の長子久松をもらう話も出たが、久松が早世すると、重直は弟らの存在を顧みなくなった。万治二年（一六五九）、重直は老中堀田正盛《ほったまさもり》の五男正勝《まさかつ》との縁組を進めた。四月、正勝は勝直と名を改めて重直の養子となり、堀田家から三千石を分知《ぶんち》されたが、直後に疱瘡《ほうそう》にかかり、わずか十八歳で急死してしまった（「祐清私記」）。重直は「幕閣に連なりたい」と思っていた節があり、その後も幕府関係者に縁組を持ちかけたようだ。久留里《くるり》藩主土屋利直《つちやとしなお》（老中土屋数直の兄）の屋敷を訪れた重直が、土屋邸に出入りしていた幼年時代の新井白石《あらいはくせき》を土屋家の子と間違えてもらい受けようとしたことがあるが（『折たく柴の記』）、

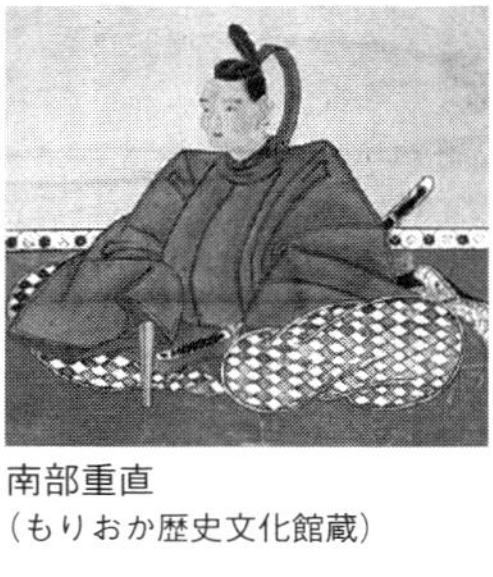
南部重直
（もりおか歴史文化館蔵）

盛岡南部氏・八戸南部氏関係略図

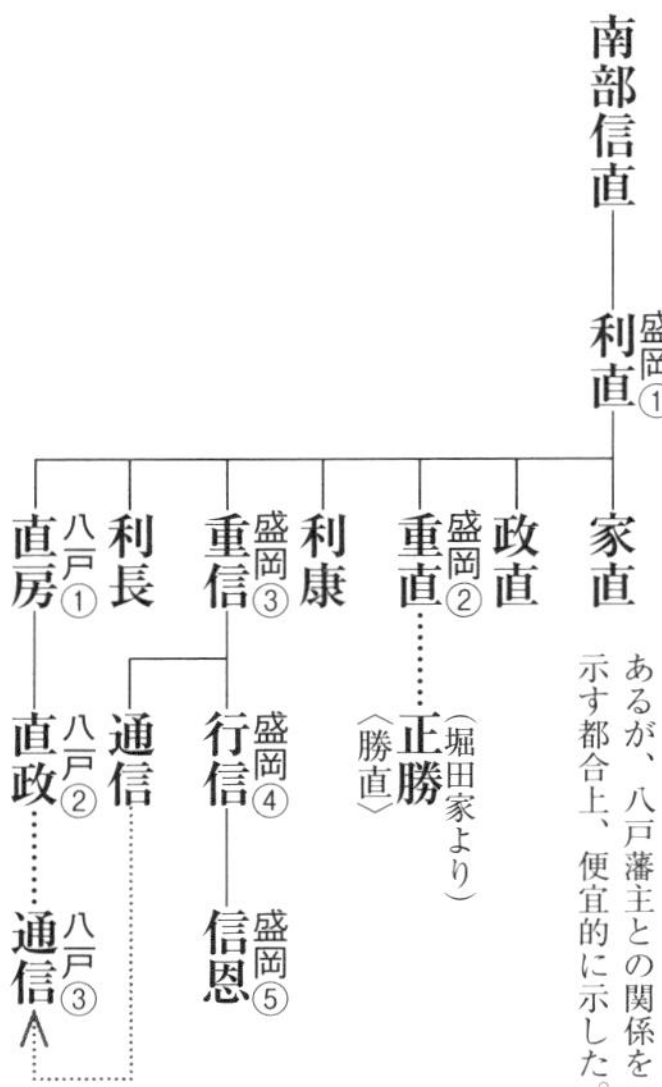

※盛岡藩主の代数には諸論があるが、八戸藩主との関係を示す都合上、便宜的に示した。

日頃から、そうしたつながりを求めていたのだろう。

寝耳に水の相続となった直房は恐縮し、「相続を辞退してすべて兄重信に譲りたい」と申し出たが、幕府は「八戸藩の創設は単なる分藩ではなく、あくまでも新藩の取り立てである」と諭《さと》した（「直房公一代記」）。

この時、南部家中では、直房取り立てに反発する動きがあった。重信にすべて相続させるか、あるいは将軍の親族を養子に迎えるか。とにかく、藩を二つに分けるな、というのである。重信の単独相続を主張したのは古くから南部家に仕えてきた譜代《ふだい》派の人々で、四一〇名が署名した連判状を作り、これを幕府に提出してもらいたいと、筆頭家老の八戸直義《なおよし》（弥六郎）に迫った。連判状が出てきたのは十月二十四日で、重直の死からまだ四十日しか経っていない。何とも慌ただしいことである。同月中旬、辰巳《たつみ》の方角（東南）に現れた凶星が江戸近辺では「南部星」と呼ばれたというが（煙山信夫「南部星の事」）、南部家中の騒動が世情不安をかき立てたのだろうか。

遡ることおよそ七十年前の文禄二年（一五九三）、肥前名護屋にいた南部信直（重直の祖父）は、八戸政栄・直栄父子に手紙を送った。信直は「上方の大名の出世欲はすさまじく、誰もが名利を競ってよく働く」「家中には古本《こほん》（＝古い伝統や格式）を守っていれば良いとの風潮があるが、それでは九戸《くのへ》政実《まさざね》のようになる」と書いている。それから長い年月が経ったというのに、南部家中には「何よりも

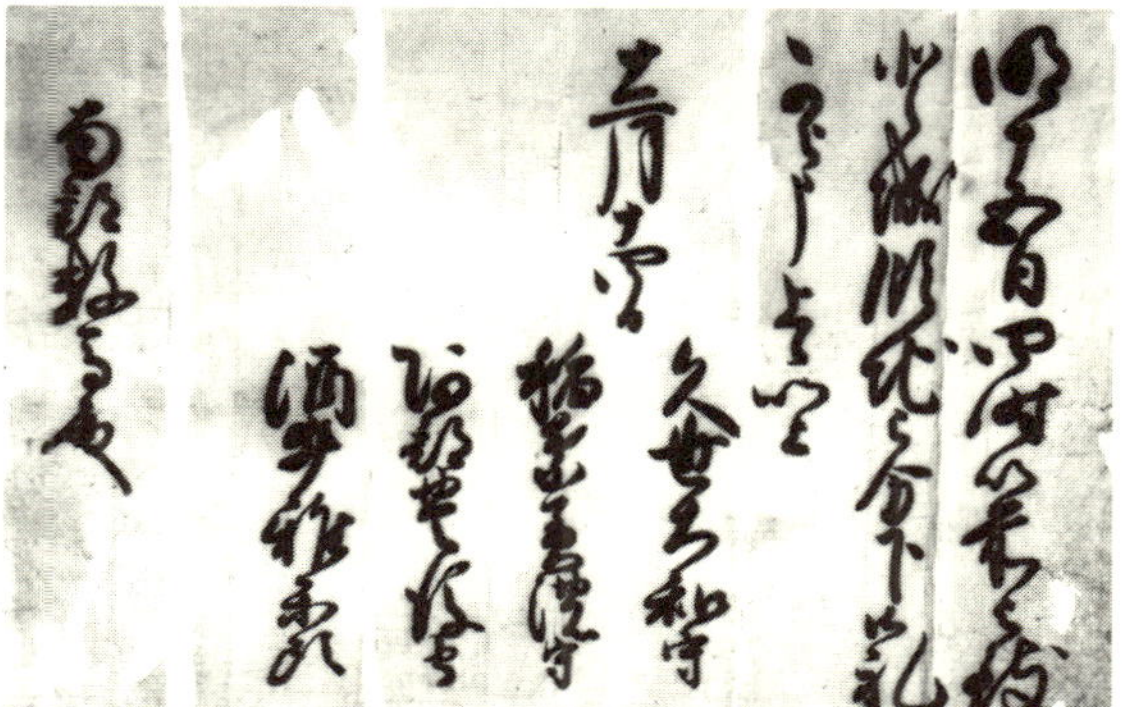

直房への登城命令
（個人蔵）

お家が大事」と考える者が多かったのだ。もちろん、領地の沙汰について幕府に直訴するなどあってはならない話で、八戸直義は江戸留守居役《るすいやく》の漆戸正茂《うるしどまさしげ》と図って要請を握りつぶし、譜代派には騒ぎを起こさぬよう説き聞かせた。

予期していなかった藩主就任―兄重信と弟直房

予期せぬ藩主就任だったのは、盛岡藩主となった七戸重信も同じである。寛文七年（一六六七）八月、重信は直房に手紙を書き、とまどいを切々と訴えている。

・藩主の身であれば、良い肴や酒を取り寄せ、毎日飲み暮らしていても良いようなものだが、我われは生まれつき気が小さいし、今はひたすら家臣や領民に気を遣っている。張り合いもあるが何をもって幕府へのご奉公とすべきか分からず、苦労している。

・盛岡城の修理が認められ、石垣の崩れを直す作業が始まったが、自分は日々を疎かに過ごしていたこともあって城割の軍法などもよく知らず、今になってかな書きの軍書を広げている有りさまである。其元《そこもと》は、信濃《しなの》（重信の子行信《ゆきのぶ》）と相談して、北条安房守（氏《うじ》

南部直房・直政と関係氏族

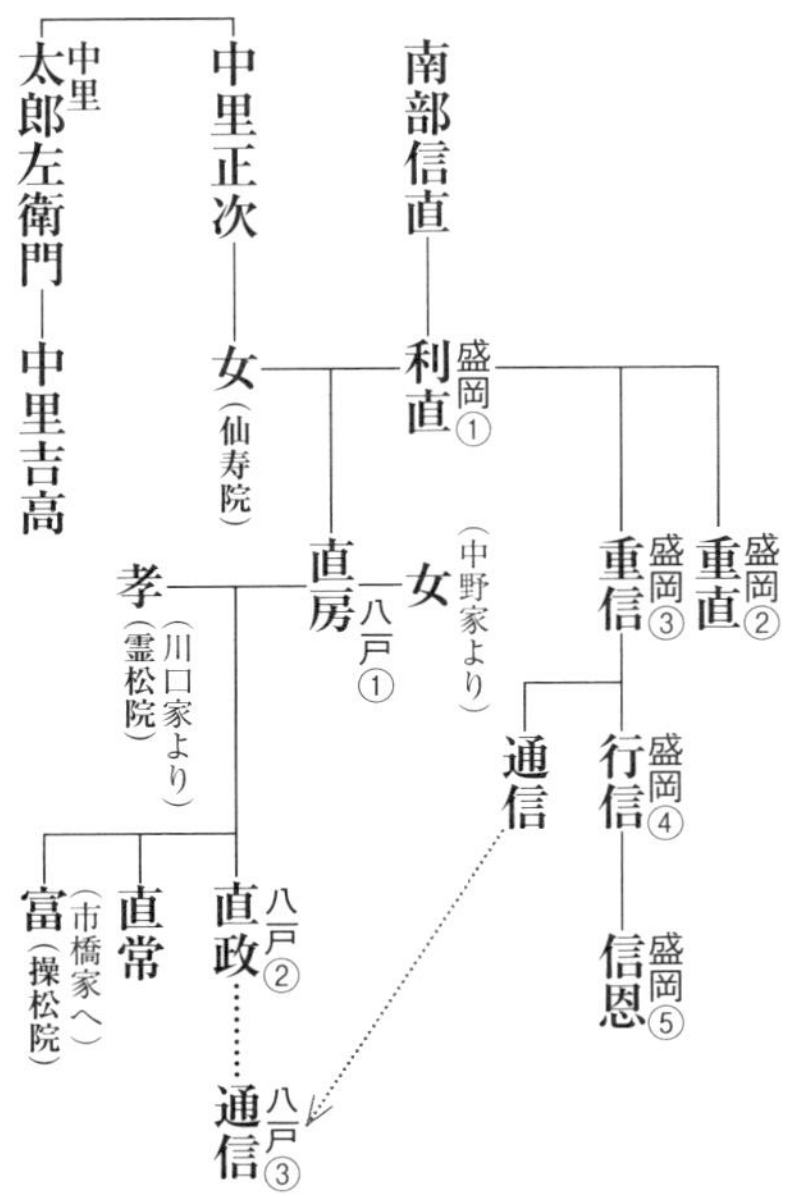

長《なが》、高名の軍学者）に弟子入りでもしてはどうか。
・この夏は盆過ぎから暑くなり、田畑は盛り返したと思っていたところに、先月の大風や早霜《はやじも》である。盛岡周辺や貴殿の知行所（八戸）は大丈夫のようだが、奥郡《おくぐん》は作柄が悪いようだ。以前は自分の知行所（七戸）のことばかり気になったが、この頃はそういうわけにはいかない。

実はこの直前に幕府《ばくふ》巡見使《じゅんけんし》が八戸を訪れており、何事もなく盛岡を通過して仙台に入ったことを喜ぶ書状だった。重信は直房の居所を決める際、自分の支配地である七戸に入れて津軽境に備えさせるか、南部・秋田境の要地である鹿角《かづの》に置きたい、と述べたというが（「祐清私記」）、そのことからも、直房に寄せる信頼ぶりがうかがえる。

南部重信
（もりおか歴史文化館蔵）

②藩政の開始

支配の基盤となる法律も制度も、一から創り上げねばならなかった八戸藩。他藩との境界線の確認や、藩内の行政区画の決定は、何を措いても急がねばならない重要な作業だった。

封地の決定――海に開けた八戸

　八戸藩の領知高は二万石。領知高は幕府が諸大名に課す軍役《ぐんやく》の基準となる数字で、大名の格式とじかに結びついている。そのため、表高《おもてだか》とか本高と呼ばれた。何かの功績でも立てない限り、そう簡単に加増されるものではない。二万石の内訳は、現在の八戸市と三戸郡、それに岩手県九戸郡・岩手郡にまたがる本領七九カ村と、志和《しわ》郡（現岩手県紫波郡紫波町）の飛び地四カ村（片寄《かたよせ》・土館《つちだて》・稲藤《いなふじ》・平沢《ひらさわ》）の、計八三カ村である。海岸線は長く、広大な山間地もあり、領知高の割にはずいぶん領域が広い。

　表高に対し、実際の生産高を表す数字を実高《じつだか》もしくは内高という。こちらは経営の工夫しだいで増やすことができたから、諸大名は農林・漁業の振興や鉱山開

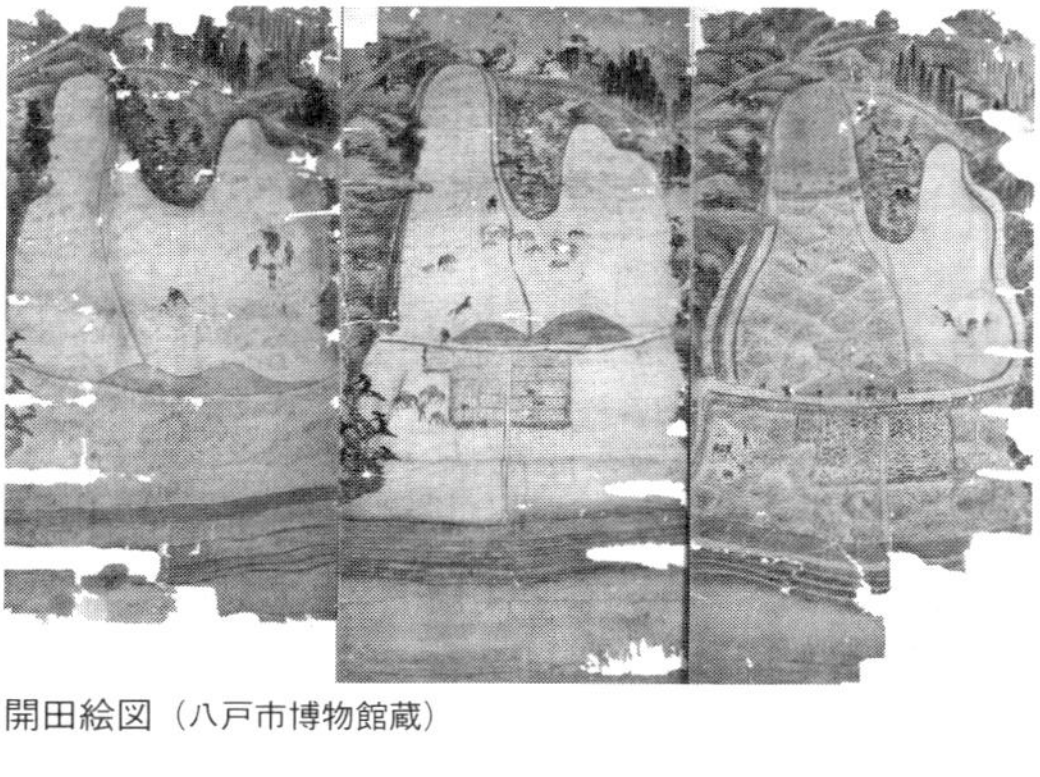

開田絵図（八戸市博物館蔵）

発、特産物の育成などを積極的に行った。たいていは農民から年貢《ねんぐ》として集めた米を商人に渡し、大坂や江戸で売りさばいてもらって現金を得ていたから、十七世紀末には全国的に米の増産が図られた。例えば弘前藩は、貞享《じょうきょう》・元禄《げんろく》年間（一六八四～一七〇四）に津軽平野の大規模開発を成功させ、表高四万七千石の六倍強、約三十万石もの米を生産していた。

寛文五年（一六六五）の時点で、八戸藩の実高は約四万石だった。しかし、八戸近辺は水田が多くなかったから、盛岡藩が付けてくれた志和郡の飛び地から上がる約六千石の米がなければ、藩主の江戸での生活費も賄《まかな》えなかった。新田開発も行われたが、元禄十年（一六九七）段階で、田畑は二千六百石ほどしか増えていない。トラブル続きで開発を停止した影響もあったのだろうが、立藩から三十年経ってこの程度では、開発成功とはいえないだろう。夏に冷涼な北東風「ヤマセ」が吹くというハンデが、相当に大きかったのである。もっとも、米の増産に期待できなかったからこそ、大豆生産の奨励、大野鉄山《おおのてつざん》の開発、塩の専売制の導入、商業資本の育成などが進められたわけだが、それらは後の話である。

盛岡藩との藩境問題――立場弱かった八戸藩主

盛岡藩からの独立で、八戸藩は盛岡藩との境界を定める必要が生じた。しかし、

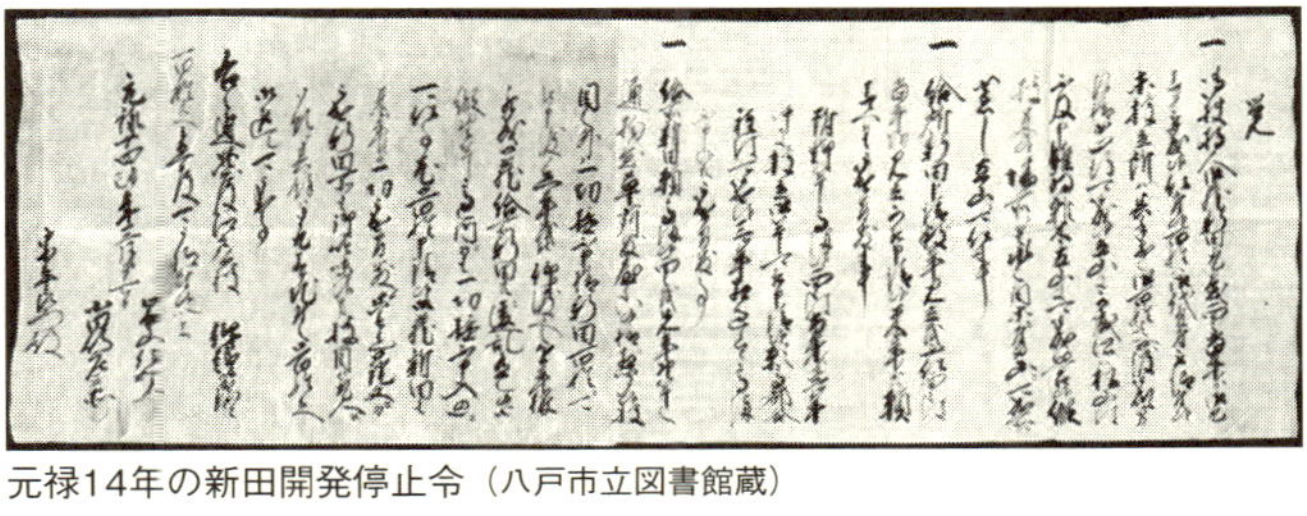

元禄14年の新田開発停止令（八戸市立図書館蔵）

初代藩主直房が急死したこともあり、作業はなかなか進まなかった。

直房の子直政が二代藩主となって間もない寛文九年（一六六九）、藩境の馬淵《まべち》川《がわ》に面した虎渡《とらど》（現南部町）付近で、八戸藩の名久井《なくい》村と盛岡藩の相内《あいない》村の間に争論が起きた。川を上るサケの捕獲場所をめぐる対立である。古人《こにん》（境目に詳しい地元民）同士の実地検分では名久井村が有利だったが、盛岡藩の三戸代官笠間《かさま》重太夫《じゅうだゆう》から横槍が入り、最後は、盛岡藩主南部重信の裁定に持ち込まれた。重信は相内村の勝訴を告げたが、発足したばかりの八戸藩の立場は弱く、名久井村は受け入れざるを得なかった。

藩境は三年後の寛文十二年にだいたい定まり、二種類の藩境絵図が作られた。江戸の狩野派《かのうは》絵師に清書させ、盛岡藩・八戸藩の家老らが署名・捺印している。これらを見みると、八戸藩の飛び地があった志和郡の藩境絵図（「志和郡八戸領図」）が先に作られたことが分かる（同年六月）。ここから上がる米は江戸藩邸の経費に充てられるので、領地の様子を早く知るため作業を急いだのだろう。本領周辺の藩境絵図（「奥郡八戸領図」）は約一カ月遅れて完成した（同年閏《うるう》六月）。藩境には目安として、土盛りの境塚《さかいづか》が築かれた。絵図には大・小の黒丸で境塚の位置が示されている。盛岡藩の塚（大）は七尺（約二・一メートル）で楢《なら》の木を、八戸藩の塚（小）は六尺（約一・八メートル）で柳の木を植えると定められ、大小大小となるように築かれた。山の稜線《りょうせん》が険しい場所などには築造しなかったよ

現在の黒森（三菱製紙八戸工場敷地内）

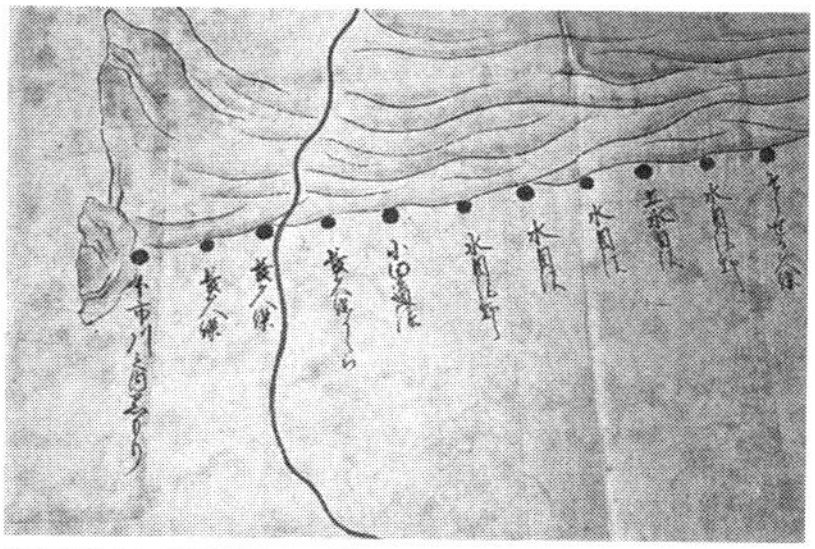

「奥郡八戸領図」に描かれた黒森境塚
（もりおか歴史文化館蔵）

うだ。
志和郡の藩境絵図を見ると、この地の古社「新山《しんざん》権現」が黒丸で囲まれているのが目を引く。八戸藩の飛び地の中に、盛岡藩の飛び地があったのだ。八戸城下の櫛引八幡宮《くしひきはちまんぐう》が盛岡藩の管理下にあったのと同じケースだが、本領周辺の藩境絵図には櫛引八幡宮が描かれていないので、「新山権現」の二重飛び地の表現はいっそう面白く感じられる。

境塚を直したり掃除したりする仕事は、双方の住民がやらなければならなかった。幕末まではきちんと維持管理されていたが、明治以降は手入れされなくなり、現在はほとんど消滅してしまった。それでも、起点となる黒森《くろもり》の境塚は八戸市河《か》原木《わらぎ》の三菱製紙八戸工場内に残っており、志和郡の飛び地の方にはそれと分かる土盛りが現在も確認できる。

貞享二年（一六八五）、盛岡藩から八戸藩に、馬産拡大のため北野牧《きたのまき》がある侍浜《さむらいはま》村（現岩手県久慈市）を渡してほしいとの申し入れがあった。同年六月、八戸藩は替地として七崎《ならさき》村（現八戸市）の一部を受け取り、境塚を築き直した。その後さらに、七崎村の残りの分と藩主家が閉伊《へい》郡中里《なかさと》村（現岩手県岩泉町）に持っていた所領とを交換することになり、十

「志和郡八戸領図」の二重飛び地
（もりおか歴史文化館蔵）

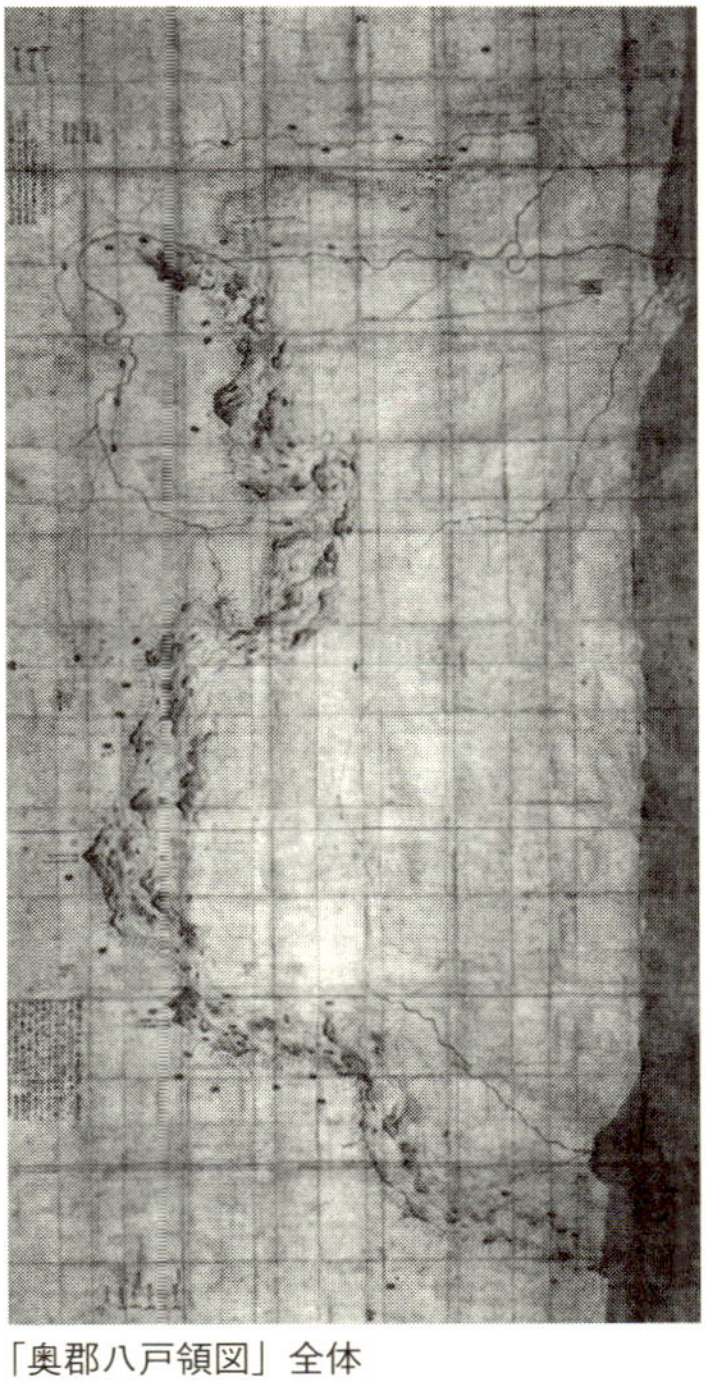
「奥郡八戸領図」全体
（もりおか歴史文化館蔵）

一月に再び境塚を取り崩して、さらに西側へ築き直した。翌年八月には新境塚の位置を確認する絵図と目録が引き渡され、藩境はほぼ定まった。

代官区と通制——独特の行政区画

江戸時代初めの約六十年間、のちに八戸藩となる領域は、まだ盛岡藩領に含まれていた。それが、寛文四年（一六六四）末の独立・分藩により、現在の八戸市を中心とする青森県南東部と岩手県北東部の久慈《くじ》市・洋野町《ひろのちょう》・軽米町《かるまいまち》・大野村・九戸村・山形村、さらに岩手県中部の紫波（志和）郡の一部が領地となった。この広い領地を支配するため、盛岡藩にならって通《とおり》制が導入された。

通は代官を置く行政区画で、当初は八代官区でスタートした。すなわち、①城廻《しろまわり》（のち八戸廻）②長苗代《ながなわしろ》通 ③山根《やまね》通（のち浜通）④名久井通 ⑤久慈通 ⑥軽米《かるまい》通 ⑦志和（志和だけは通と称さず）⑧中里村である。後に城廻と山根通、久慈通と軽米通、名久井通と長苗代通が合併し、中里村が盛岡藩に編入された。元禄三年（一六九〇）、久慈通と軽米通が再び分離し、城廻・長苗代通・名久井通・久慈通・軽米通・志和の六代官区となった。代官は勘定頭《かんじょうがしら》の支配下にあり、徴税、訴訟、治安維持、戸口管理、土地管理など、村方《むらかた》支配全般を担当した。各通に二名ずつ置かれたが、志和は四名だった。

志和代官所跡（テクノス提供）

八戸藩通図・交通図

通名	代官所在地（現行郡市町村名）
八戸廻	八戸城内（八戸市）
長苗代通	
名久井通	
軽米通	軽米（岩手県九戸郡軽米町）
久慈通	八日町（岩手県久慈市）
志和	平沢（岩手県紫波郡紫波町）

『青森県史資料編　近世５』より（一部改

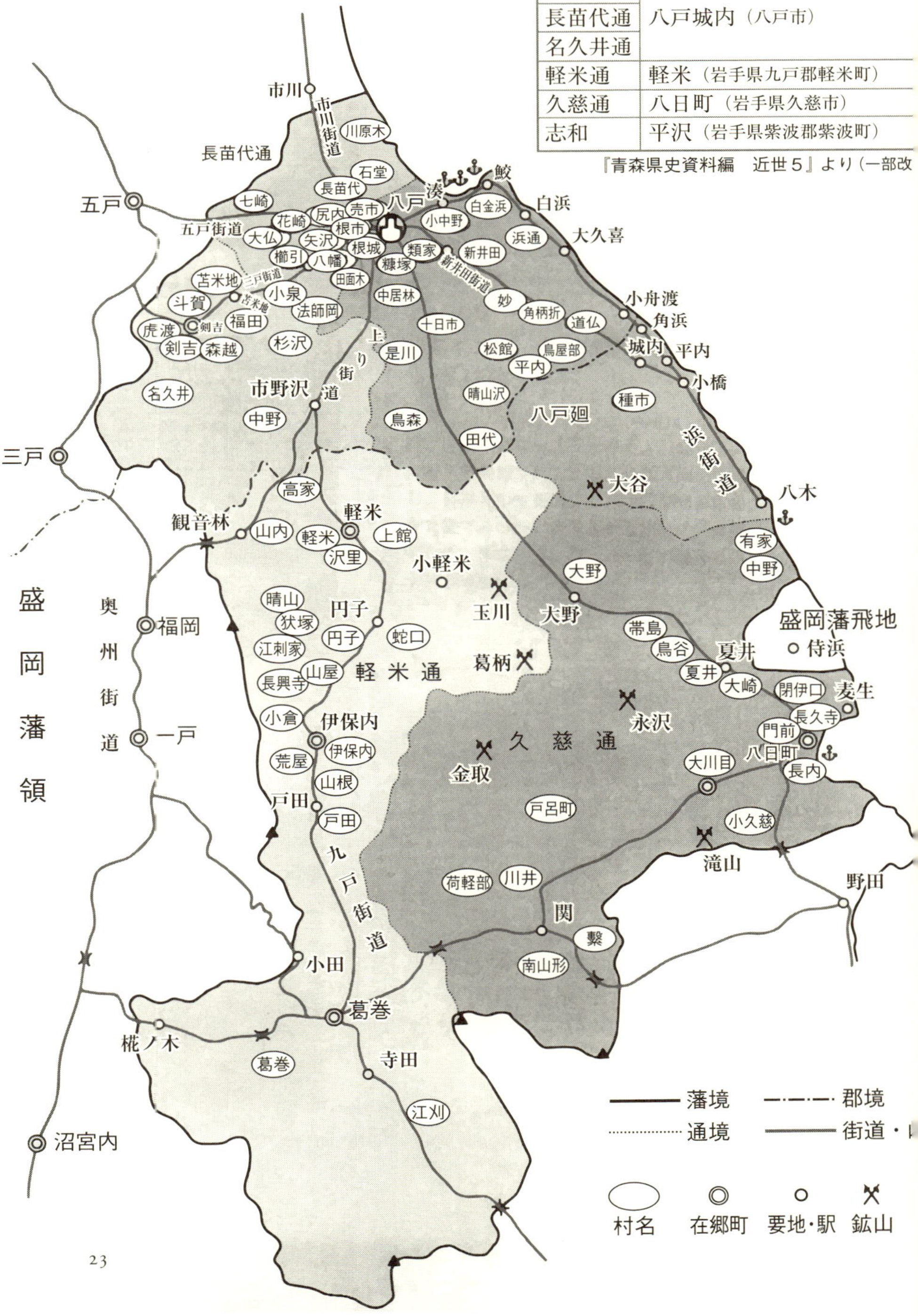

飛び地の志和郡四カ村（片寄・土館・稲藤・平沢）は、本領に有力な水田地帯を持たない八戸藩にとって貴重な穀倉だった。内高《うちだか》は六千八百石余（表高は二千七百石余）で、そのうち水田が六千二百五十石余と、九〇パーセント強を占めていた。志和郡の東部には滝名《たきな》川が流れるが、志和稲荷神社前で分水され、本流と高《こう》水寺堰《すいじぜき》が一帯を潤していた。しかし、八戸藩の独立によって用水慣行が変わり、水争いが激しくなった。いわゆる「志和の水けんか」である。農民の対立が高じて代官所の手に余ると、八戸から仲裁役が派遣されて事を収めた。

志和から花巻《はなまき》に至る一帯は南部杜氏《とうじ》の発祥地で、この地域の産米に目を付けた志和の村井権兵衛《むらいごんべえ》（近江屋《おうみ》）が大坂から池田《いけだ》流《りゅう》杜氏を招いて以後、酒造業が発展していった。しかし、八戸藩の志和米はほぼすべて江戸に送られ、藩邸の経費に充てられた。米は志和代官所の米蔵から日詰河岸《ひづめかし》まで馬で運ばれ、豪商平井六右衛門《ひらいろくえもん》（伊勢屋）の蔵宿に保管された。ここから黒沢尻《くろさわじり》までは小繰船《こぐりぶね》で北上川《きたかみがわ》を下り、黒沢尻から石巻《いしのまき》までは艜船《ひらたぶね》で送られた。小繰船には二四〇〜二五〇俵、艜船には五三〇〜五五〇俵を積んだ（諸富大・遠藤匡俊「北上川舟運による盛岡藩の江戸廻米輸送」）。盛岡藩も北上川を利用していたので、運送が重ならないような日を選んで送ったようだ。石巻には貞享三年（一六八六）に米蔵が建てられた。宝永七年（一七一〇）には一万七千俵が江戸に送られている。石巻からは鉄や大豆も積み出された。北上川舟運は、八戸藩の産物移出に重要な役割を果たした。

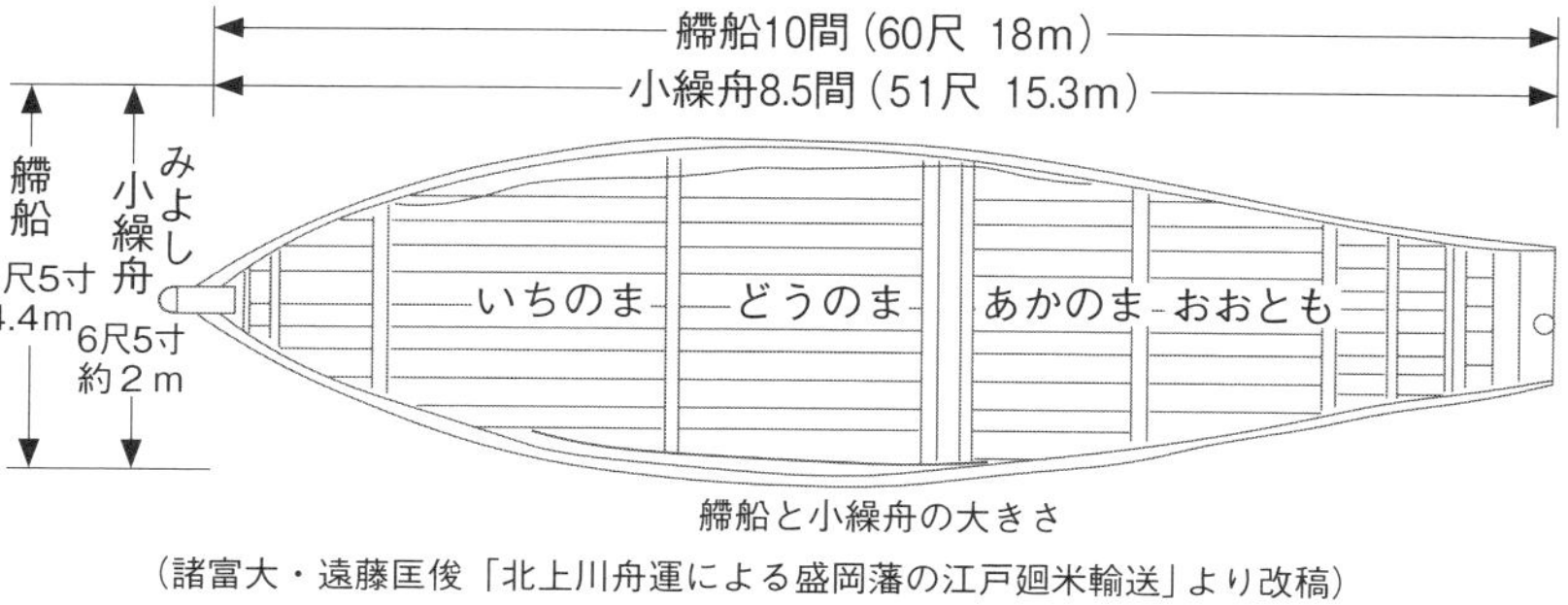

艜船と小繰舟の大きさ
（諸富大・遠藤匡俊「北上川舟運による盛岡藩の江戸廻米輸送」より改稿）

八戸藩の村々は当初、他領の村々と同様、肝煎・老百姓《おとな》・五人組が村の運営に関わり、肝煎が代官との交渉に当たっていた。しかし、代官と肝煎とのトラブルが絶えず、肝煎の不正や欠落《かけおち》・自害・犯罪も多発した。地域をまとめる役割を、肝煎は十分に果たしていなかったのである。元禄七年（一六九四）十月、肝煎は名主《なぬし》と改められ、村々には下書《したがき》★・小走《こばしり》★・乙名《おとな》★・田屋《たや》★などの役職が新設された。肝煎個人の力に頼らない、より広域的な支配方式が採られたのである。名主は在町《ざいまち》の商人や有力農民など、富裕身分の者が任命された。年貢未納などがあった場合、立て替えさせるためである。

六つの在町──町場の形成と市日

藩の中心は城下町だが、それ以外に比較的人口が集中している場所を在町《ざいまち》という。八戸藩には久慈三日町・久慈八日町・軽米《かるまい》町・伊保内《いぼない》町・葛巻《くずまき》町（いずれも現岩手県）・剣吉《けんよし》町（現青森県南部町）の六つがあった。

①久慈八日町＝盛岡藩時代から代官所が置かれていた。藩蔵があり、米・大豆・鉄が保管されていた。長さ三丁（約三三〇メートル）、道幅六間（約一一メートル）の港町で、漁業も盛んだった。八戸～宮古～釜石をつなぐ久慈湊は、特産の薫陸香《くんろくこう》（＝コハク）の移出などでにぎわった。市日は毎月二日だったが、八日に

▼下書
名主や庄屋の指示で村方の書記的業務を行う者。

▼小走
種々の伝達や集金など役所の小用をする者。

▼乙名
村の有力百姓から選ばれる在地役人。

▼田屋
村から藩への願書を取り次いだり、藩からの回答・命令を村に伝達したりするパイプ役。

変えられた。

②久慈三日町＝南部一族の久慈氏の居館（久慈城）があった場所で、八戸藩時代には大川目村《おおかわめ》に属した。天保三年（一八三二）四月の「久慈三日町水帳絵図面」（八戸市立図書館蔵）によれば、長さ二丁（約二二〇メートル）、道幅六間（約一一メートル）の通りに六〇軒ほどの家が並び、質屋や塩問屋があった。市日は毎月三日である。

③軽米町＝久慈と福岡《ふくおか》（現岩手県二戸市）を結ぶ要地で、盛岡藩時代から町として扱われ、市が立ち、伝馬役《てんまやく》を務めていた。かつては軽米氏・北《きた》氏の居館があり、八戸藩はその跡に軽米代官所を置いて新町・大町・中町・荒町を管理した。周囲が馬産地であることから、八戸城下で行う馬改めを軽米と葛巻でやれないか打診した例が、寛延年間（一七四八～五一）に見られた。市日は毎月二日だったが、天明年間（一七八一～八九）に六日に変えられた。

④伊保内町＝九戸街道上に位置し、軽米と葛巻の中間地点にあたる。上町・中町・下町の三町に分かれ、寛延年間には約四〇軒の家があった。市は廃止されていたが、八戸藩の成立により復活し、毎月六日に行われた。

⑤葛巻町＝八戸藩の西端に位置し、鉄や塩が通過する要地である。盛岡藩時代には金山があり、金山奉行が派遣されていた。上町・下町があり、馬宿が置かれていた。市日は毎月六日である。

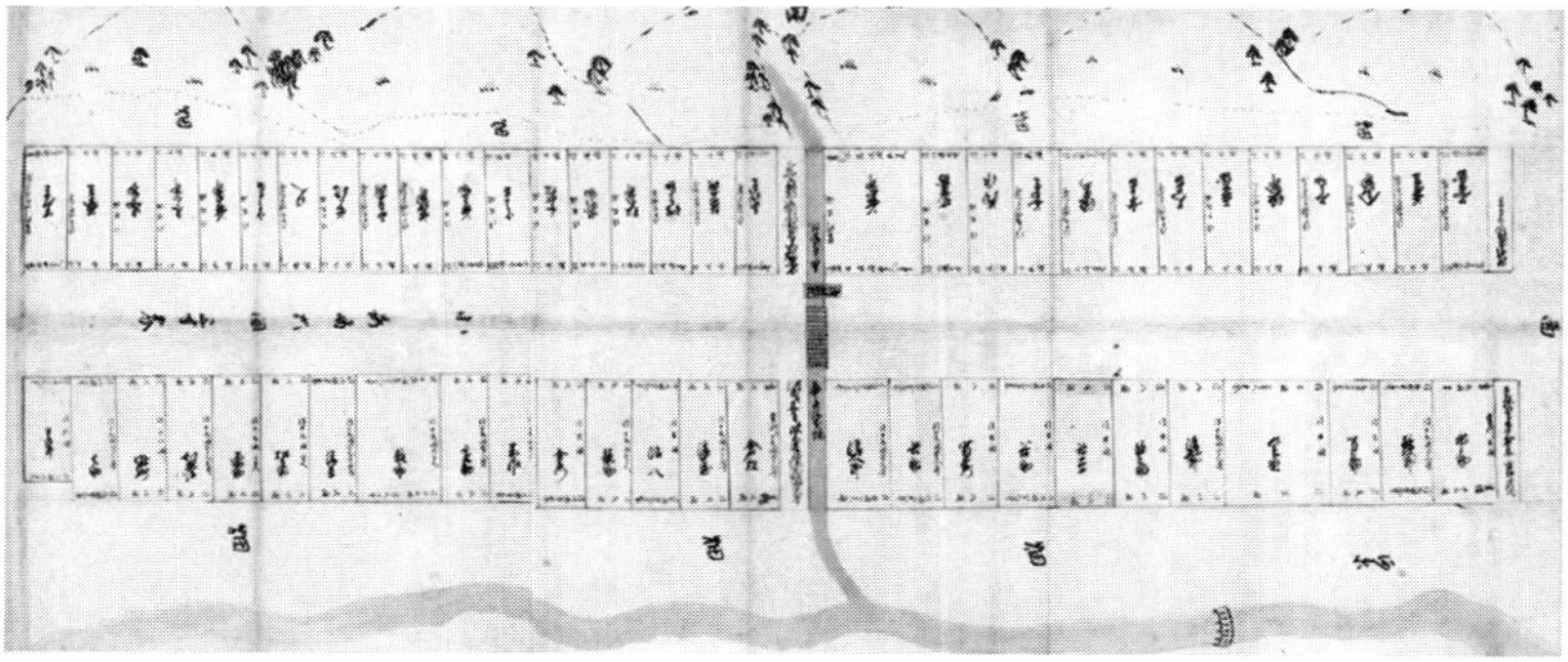

天保３年の久慈三日町の街並み「久慈三日町水帳絵図面」（八戸市立図書館蔵）

⑥剣吉町＝馬淵川に面した要地で、盛岡藩時代から町場があった。八戸藩になって名久井代官所が置かれたが、宝暦六年（一七五六）に廃止された。市日は毎月一日だったが、延宝年間（一六七三〜八一）には六日に、安永年間（一七七二〜八二）には五日になった。交通の便が良く、近隣の五戸《ごのへ》・三戸への入り口として重視された。

こじれた藩境問題―川筋の移動と実地検分

八戸藩は、政治的には盛岡藩から独立していたが、二代藩主直政の跡目を盛岡藩から入った南部通信《みちのぶ》が継いだように、家同士の繋がりは強かった。特に盛岡藩の方は本家意識が抜けなかったようで、何か問題が起きると、上から目線でものを言う傾向があった。例えば、寛延二、三年（一七四九〜五〇）に馬淵川で藩境争論が起きた際、盛岡藩主南部利視《としみ》は「八戸方の領地は元々盛岡方から遣わしたものなのだから、八戸方がとやかく言うことではない」と発言して、交渉担当者を困惑させている。

盛岡藩と八戸藩の境を流れる馬淵川はこの地域の主要河川で、サケ漁や木材の運搬に利用されていた。八戸藩の記録には、湊村の金四郎が杉材一本の川下げを願い出て許可を受けた例、盛岡藩領の三戸で杉材を伐り出し、馬淵川を利用して

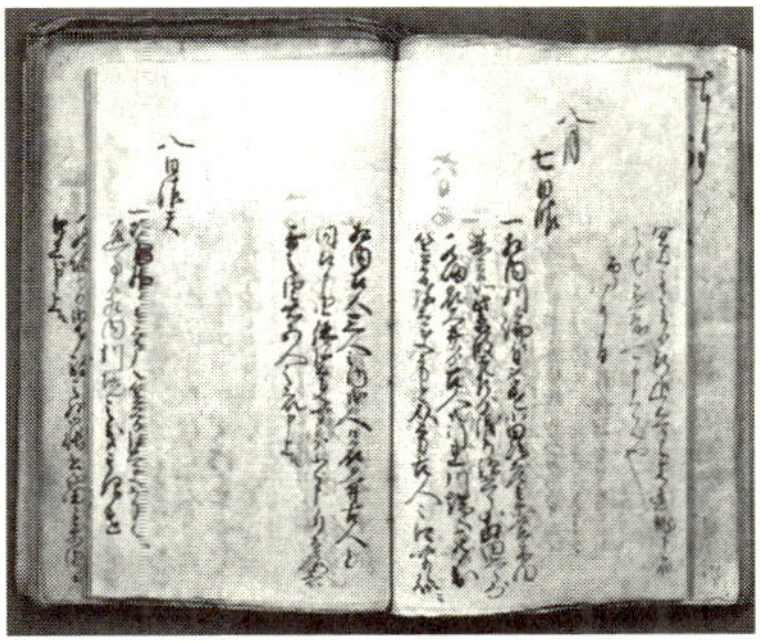

馬淵川の藩境争論
（八戸藩庁日記「目付所日記」八戸市立図書館蔵）

八戸藩領の高瀬《たかせ》（現三戸郡南部町）まで下げ、さらに河口部の湊村（現八戸市湊）へ運搬したいので通行切手を出してくれるようにとの願いが出た例などが記されている。物資の移動は、手続きさえ踏めば、藩領を越えることはさほど困難ではなかった。しかし、馬淵川は中流部の相内《あいない》から虎渡《とらど》付近で大きく曲流しているため、出水のたびに川の流れが変わった。川筋は流れの真ん中を境目とすることになっていたので、その時々により、相内村（盛岡藩領）の方に、あるいは名久井村（八戸藩領）の方に藩境が食い込んだ。境塚を築いても、流失してしまえばそれまでである。

寛延二年九月、八戸藩の用人《ようにん》紫波源之丞《しわげんのじょう》は、川筋が八戸藩領の方にかなり食い込んでいるので、その原因となっている鮭留を取り払ってしまいたい、と盛岡藩に提案した（「寛延留書」）。盛岡藩は大筋で承知したが、代わりに、「古くからの川筋を示すための境柱を一〇本程も立てさせたらどうか」と言ってきた。紫波も異論はなく、年明け早々に実地検分をすることになった。

寛延三年三月、双方の立ち会いで検分が行われた。盛岡藩から二二名、八戸藩から九名と、なかなかの人数である。事前の打ち合わせではさほど問題はないと思われたが、現場に出てみて、八戸方から思わぬ指摘が出た。古くからの川筋を尊重すると、現在八戸方が使用している船渡場が盛岡方に入ってしまうというのだ。八戸方は川筋を上流・下流に分け、下流の方だけに境柱を立てたいと言い出

「軽米支配之内町高郷駒木村絵図」の鮭留
（八戸市立図書館蔵）

したが、盛岡方は「話が違う」「即答できない」と、同意しない。結局、検分はそのまま進めておき、問題は持ち越して上層部へ報告することになった。後日、八戸方から「参勤交代前のことでもあり、後は藩主同士の江戸での話し合いに委ねたい」旨の書状が来た。しかし、交渉はそのまま物別れとなった。

盛岡藩は、交渉中断の責任は「不足」を言った八戸藩にある、と考えていた。しかし、交渉自体はその後も継続していたようで、安永二年（一七七三）三月、八戸藩の用人小笠原悦《おがさわらえつ》右衛門《えもん》が盛岡藩に示した箇条書には、境柱の位置や間隔、境柱が流失した場合の再建方法、普段の手入れなど、かなり具体的な内容が書かれている（「安永覚書」）。結局、解決までに二十年以上を要したのである。

同年十月二十日、古い川筋に目印の杭が立てられた。その際、盛岡方は栗の木の柱を、八戸方は松の木の柱を用いたという。さらに、境塚を再建する際の目安とする控塚の目印杭も立てられた。安永四年四月に作成された絵図によれば、境目に境塚が立てられ、その上で、境塚の流失に備える控塚が両岸に立てられた。境塚と控塚の間の距離はかなりばらつきがあるが、これは地形的なものによるのだろう。さらに、安永六年十二月の絵図に「中川原十番御境塚」の書き込みが見えることから、古川筋に設けられた境塚には一番から十番まで、番号が付けられていたようだ。

八戸市立図書館が所蔵する絵図を見る限り、当地における境塚の流失→修復→

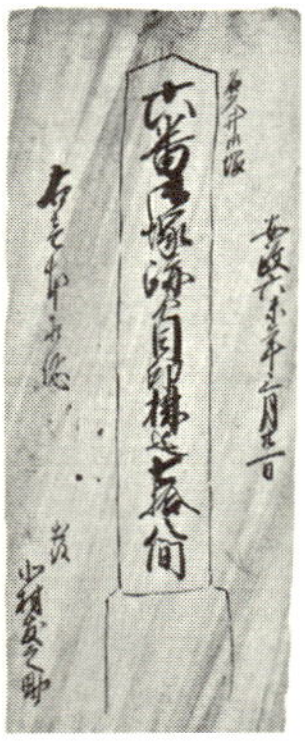

馬淵川の目印杭
（「名久井境塚図」八戸市立図書館蔵）

現在の相内付近

絵図作成は少なくとも三回、天保十一年（一八四〇）、嘉永四年（一八五一）、弘化四年（一八四七）に行われた。例えば、弘化四年七月三日付の馬淵川境図により、境塚流失の状況を詳しく知ることができる。

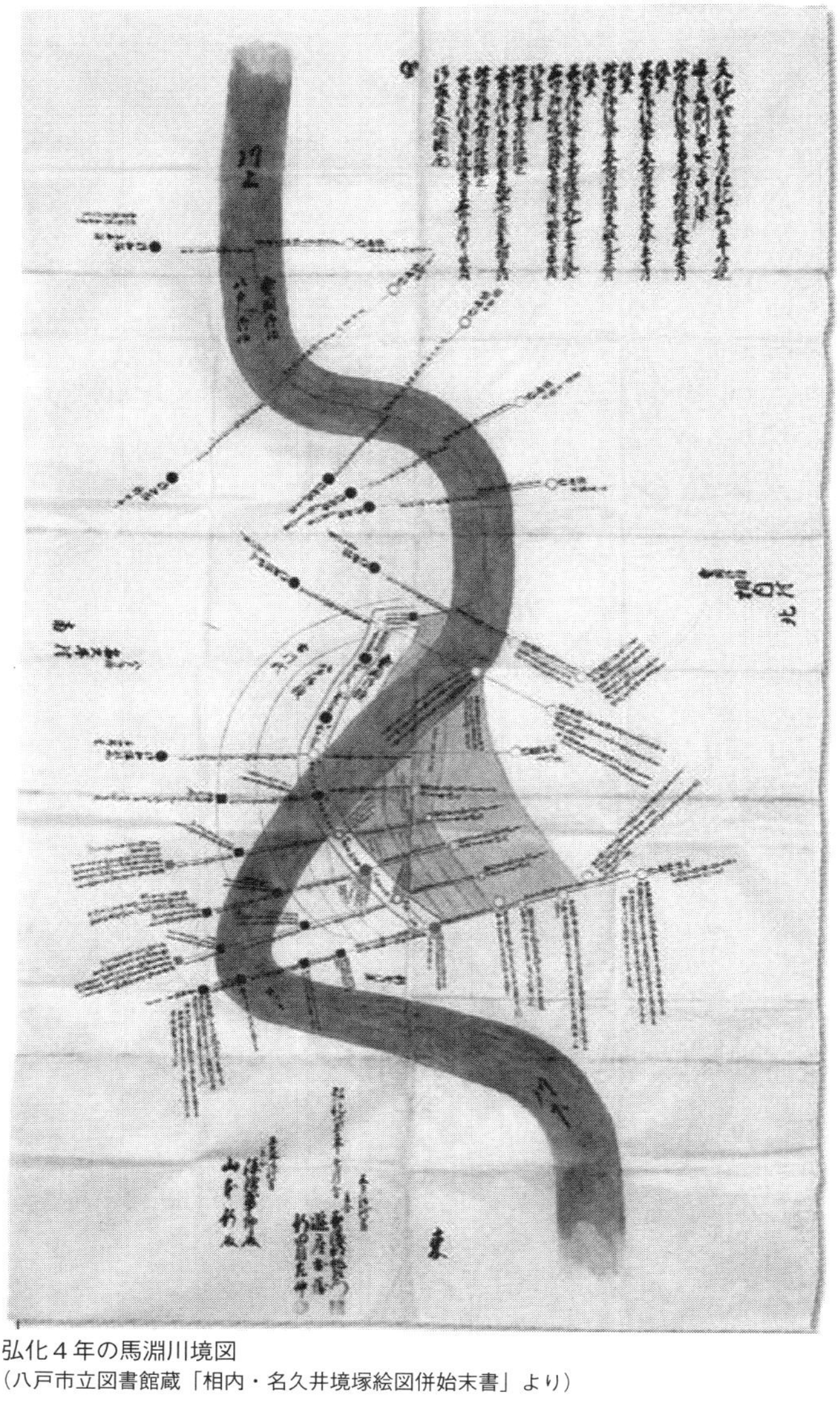

弘化４年の馬淵川境図
（八戸市立図書館蔵「相内・名久井境塚絵図併始末書」より）

八戸藩主系図一覧

- ①直房《なおふさ》　南部利直男　妻はなし　母は中里正吉妹
  - ②直政《なおまさ》　妻は南部信濃守行信娘志久（陸奥盛岡藩）　母は川口源之丞娘
    - ③通信《みちのぶ》　養子、南部重信四男　妻は松平（前田）飛驒守利明娘（加賀大聖寺藩）　母は栃内金右衛門娘沢
      - ④広信《ひろのぶ》　妻は松平（形原）紀伊守信庸娘秀（丹波篠山、のち亀山藩）　母は桂七郎大夫妹類
        - ⑤信興《のぶおき》　妻は織田肥前守長亮娘（大和柴村藩）　母は江戸商家娘藤枝
          - ⑥信依《のぶより》　妻は伊達紀伊守村信娘（伊予吉田藩）　母は織田長亮娘
            - ⑦宣房《のぶふさ》　妻は溝口主膳正直養娘良（越後新発田藩）　母は江戸商家娘梅
              - 信真　宣房養子
            - ⑧信真《のぶまさ》　信依三男　妻は大久保加賀守忠真妹里（相模小田原藩）　母は鈴木幸右衛門娘かおる
              - ⑨信順《のぶゆき》　養子、島津重豪男（薩摩鹿児島藩）　妻は信真娘鶴　母は家女
                - 栄信　幼名璟之丞　妻は南部利剛娘麻　母は富貴
                  - 麻子　栄信妻
              - 信経　英之助、妻松平丹波守光年妹（信濃松本藩）
              - 信一　雅楽、幼名羊次郎　母家女
              - 真勝　造酒助　母家女
  - 直常　彦次郎　母家女
  - 富　市橋左京政勝妻　後離縁、母家女

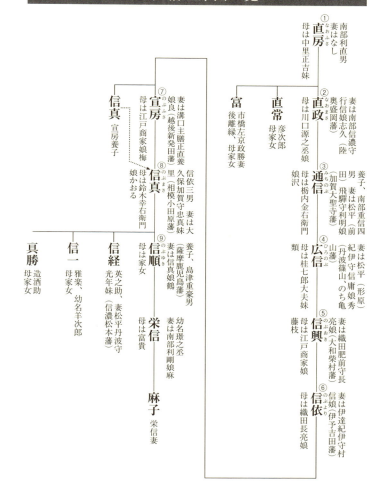

これも八戸

八戸に運ばれたサツマイモ

八戸藩士の小山田家に伝わった「御産物方雑用手控」には、五カ所に「薩摩芋」という文字が出てくる。例えば天保四年（一八三三）、万寿丸は買い付けたサツマイモを積み、八戸に運んだ。積み出した湊の記載はないが、前後関係から推して銚子湊とみられる。一俵の重さは九貫五〇〇匁で、これは現在の三六キログラムほど。全体として何俵買い付けたかは不明だが、天保七年十月の記事には、西町屋の持ち船である勇勢丸が一〇七七俵、同じ虎一丸が三〇五俵を銚子から積み出したとあり、換算すれば合わせて五〇トンを超えている。これを八戸藩の陣屋である角御殿《すみごてん》の「御蔵」に納めた。

関東におけるサツマイモ栽培は、享保十九年（一七三四）、サツマイモの研究書『蕃薯考』で知られる青木昆陽の献策を受けた大岡忠相の助力で、小石川薬園で試作されたのが初めである。翌年には、幕張（現千葉県）や九十九里の村々で実地栽培を行い、やがて量産化に成功している。その後、農民の自家用作物として関東一円に普及した。サツマイモは、現実主義を行く吉宗の享保改革を象徴する農産物となっていた。寒冷地の八戸のこと、このサツマイモは栽培用の種芋ではなく、救荒用の食糧として買い付けたのだろう。しかし天保三年、八戸藩は凶作に見舞われ、同五年には領内最大の一揆「稗三合一揆」が起きている。この時期の八戸の人々にとって、サツマイモが魅力的な作物と映っていたであろうことは、想像に難くない。

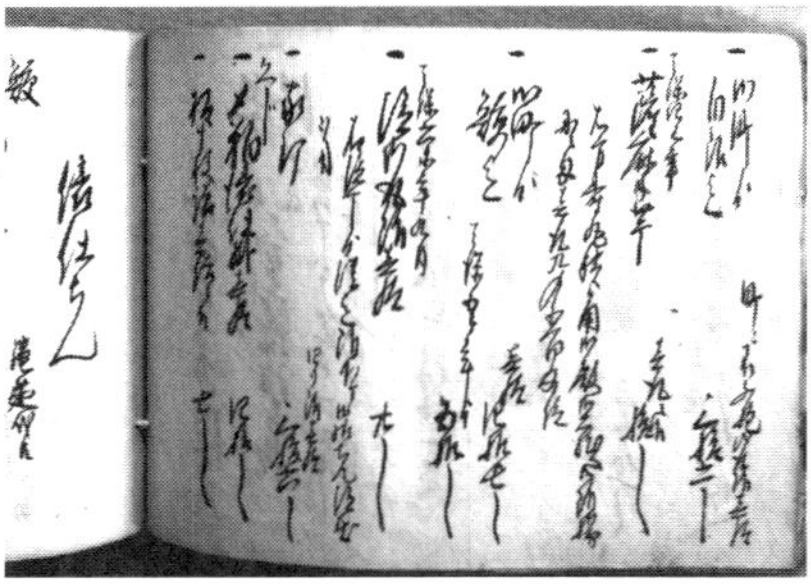
「御産物方雑用手控」のサツマイモ記事
（青森県立郷土館蔵）

寛永二十年（一六四三）、幕府は作付制限令（勝手作りの禁）を発令したが、それは少しでも多くの米を確保しようとの意図から出たものである。しかし、農民は禁じられたはずのタバコ・木綿・菜種など換金できる作物を植えていたし、藩も特定の作物栽培を奨励した。八戸藩の場合、飛び地の志和領を除いて有力な米の産地を持たなかったから、米以外の物産移出に依存しなくてはならず、なおさら多角化・特産化を進める必要があった。大市場江戸との関係は特に重要で、関東の醤油醸造をにらんで積極的に大豆を積み出した。おそらくはその低価格を売りにして、鉄・干鰯・魚油・〆粕の販売にもつなげていったであろう。荷を下ろした船が空で戻ることはなく、八戸で必要な物資を調達する役目を負わされたことも、この史料から分かる。

第二章　領内支配と中期藩政

人も金も経験も、すべてが足りない八戸藩の藩政は、苦労の連続だった。

南部領内総絵図（もりおか歴史文化館）

①八戸南部家の人々

就任三年余で初代藩主直房が急逝。八戸藩は早くも存続の危機を迎える。幼い二代藩主直政を支え、各所との調整に奔走する重臣たち。直政は才気溢れる青年大名に成長し、異例の出世を遂げてゆく。

家臣団の形成―直房、人集めに苦労

初代藩主直房は南部利直《としなお》の七男で、幼名を辰、のちに直好《なおよし》、数馬《かずま》と称した。利直五十二歳の時の子どもだが、一〇人扶持《ぶち》という低い待遇だったため、母方の中里《なかさと》家を頼るしかなかった（「中里家記録」）。将来を悲観した母（仙寿院《せんじゅいん》、千寿院《せんじゅいん》とも）が数馬を手に掛けようとして周囲の説得で思いとどまる、ということもあったらしい（「中里家系」）。

中里家は南部家の始祖光行《みつゆき》以来の譜代《ふだい》家臣で、甲斐武田《かいたけだ》氏に仕えた板垣《いたがき》家ゆかりの名家である。直房の祖父中里正次《まさつぐ》（半兵衛）は甥《おい》の吉高《よしたか》（弥次右衛門）を守《も》り役に付けるなど家を挙げて養育に当たり、その努力もあって、直房には知行《ちぎょう》二百石と盛岡城内丸《うちまる》の一五〇坪ほどの屋敷が与えられた。ゆえに、直房の当初の家

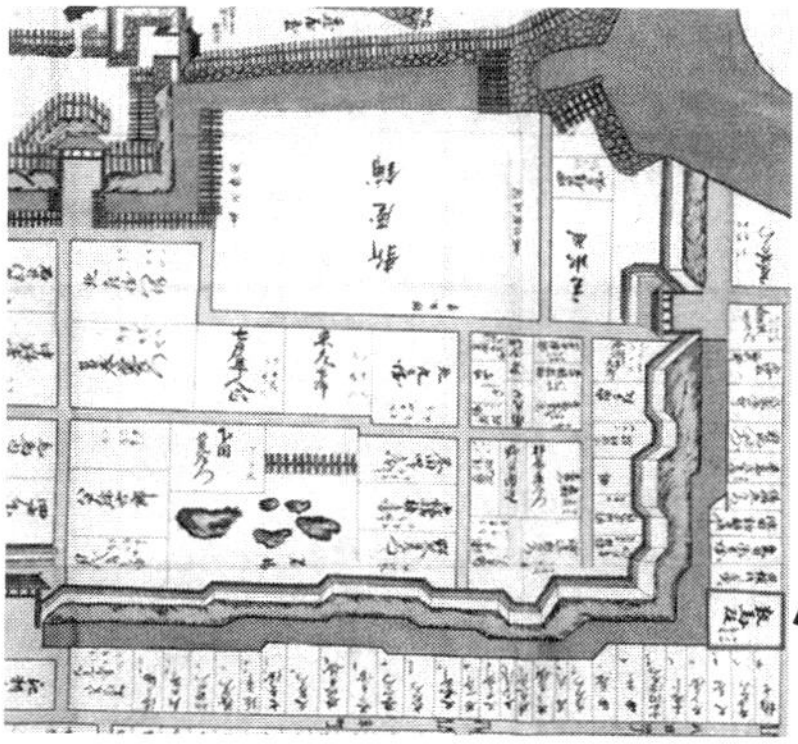

中里数馬の内丸屋敷
（「慶長盛岡図」岩手県立図書館蔵）

臣は中里家の者ばかりだった。

八戸藩のスタートにあたり盛岡藩から二一名の藩士が分け与えられたが（分士、分ケ人）、秋田家出身の秋田正季《まさすえ》、蒲生《がもう》氏郷《うじさと》の旧臣池田《いけだ》宗晴《むねはる》、不来方《こずかた》城主だった鵜飼秀俊《うかいひでとし》など、ほとんどは戦国時代の終わりとともに盛岡藩に移ってきた新参者である。ちなみに、出羽《でわ》安藤氏の一族湊広季《みなとひろすえ》が携えていた家伝文書《かでんもんじょ》は「八戸湊文書」（個人蔵）と呼ばれ、北東北の中世史を研究する上で貴重な資料となっている。もっとも、この人数では藩政運営ができないので、寛永年間（一六二四～四四）に遠野へ移った八戸氏の旧臣で八戸に残っていた者に声を掛けたり、新規に雇い入れたりして、寛文七年（一六六七）までに藩士・足軽・小者《こもの》★を合わせて五〇〇名余を揃えた。盛岡藩にならって財政などを扱う役方《やくかた》と兵制を担う番方《ばんかた》を設け、中里吉高《よしたか》と湊広季《ひろすえ》が国家老《くにがろう》、井上光弘《みつひろ》が江戸家老として、政務を分担した。

直房の死と家内混乱――独り歩きする暗殺説

直房は、三年四カ月の藩主生活のうち約二年半を江戸で過ごした。しかも、二人の国家老は幕府や盛岡藩との交渉に奔走《ほんそう》していて、国元に不在がちだった。

直房は、出羽仙北《せんぼく》郡を支配した小野寺《おのでら》氏の旧臣中野右馬之助《なかのうまのすけ》の姉をめとっている。しかし、子に恵まれなかったことから、岩手郡川口の領主川口正家《かわぐちまさいえ》（源之《げんの》

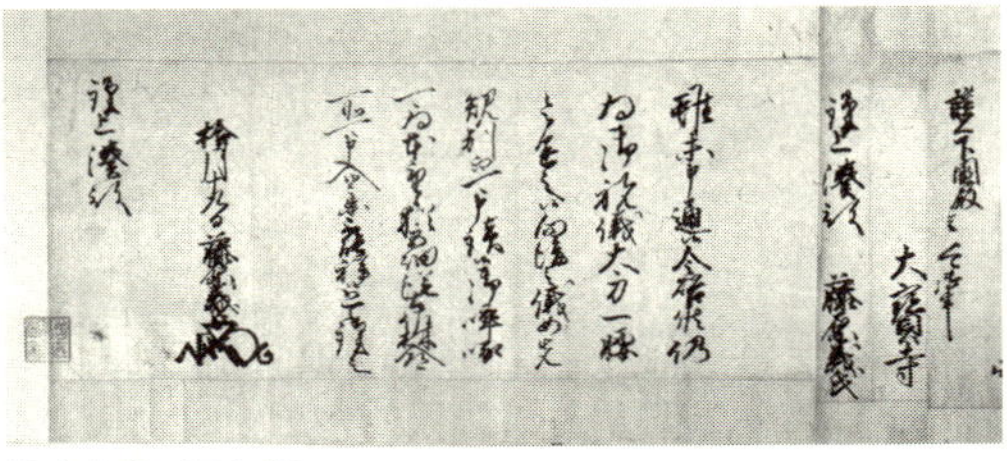

湊家文書（個人蔵）

▼小者
主として武家に仕え、雑役を行う者。

丞《じょう》）の娘孝《こう》（霊松院《れいしょういん》）と再婚した。寛文元年五月に生まれた長男直政は直房三十四歳・孝二十八歳の時の子で、孝は盛岡城下水口坊の虚空蔵《こくうぞう》薬師に熱心に願掛けして授かったという（「八戸祠佐嘉志《ほこらさがし》」）。川口家は重直の代に取りつぶされていたが、直房の独立で孝の甥の川口利景が八戸藩に取り立てられたのは幸いだった（「川口家系」）。

直房の次男運吉《うんきち》は寛文三年（一六六三）正月に生まれ、延宝五年（一六七七）十一月に元服して彦次郎直常《なおつね》、延宝八年に伊織《いおり》と名のった。沢口観音堂《さわぐちかんのんどう》（岩手県紫波町）の本尊である准胝《じゅんてい》観音菩薩像を岩手県立博物館が修理した際、胎内《たいない》から巻《かん》子《す》が発見され、そこに直常についての記述があった。それによると「情に厚く親孝行で、学問や武芸を身に付け、仏教を篤く信仰し、誰にでも分け隔てなく優しく接する慈愛に満ちた人柄だった」という（佐々木勝宏「沢口観音堂の変遷」）。

寛文八年五月、直房は一年ぶりに江戸から八戸へ戻ったが、はたして、家臣との関係はしっくりいっていたのだろうか。六月二十四日、直房は八戸城内で急死したが、死因はよく分かっていない。また、死の直前に中小姓《ちゅうこしょう》の梶川幾右衛門《かじかわいくえもん》を手討ちにし、小小姓《こごしょう》の石原関之介《いしはらせきのすけ》も成敗しているが、その理由も定かではない。当時の調査記録には「不義」「逆賊」の字句が見えている。石原については「打ち留められた」と記したものもあり、梶川らが直房に対して刃傷《にんじょう》に及んだ可能性なども否定できない。真相は未だ藪《やぶ》の中である。力ずくを好む戦国の気風が残

准胝観音菩薩像
（個人蔵、写真提供：岩手県立博物館）

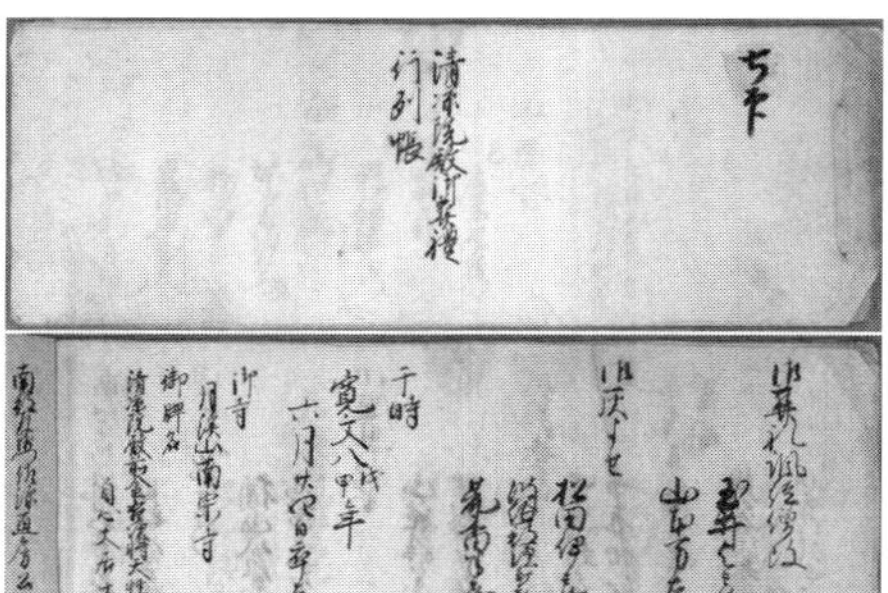
直房の葬儀を記した「清涼院殿御葬礼行列帳」
（八戸市立図書館蔵）

っていたこの時期、他藩でも御家騒動が相ついだ。直房の死から間もない寛文十一年には仙台藩の伊達《だて》騒動が起き、貞享四年（一六八七）には弘前藩の烏山《からすやま》騒動が世情をにぎわせた。しかし、どのような背景があったとしても、御家断絶などの処分を受ける危険を思えば、真相を公にすることなどできないわけだから、家老中里吉高が盛岡藩や幕府に「直房は病死」と届けたのは当然だった。

直房は清涼院《せいろういん》と諡《おくりな》され、南宗寺に葬られた。遺骸を火葬した際に奉納した石造《せきぞう》阿弥陀如来が八戸来迎寺《らいごうじ》にある。直房が急死した時、妻の孝は三人目の子を身ごもっていた。娘の富《とみ》である。その身体で菩提寺《ぼだいじ》の江戸金地院《こんちいん》や八戸南宗寺《なんしゅうじ》での法要を執行し、高野山遍照光院《こうやさんへんじょうこういん》に石塔を建立するなど、忙しく立ち働いた。直常が十八歳で亡くなる不幸も経験したが、のちに富を近江仁正寺《にしょうじ》藩の市橋政勝《いちはしまさかつ》に嫁がせるなど、藩主家の体面を保つのに力を尽くした（「八戸南部直房家譜」）。

二代直政の人物像―英才うたわれた教養人

直房の子の直政（一六六一―九九）は幼い時から江戸に住み、わずか八歳で二代藩主となったが、藩主として八戸に入る機会は、ついになかった。

直政は延宝三年（一六七五）に元服し、従五位下《じゅごいのげ》・遠江守《とおとうみのかみ》に叙任された。法《ほう》皇本院《おうほんいん》★使饗応役《しきょうおうやく》★などを務めた後、詰衆《つめしゅう》・側衆《そばしゅう》を経て、元禄元年（一六八八）

南部直房墓（南宗寺、テクノス提供）

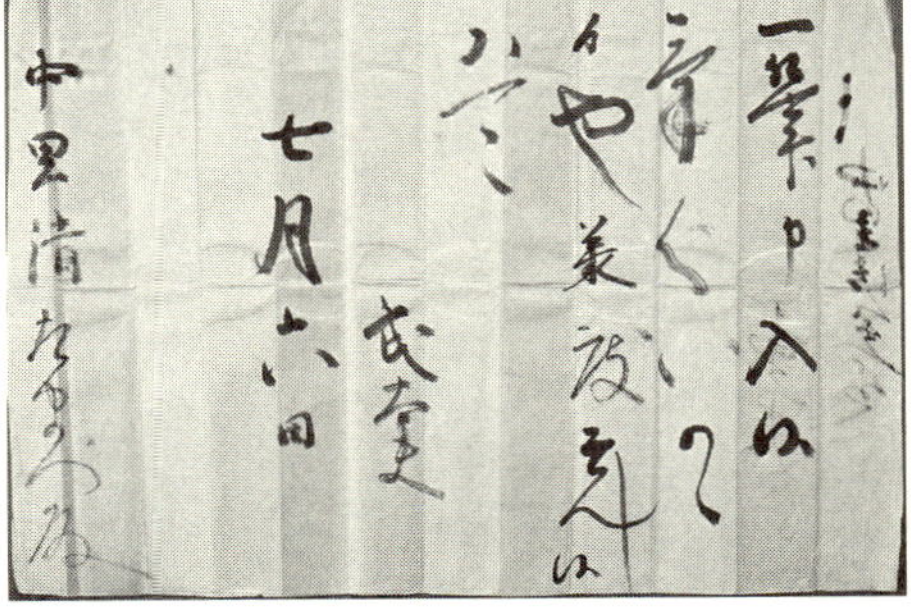
直政幼年時の筆跡（個人蔵）
（『新編八戸市史』通史編Ⅱより）

十一月、将軍綱吉《つなよし》の側用人《そばようにん》に抜擢《ばってき》された。外様《とざま》大名としては破格の出世である。
英邁《えいまい》の誉れ高く漢学に秀でていた直政には、よく知られた朝鮮屏風のエピソードがある。天和二年（一六八二）に来日した朝鮮通信使から贈られた屏風がカギ付きで、開け方が分からない。添えられたメモを見た直政がこれを読み解き、開け方を示した（「直房直政御二代集」）。喜んだ綱吉が領知を加増しようとしたところ、直政は「さほどの功績ではない」と断ったので、綱吉は代わりにオランダからの献上鏡を与えたという。しかし、側用人を務めたのはわずか二カ月ほどに過ぎなかった。病気で辞めたといい、歌学者の戸田茂睡《とだもすい》は「直政の手にできた瘡《かさ》を上様が気にした」と記している（「御当代記」）。ところが、同じく側用人を務めた柳沢吉保《やなぎさわよしやす》は「直政は利発すぎて上様に飽きられた」と語っている（藪田重守「永慶寺殿源公実録」）。それとは知らぬ直政は変わらず綱吉を敬愛し、綱吉の儒学書講義に出席できるよう、柳沢に頼んでいる。

直政は「南浩然《なんこうねん》」「松洞《しょうどう》」の号を持つ文人で、多くの漢詩文を残した。儒臣《じゅしん》戸田順折が編集した「新編文林全集」に賦《ふ》・記・銘・頌《しょう》・序・跋《ばつ》・論・弁・書・騒・楽府《がふ》・五言《ごごん》詩・七言《しちごん》詩・雑著など、多様な文体による五〇〇余の作品が収められている。序文を頼まれた儒者林整宇《はやしせいう》（信篤《のぶあつ》、鳳岡《ほうこう》）は、直政の読書所「文林《ぶんりん》館《かん》」にちなんで「新編文林全集」と命名した。三部浄書され、藩邸・八戸南宗《なんしゅう》寺《じ》・江戸金地院《こんちいん》の三カ所に置かれたという（「八戸藩史料拾穂」）。金地院は八戸南

▼法皇本院
上皇や法皇が二人以上ある場合、その最上位の人。一の院。下位者は新院・中院などと呼ばれる。

▼饗応役
勅使・院使・女院使など朝廷から江戸に派遣される使者を接待するために江戸幕府が設けた役職。主に外様大名が任命された。

▼護持院隆光
将軍綱吉に引き立てられた新義真言宗の僧。知足院改め護持院の住職として、綱吉とその生母桂昌院の崇敬を得た。

拝領鏡入れ
（個人蔵）

部家の墓所で、「新編文林全集」にも登場する。直政はここでしばしば会合を持っていたようだ。しかし現在、金地院は浄書を所蔵していない。

八戸には、藩邸にあったとされる「新編文林全集」のいわゆる「上杉本」（個人蔵）と、藩邸の許しを得て写したとされる「南宗寺本」（八戸市博物館蔵）の二種類が伝わっている。いずれも訓点《くんてん》はないが、正統な語法を踏まえ、格調高い文体で構成されている。対句《ついく》を縦横に駆使しているが、美辞麗句の弊《へい》に落ち込んでいないのはさすがである。直政が古今の作品をよく理解していたこと、護持院《ごじいん》隆光《りゅうこう》★や高名の禅僧、林家《りんけ》のような学者と交流があったことがうかがえる。禅と詩の一致こそが直政のめざした高みであり、禅が直政の人格形成に大きな影響を及ぼしていることは、疑いない。近世大名の高度な教養レベルを示すもので、貴重な文化遺産である。なお、『旧話集』に直政の辞世が収められている。

性名時有今易簀（せいめいときありいまえきさく）
髪膚身体共皆全（はっぴしんたいともにみなまったし）
人若我行処問有（ひとのもしわれのゆくところとうあらば）
明月清風共一天（めいげつせいふうともにいってん）

（訳）
限りある命はいま　臨終の時を迎えた
髪も肌も身体も　何も問題はないのに

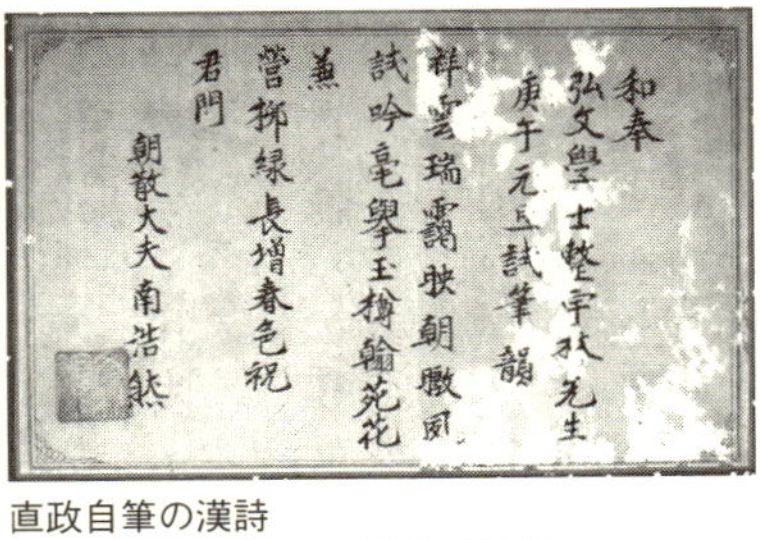

直政自筆の漢詩
（「天祥院様御筆」八戸市立図書館蔵）

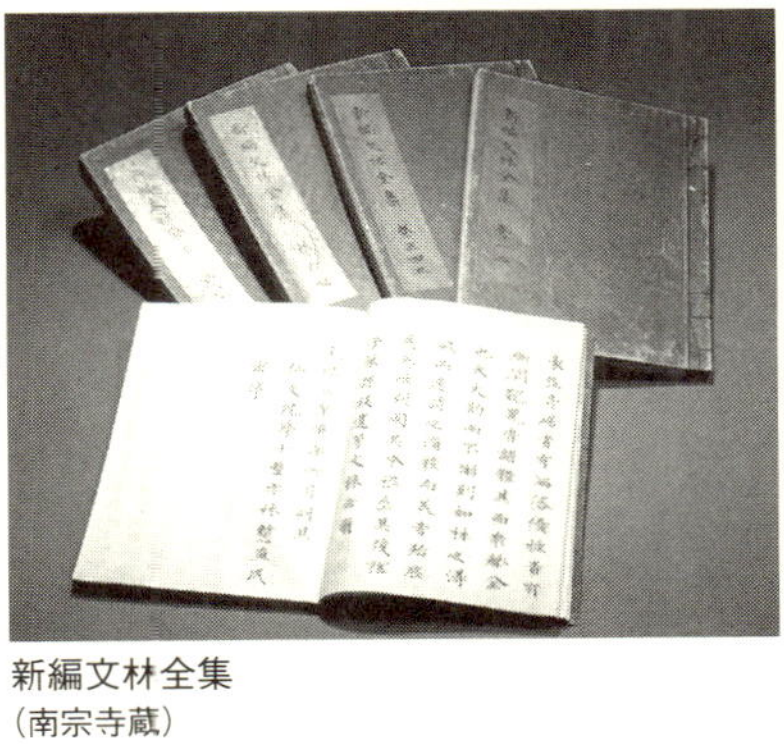

新編文林全集
（南宗寺蔵）

もしも私の行く先を問う人があったなら
明るい月やさわやかな風とともに天にあると

藩主の身分保証——朱印状と任免状

大名にとって最も重要な書類は、将軍から賜る領知宛行状《りょうちあてがい》である。将軍と大名との契約書とでもいうべきもので、江戸幕府がスタートした頃は、宛行状が出されるタイミングはまちまちだった。しかし、四代将軍家綱《いえつな》が寛文四年（一六六四）四月五日付ですべての大名に一斉に発行してからは（寛文印知《いんち》）、将軍の代替わりごとに朱印改めをし、新しい宛行状を出すかたちができあがった。基本的に、領知高が十万石以上だと将軍の花押《かおう》を据《す》えた「判物《はんもつ》」が、十万石以下だと朱印《しゅいん》を押した「朱印状」が与えられる。

　領知高二万石の八戸藩主には朱印状が出されるべきだが、八戸藩のスタートは寛文印知から八カ月後で、しかも初代藩主直房が寛文八年六月に急死してしまったので、結局直房宛ての朱印状は発行されなかった。その次に重要なのは官位・官職の任免状だが、こちらは、直房を従五位下《じゅごいのげ》・左衛門佐《さえもんのすけ》にするという寛文四年十二月二十八日付の口宣《くぜん》案を、八戸市博物館が保管している。

　二代藩主の直政は、延宝二年（一六七四）十二月二十七日付で従五位下・遠《とお》

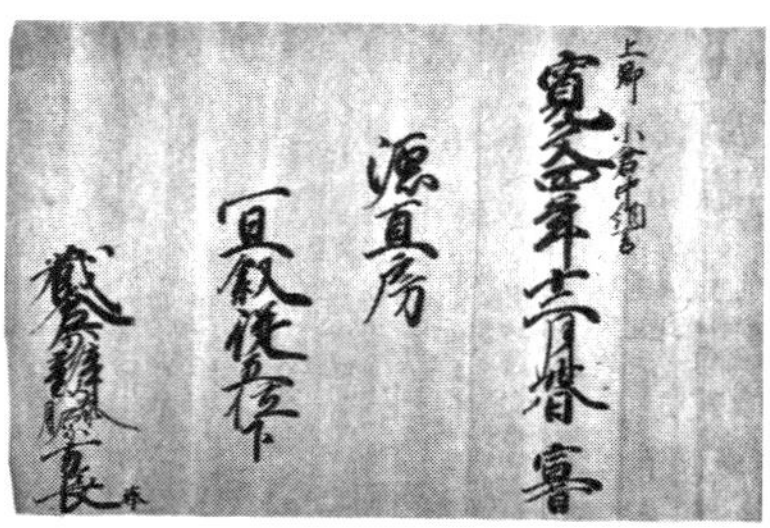

直房口宣案（従五位下）
（八戸市博物館蔵）

直房口宣案（左衛門佐）
（八戸市博物館蔵）

江守《とうみのかみ》の任免状を受け、貞享元年（一六八四）九月二十一日付で、五代将軍綱吉による領知朱印状と、支配する村の名前を書き出した知行目録を受け取った。

八戸藩主代々の朱印状は全部で九通あり、その写しが八戸市博物館にある。原本でないのは、明治政府が諸大名に提出を求めたからである。津軽家のように、寛文印知の際の原本をなぜか持っていた家もあるが、八戸藩主の場合は写しでしか残っていない。

重臣たちが暇乞い――立ちふさがる財政難

八戸藩の藩士数は、藩ができた寛文四年（一六六四）末の段階で二五一名だったが（「分限帳」）、時代が下るとともに少しずつ増え、幕末の文久年間（一八六一〜六四）には三七五名となっていた（「御分限附御家中本座列」）。それでも盛岡藩の一〇分の一に満たず、足りない分は足軽・小者で補っていた。

藩士の給与は大きく、知行《ちぎょう》・切米《きりまい》・切符《きっぷ》に分かれていた。

①知行＝一定の領地が与えられるもので、百石、二百石といった石高《こくだか》で表示される。しかし、これがそのまま収入になるわけではなく、例えば年貢率が「三ツ《みっ》取《どり》」といった場合は、収穫量の三〇パーセントが実収入ということになる。知行の変形として併用されたのが金成《かねなり》で、金成百石という場合は、現金で二〇両が支

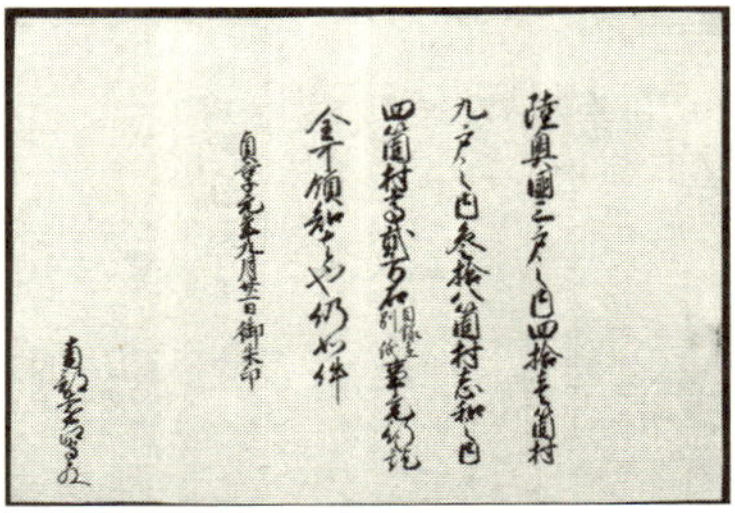
直政へ知行二万石（徳川綱吉朱印状写）（八戸市博物館蔵）

給された。
②切米＝土地ではなく、俸禄米《ほうろくまい》が支給される。石高ではなく駄数《だすう》や扶持《ふち》数で表示され、一駄は年に米七斗《と》（知行二石に相当）、一人扶持は月に米一斗五升《しょう》（知行五石に相当）と定められた。
③切符＝現金支給だが、「金成」と違って石高の表示がない。下級藩士は切米取・切符取が普通だったが、中・上級の藩士は知行取である。「御分限附御家中本座列」によれば一五九名が知行取で、藩士全体の約四割を占めていた。しかし、中里家などの家老クラスでも江戸後期には五百石に満たず、二百石以上なら、八戸藩ではもはや大身《たいしん》の部類だった。

初代藩主直房が死去すると、知行所の荒廃、家計の悪化、延宝の飢饉、病気などを理由に八戸藩から離脱する藩士が続出した。番頭《ばんがしら》の新渡戸《にとべ》常政《つねまさ》や家老の楢山隆方《ならやまたかかた》など、盛岡藩から付けられた二一分士の中からも暇《いとま》を願う者が出た。彼らは盛岡藩に復帰しているので期限付きだったのかもしれないが、何よりも、二代藩主直政が幼少で忠誠心を持てなかったというのが本当のところだろう。藩政は大いに動揺した。この難しい時期のかじ取りを担ったのが、中里吉高《よしたか》である。直房の幼時から守り役を務め、八戸入りに付き従い、幼君直政の藩政を支え、貞享二年（一六八五）五月に死去するまでの二十年間、筆頭家老を務めた。直政が江戸に常住していたため、その意思は江戸家老の御用状によって国元へ伝えられ、

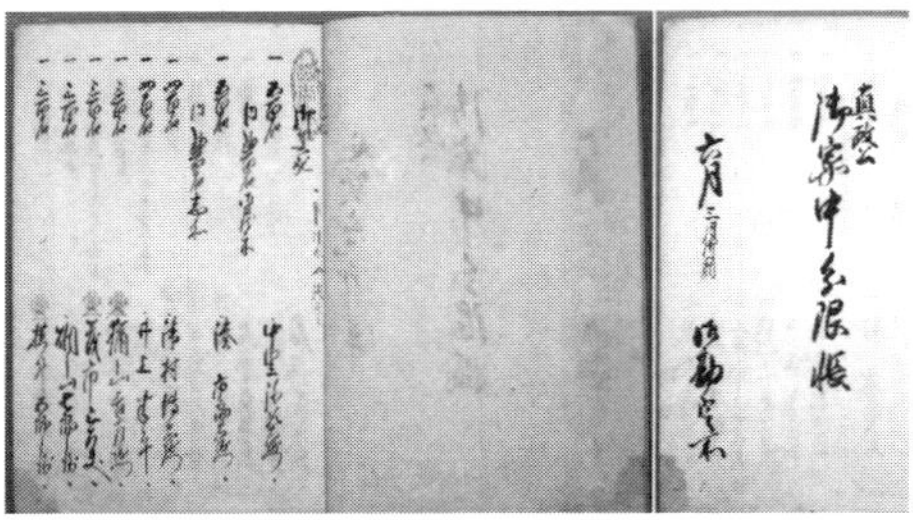
「直政公御家中分限帳」（延宝３年）
（八戸市立図書館蔵）

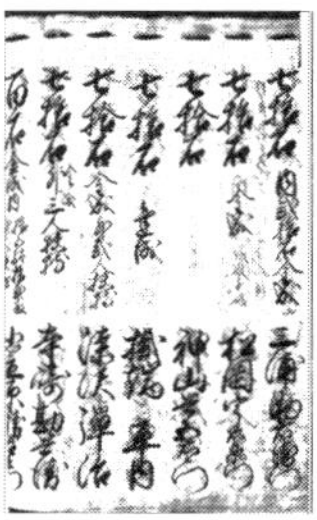
「金成」の記事（文政２年の分限帳）
（八戸市博物館蔵）

吉高によって執行された。延宝五年（一六七七）六月に領内総検地が終わった後、吉高は自分の印判を押した百姓小高《こだか》帳を発行している。これは本来なら、直政の印判を用いるはずである。藩主が国元にいないという八戸藩ならではの特殊事情を反映しているといえよう。

同年七月、直政は藩士に向けて「覚」九カ条を発した。生活全般にわたる倹約と、知行百石以上の家臣に対し武具・兵馬の嗜《たしな》みを命じたものである。この年、勤務怠慢やケンカ・窃盗で処分された家臣は一一人にのぼり、買物役・者頭《ものがしら》・門番の三人は不作法、わがまま、侍に不似合いという理由で追放・改易・切腹になっている（八戸藩「目付所日記」）。これらは直房死後の三年間（寛文九〜十一）の四件を上回っており、緩みきっていた藩政の立て直しが図られたのである。直政が初めて下した指令であり、ようやく、直政の藩主としての威信が確立したと見ることができる。

三代通信の襲封《しゅうほう》――船越治助の活躍

直政は必ずしも強健ではなく、日常的に投薬を受けていた。元禄十一年（一六九八）六月に風邪をひいて体調を崩し、床《とこ》に就いた。先行きを懸念するほどの病勢となったため、直政は幕府に養子願いを出すことにし、盛岡藩主南部行信《ゆきのぶ》の

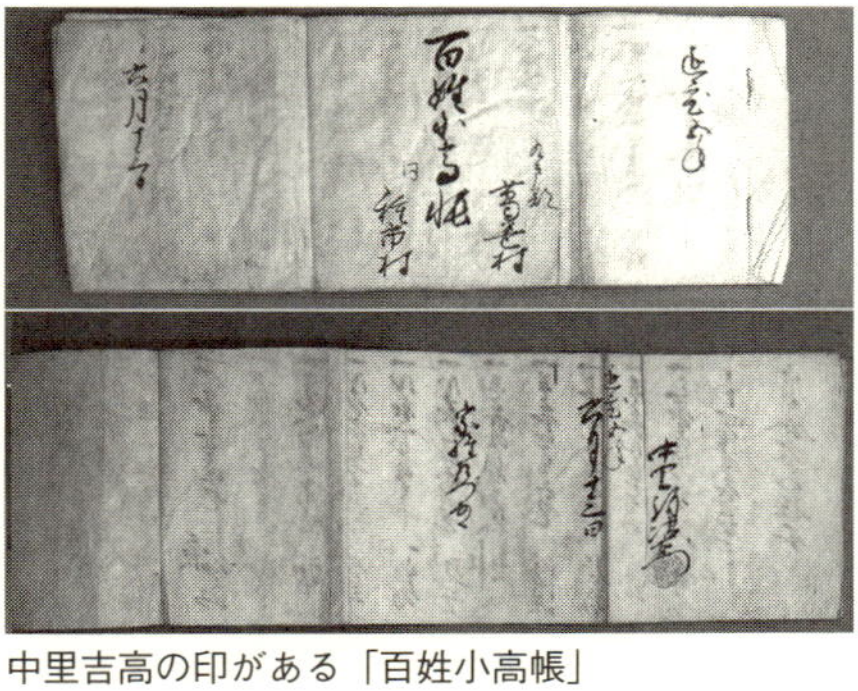
中里吉高の印がある「百姓小高帳」
（八戸市立図書館蔵）

弟右近《うこん》（通信《みちのぶ》）に家督を継がせたいと届け出た。十二月十二日に願いは受理され、通信は直政の養子と認められた。翌元禄十二年三月十六日、直政は江戸の八戸藩邸で短い生涯を閉じた。享年三十九。遺骸は江戸金地院《こんちいん》で荼毘《だび》に付され、遺骨は四月十一日に八戸南宗寺へ届けられた。五月十六日に廟所《びょうしょ》に葬られ、天祥院《てんしょういん》と諡《おくりな》された。

通信は五月十三日に江戸の盛岡藩邸を出て江戸城へ上り、家督継承を許可する上意を受けた。通信はこの日のうちに麻布市兵衛町《あざぶいちべえちょう》の八戸藩邸に入っている。さらに、同二十八日に再登城して将軍綱吉に拝謁し、継目《つぎめ》（＝家督相続）の御礼を述べた。

通信は文武に優れ、馬術を得意とし、茶道・和歌・蹴鞠《けまり》にも通じた教養人だった。また、倹約令の制定、物価の統制、凶作対策、買い占めの取り締まり、文武の奨励など、様々な施策を講じて藩政を発展させた。有能でバランスの取れた人柄の通信が八戸藩に入ったことは、盛岡藩との融和に効果があった。八戸藩の独立以来のギクシャク感が取れ、本家と分家の関係が再確認されたのである。

通信は盛岡から二〇名の家臣を連れてきたが、その中に、船越治助《ふなこしじすけ》がいた。官僚的な実務に優れた治助は、知行地の割替えによって城下周辺の土地を藩有地とし、有力家臣の力を削《そ》いだ。また、盛岡藩の舫《もやい》制度を持ち込み、農民・商人を巻き込んだ金融機関へと発展させた。税制・役金制も治助によって整理され、藩

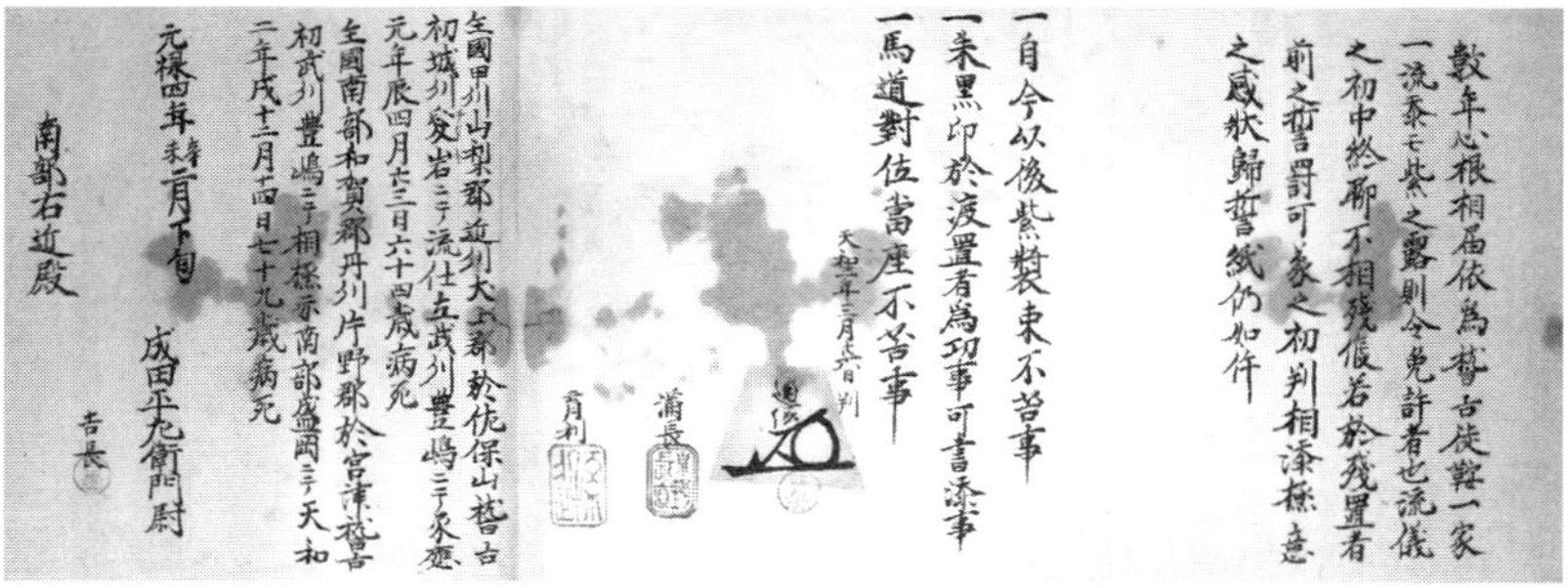
数年心根相届依為稽古候與一家
一流奉七紫之露則今免許者也流儀
之初中終聊不相残候若於残置者
前之誓詞可為之初判相添極意
之感状歸誓紙仍如件
一自今以後紫鞦束不苦事
一朱黒印於渡置者為功事可書添事
一馬道對佐當座不苦事
天和三年三月廿六日　判
満長
育利
全國甲州山梨郡近州大丞部於佐保山稽古
初城州発岩ニテ流仕立武州豊嶋ニテ永應
元年辰四月廿三日六十四歳病死
全國南部和賀郡丹川片野郡於宮津稽古
初武州豊嶋ニテ相極ホ南部盛岡ニテ天和
二年戌十二月廿四日七十九歳病死
元禄四年辛未霜月下旬　成田平九衛門尉
吉長
南部右近殿

南部通信への徒鞍流馬術免状
（八戸市立図書館蔵）

財政は安定した。漁獲高の一割を徴収する川口湊の十分一《じゅうぶいち》役所も、治助の発案である。宝永四年（一七〇七）、治助は一連の功績により家老へ進んだ。

四〜六代藩主の治世――広信・信興・信依

四代藩主広信《ひろのぶ》の治世は二十六年間にわたる。享保元年（一七一六）十月、十歳の若さで藩主となったため、当初は重臣が藩政を支えた。生活心得・旅費規程・検地定目《じょうもく》・皆勤規程・服務規程を出して家中を引き締め、酒造税・鉛山十分一《じゅうぶいち》税★・沖の口税を定めて財政充実を図った。出勤した藩士に書かせた「面簿」は、現代の出勤簿やタイムカードの走りである。

しかし、相次ぐ凶作で農村は疲弊し、領内経営は困難を極めた。享保十二年、広信は松平信庸《のぶつね》（丹後《たんご》亀山《かめやま》藩）の娘秀《しゅう》（円鏡院《えんきょういん》）を妻に迎えた。三男二女があったが、長男熊次郎《くまじろう》は生後十カ月で早世しており、家督は次男亀之助《かめのすけ》（信興《のぶおき》）が継いだ。三男松之助《まつのすけ》（式部《しきぶ》、信之《のぶゆき》）はのちに別家して「逸見《へんみ》」姓を名乗り、藩士として仕える道を選んだ。寛保元年（一七四一）五月二日、広信は三十五歳で死去した。法号は正見院《しょうけんいん》である。

五代藩主信興《のぶおき》は幼名を亀之助、智信《とものぶ》といい、寛保元年六月に襲封《しゅうほう》した。治世は二十五年間に及ぶ。信興の代に商品作物の大豆栽培が本格化したが、その結果、

南部通信墓（南宗寺、テクノス提供）

▼十分一税
農業以外の生産物・収穫物の売り上げから一割を納めさせるもの。

有名な「猪《いのしし》飢饉《けがじ》★」（寛延二年〈一七四九〉）が起き、宝暦五年（一七五五）にも餓死者四〇〇〇〜五〇〇〇人を出す飢饉に見舞われた。正室は織田長亮《ながあき》（大和芝村《やまとしばむら》藩主）の娘で、亀次郎（信依《のぶより》）、岩之進《いわのしん》を生んだが、二十二歳の若さで死去した。翌年、信興は盛岡南部家の一族七戸外記《しちのへげき》の娘勢那《せな》を後室とした。子は計二八人あったため、重臣との縁組が多かった。明和二年（一七六五）に隠居。明和六年に大黒天図《だいこくてんず》を描き、「上見れば及ばぬ事の多かりき笠着て暮らせ己が心に」の道歌《どうか》を添えて、後継の信依に藩政の心構えを示した。安永二年（一七七三）八月に死去。享年四十九。法号は龍津院《りゅうしんいん》である。

六代藩主信依は十九歳で襲封。御用金割り当て・鉄山直営・養蚕《ようさん》導入など財政立て直しに尽くしたが、江戸藩邸の火災などもあって好転せず、安永四年には幕府から鍛冶橋《かじばし》門番役を免除されるほどだった。安永八年、長男繁松《しげまつ》（信房《のぶふさ》）に家督を譲り、天明元年（一七八一）に死去した。享年三十五。法号は宝性院《ほうしょういん》である。

南部信興
（個人蔵）

▼猪飢饉
八五ページ、一一四ページ参照。

南部家墓所
（南宗寺、写真提供：青森県史編さんグループ）

◆2 藩士と江戸勤め

八戸藩の武士の仕事は、大きく番方と役方に分かれていた。国元での生活。藩主の参勤に随行しての江戸詰。何かと物入りな経費を捻出するため、藩士らは苦労した。

八戸藩の参勤交代——舫制度で経費補助

八戸藩の参勤交代は、寛文六年（一六六六）五月に初代藩主直房が八戸に入り、翌年三月に江戸へ向けて発ったのが始まりである。

国元へ帰るのを暇乞《いとまごい》といい、江戸へ出るのを参府《さんぷ》という。八戸藩の場合、帰国時は四月に江戸を出て五月に八戸に入り、参府時は三月に八戸を出て四月に江戸へ入るのが通例だった。片道は十七日振り、すなわち十六泊十七日かかった。八戸城下から江戸日本橋までは馬継所《うまつぎしょ》がおよそ九七、距離は一六九里（六七六キロ）だから、一日に一〇里（四〇キロ）は進まねばならない。これはかなりの速度である。

嘉永七年（一八五四）の参府行列は総勢二〇二名で、午前四時過ぎに御殿前に供揃いが整列して発駕《はつが》式を行い、午前七時に城を出発した。御先取次《おさきとりつぎ》の目付《めつけ》を先頭に鉄砲・弓などの御道具類、鑓《やり》・挟箱《はさみばこ》が続き、行列の中央に藩主の駕籠《かご》が、その後を御持鑓《おんもちやり》・御立傘《おんたてがさ》が続いた。後方には医師や重臣が付き従い、道中で用いる生活道具、夜具・食器、据え風呂まで持参した。城を出て観音林《かんのんばやし》から一戸《いちのへ》へ入り、沼宮内《ぬまくない》・渋民《しぶたみ》を通って盛岡に行くのが通常ルートだが、この時は一戸の橋が落ちていたため、コースを急きょ伊保内《いぼない》・葛巻《くずまき》に変更して、沼宮内へ抜けた。嘉永年間（一八四八〜五四）に三峰館寛兆《さんぽうかんかんちょう》が作成した「道中双六」には、この時のものと思われる行列が描かれている。

藩士らにとって、参勤交代への参加は物入りだった。身の回りの経費は自分持ちだったので、費用の捻出《ねんしゅつ》に苦労した。その一部を補助する目的で作られたのが、舫《もやい》（催合）制度である。藩士から徴収した一定額の積立金を参勤交代の参加者に提供するもので、盛岡藩の武士無尽《むじん》、弘前藩の茂合《もあい》、秋田藩の感恩講《かんおんこう》によく似た、一種の互助制度である。その大本は、三代藩主通信が八戸入りする際に盛岡から連れてきた船越治助《ふなこしじすけ》が整備したといわれる。この舫制度はのちに、庶民も利用できる金融組織に発展した。また、武器を買い整えるための武器舫もこの制度の流れを汲んでいる。

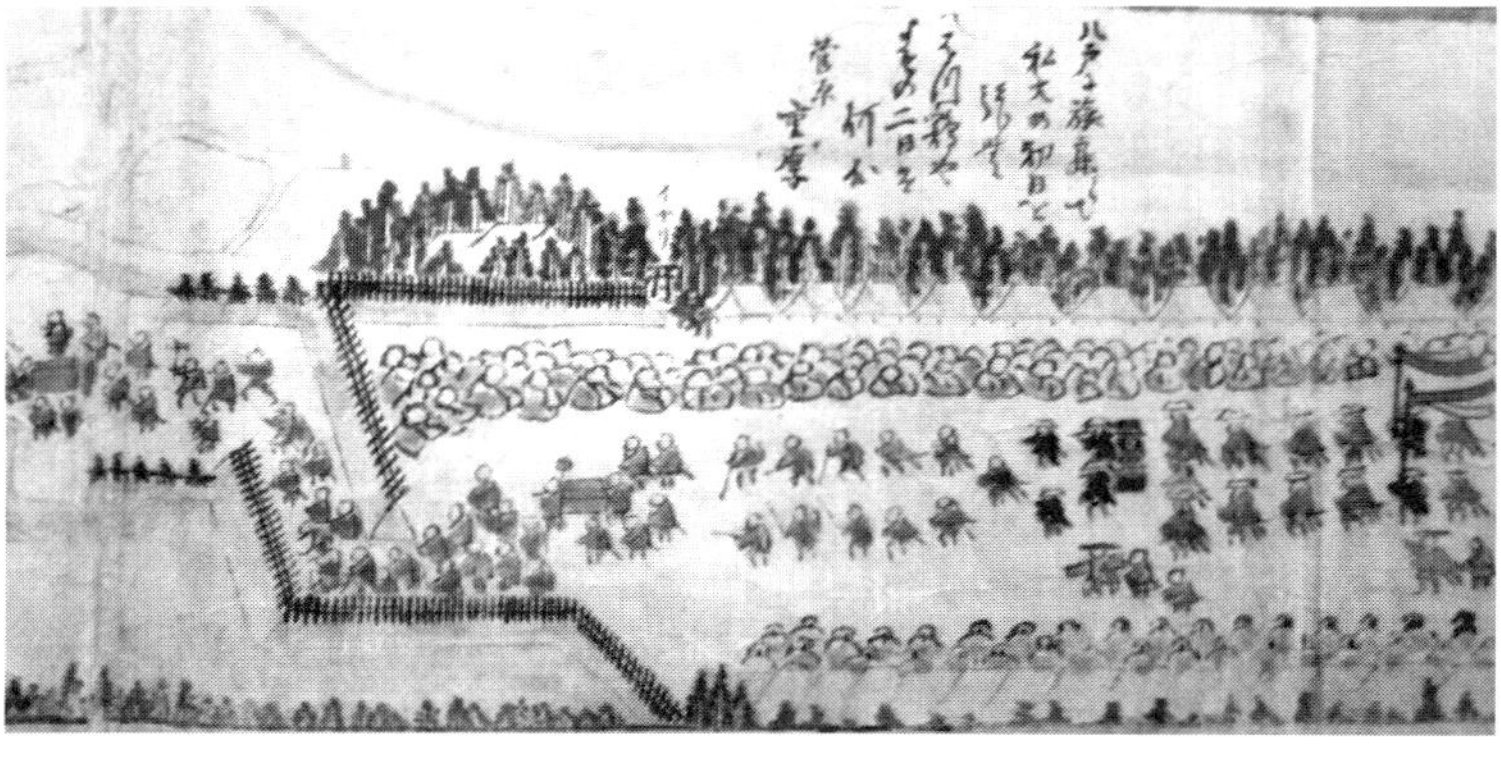

「風流新板東山道八戸より江戸まで道中雙六」
八戸藩の参勤行列（八戸市立図書館蔵）

八戸藩の勤役《きんやく》—軍役の実態

幕府は大名に対し、石高に見合った兵員を備えておくよう、武家諸法度で規定した。いわゆる軍役である。しかし、平和な時代が長く続くと、幕府から動員命令が出ることはほとんどなく、代わりに城普請《しろぶしん》・道普請《みちぶしん》・河川改修などの土木工事や、主要地点の警備が課された。八戸藩は江戸城門番や大名火消《ひけし》、駿府加番《すんぷかばん》などを担当させられた。

駿府加番は駿府《すんぷ》城（現静岡市）の城外警備で、駿府城代の下に属した。一年交代の定例勤務で出費も多かったが、幕府から高千石につき四〇人扶持が毎月支給されたので、財政的には魅力的だった。出火に備えるほか、祭礼の警備、朝鮮通信使の警備、久能山東照宮《くのうさんとうしょうぐう》（現静岡市）への参詣儀礼などに参加した。

江戸城の門番については、城外警備を担当した。城外門番は二家が十日交代で勤め、門の開閉と通過者の確認、門内外の掃除や空間の管理、将軍や外交使節が出入りする際の儀礼場の維持が役割だった。八戸藩は一五ある内曲輪《うちくるわ》門のうち、町人地に隣接する日本橋・京橋方面の鍛冶橋《かじばし》門、呉服橋《ごふくばし》門、常盤橋《ときわばし》門、日比谷《ひびや》門、数寄屋橋《すきやばし》門、馬場先《ばばさき》門を主に担当したが、外曲輪《そとぐるわ》門の幸橋《さいわいばし》門を担当したこともある。門番の人数は、家格によって決まっていた。天保十三年（一八四二）の常

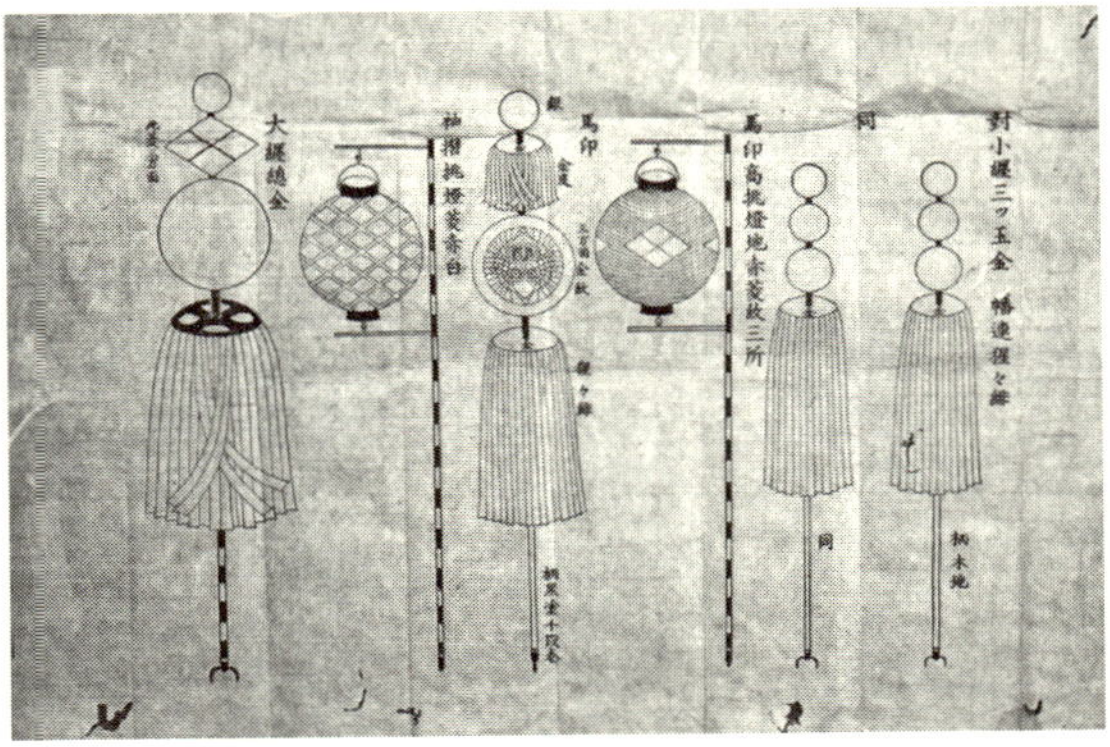

幕府から使用を許されたまとい
（「纏図」八戸市立図書館蔵）

盤橋門番の際、八戸藩は六二名を張り付けたが、常盤橋は外様二～三万石クラスの大名が五〇～六〇名で担当する場所なので、それに見合った数字である。開門は午前六時、閉門は午後六時で、夜間は大番所・枡形《ますがた》番所・外張《そとばり》番所に番士《ばんし》以下が詰めた。チェックが必要なケースは次の通りである。

①開門時間内に通過する女性。乳児も例外ではない。駕籠の者は人数を改め、女手形《おんなてがた》と照合した。
②車・駕籠《かご》。材木・竹・石・植木を積んだものは事前連絡が必要。重荷を運ぶ四輪の「地車《じぐるま》」は一切、通過禁止。
③乗馬での通過は禁止。荷物を付けた馬の背に乗る「乗懸馬《のりかけうま》」も禁止。
④棺を運ぶ者は「穢《けがれ》」があるので、手形を確認して門外へ通し、通過後は打ち水で清める。
⑤竹木・植木類、風呂敷を掛けた進物以外は手形を確認。
⑥鉄砲や幕府から預かった道具類は、管理者や預け先からの連絡が必要。
⑦手錠をした囚人は支配からの連絡か、同心の付き添いが必要。
⑧勧進《かんじん》や巡礼《じゅんれい》、髪結《かみゆい》・物乞《ものごい》は基本的に通行禁止。

ただし、閉門後に通過しようとした女性を身元確認の上で通してやったりするなど、例外はあった。他にも行き倒れや病人・ケガ人の世話、泥酔者の介抱、捨て子の扱い、ケンカの制止や身柄の拘束、落とし物の処理、持ち場の草取りや松

鍛冶橋門

火事装束（船越家）
（八戸市博物館蔵）

の木の手入れ、除排雪など、忙しく立ち働いていた。

飛脚が走る——八戸と江戸の情報伝達

大名は国元と江戸との二重生活を強いられたので、連絡のためには飛脚《ひきゃく》が必要だった。八戸藩は、成立してからしばらくは盛岡藩の飛脚に頼っており、当時の記録には「盛岡より継飛脚《つぎびきゃく》が来た」との文言がしばしば見られる。盛岡藩邸は江戸桜田にあったので「桜田便」と呼ばれていた。

延享三年（一七四六）七月、八戸藩は「書状の数が増えて重いから書状を小さくせよ」との触れを出したり、飛脚の状箱の寸法を決めたりしている。独自の飛脚制度を整えたのはこの頃だろう。飛脚は足軽が務め、所要日数は八日振り、すなわち七泊八日とされた。早ければ褒美《ほうび》が、遅ければ処分が下る。一日に走る距離の平均は二一里（約八四キロ）。ロウソク代が支給されているので、夜間も走ったようだ。馬にも乗ったが、落馬してケガをした者もいた。通常は二人組で走り、交代で状箱をかつぎ、夜は片方が提灯を持つ。相方がケガや病気の場合は、一人でも走る。急ぎの場合は早飛脚《はやびきゃく》が出された。文化八年（一八一一）二月の江戸上屋敷火災では六日振り、同年三月の江戸留守居役《るすいやく》喜多島甚左衛門《きたじまじんざえもん》の不始末では七日振りの早飛脚が出された。

呉服橋門

幸橋門

飛脚は必要に応じて出すというやり方だったが、天保元年（一八三〇）には定《じょう》飛脚《びきゃく》（定期便）が制度化された。毎月二十日に八戸を出て、翌月五日に江戸を発つ、という日程だった。江戸の物産相場や需要を知るためにも定飛脚が必要だったということだろう。

江戸藩邸の生活――八戸藩の屋敷事情

大名は災害に備えて、江戸に複数の藩邸を持っていた。上《かみ》屋敷・中《なか》屋敷・下《しも》屋敷は幕府から与えられるが（拝領屋敷）、足りない場合は百姓や町人から土地を購入し、屋敷を構えた（抱《かかえ》屋敷）。

八戸藩は寛文五年（一六六五）に本所《ほんじょ》（墨田区）に上屋敷を与えられ、天和三年（一六八三）に浅草新堀《あさくさしんぼり》（台東区）へ移った。貞享四年（一六八七）に二代藩主直政が詰衆《つめしゅう》に任じられると、愛宕下《あたごした》（港区）に上屋敷を拝領した。芝増上寺《しばぞうじょうじ》のすぐ近くで、江戸城への登城に便利だった。元禄元年（一六八八）に側用人になると幕閣が集まる西丸下《にしのまるした》（千代田区）に移ったが、翌年に解任されるとすぐに麻布市《あざぶいち》兵衛《べえ》町《ちょう》（港区六本木）に移った。

八戸藩は長らく、上屋敷しか拝領できなかった。正徳二年（一七一二）に渋谷広尾《ひろお》（渋谷区）の盛岡藩抱屋敷を譲ってもらい、下屋敷代わりにした。広尾下屋

鬼瓦
（陸奥八戸藩南部家屋敷跡遺跡出土資料、港区教育委員会蔵）

上屋敷跡地
（港区六本木、テクノス提供）

敷である。しかし、屋敷は慢性的に不足していたので、寛延元年（一七四八）に「最初の本所屋敷が一万坪だったので、今は避難場所もなく不便だ」と拝領を願い出、麻布新町（港区）に屋敷をもらった。これが一本松《いっぽんまつ》下屋敷である。さらに拝領屋敷の周辺を買い入れたり、大名や旗本の屋敷と交換したりして、所有地を広げていった。文政改革が始まると物流の拠点が必要になり、深川富岡町《ふかがわとみおか》（江東区）に「物置」を設けた。これを整備・拡大したものが深川蔵屋敷である。

参勤交代で江戸に来た藩士らは、藩邸内に設けられた長屋で生活した。名所めぐり・食べ歩き・土産の買い物に明け暮れる者、囲碁・将棋・読書に精を出す者など、過ごし方は様々だった。藩邸前の銭湯や髪結いに出かけ、芝神明前《しんめいまえ》・日影《ひかげ》町《ちょう》などの繁華街に通い、浄瑠璃《じょうるり》や落語を楽しんだ。頼まれた品物を国元に届けるのも大切な役割で、タバコ入れやキセル、ホウキや古着、ミカンなど、多種多様な品物を飛脚や廻船で送った。

文政七年（一八二四）に、江戸市内の買い物や飲食関連の商店約二六〇〇店を紹介した『江戸買物独《ひとり》案内』が刊行されているが、そうしたガイドブックを見て藩士らは買い物を楽しんだことだろう。江戸っ子は彼らを田舎者と見て「浅黄《あさぎ》裏《うら》」と呼んだが、その消費生活が江戸の経済を支えていたこともまた、事実である。

道具類

軒丸瓦

（左右とも、陸奥八戸藩南部家屋敷跡遺跡出土資料、港区教育委員会蔵）

③ 中期藩政と財政難

ヤマセと呼ばれる冷涼風が卓越する八戸藩の、農業生産力は低かった。米の増産もままならず、藩の借金は膨らむばかり。相次ぐ飢饉による人口減少にも悩まされた。

八戸藩の領知高──表高と内高の違い

八戸藩の表高《おもてだか》（幕府が諸大名に割り当てる軍役の基礎として公認する高）は二万石だが、その内訳は史料によって異なる。しかし、寛文五年（一六六五）二月二十七日付「御分地郡村小高《こだか》帳」と、貞享元年（一六八四）五月十九日付で幕府に提出された「陸奥国南部領郷村高辻《たかつじ》帳」の数字は一致している。その内訳は、

三戸郡　四一カ村　一万四百二十八石八斗九升九合
九戸郡　三八カ村　六千八百六石六斗一升三合
志和郡　　四カ村　二千七百六十四石四斗八升八合

の計八三カ村・二万石である。

一方、実際の生産力を示す内高《うちだか》はどうなっていただろう。これも史料によって

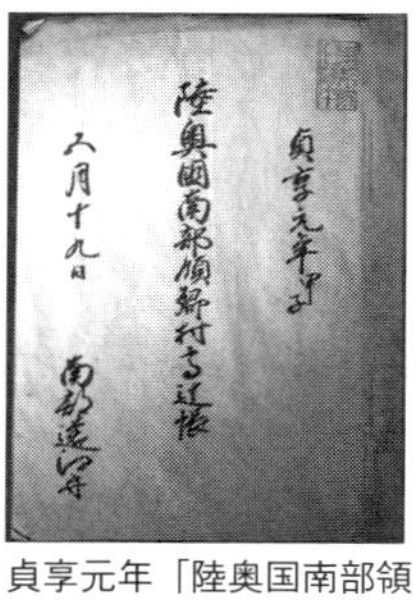

貞享元年「陸奥国南部領郷村高辻帳」
（八戸市立図書館蔵）

差があるが、寛文五年四月十七日付「左衛門佐《さえもんのすけ》様《さま》江《へ》被遣《つかわさる》寛文四年分御物成米《おんものなりまい》之事」に記された四万二百六十九石五斗という数字は、実際の年貢米の決算に関するものと考えられるので、信頼性が高い。また、江戸時代後期の成立と思われる「御領内高村附」によれば、寛文五年二月時点の内高は、

三戸郡　六七カ村　二万四百三十二石四斗七升七合
九戸郡　六〇カ村　一万三千七百四十七石七斗九升六合
志和郡　七カ村　五千八百六十五石四斗四升五合

の計一三四カ村・四万二百七十六石九斗六升九合（ただし計数合わず）となっているので、四万石を少し超えるあたりが当初の内高ということになろう。

貞享元年の高辻帳が作られてから間もない元禄十年（一六九七）の「郷村御内《おんうち》高《だか》帳」には、田二万四千五百九石三斗八升九合、畑一万八千八十九石九斗六升三合の、合わせて四万二千五百九十九石三斗五升二合と記されている。これと盛岡藩の「御領分十郡郷帳」を合わせると、盛岡藩と八戸藩を合わせた南部領全体の内高を知ることができる。この時期、盛岡藩は元禄国絵図《くにえず》の作成を進めていて、八戸藩に対し、村ごとの高を記した郷帳に加え、改出高《あらためだしだか》（新田に対し収穫高を見積もりで定めるもの）も書き出して提出するよう求めているから、この「郷村御内高帳」は、その時に八戸藩が提出したものの控えと見て良いだろう。

寛文5年「御領内高村附」と「御支配帳」
（八戸市博物館蔵）

八戸藩の生産力と税制―大山勘兵衛の苦心

八戸藩には平地が少なく、冷涼な北東風「ヤマセ」が卓越することもあって、農業生産性は低かった。村の構成員として認められる本百姓の経営基準は、一般的には十石とされるが、八戸藩では六石で、実際にはそれにも達しない農民が多かった。田畑には検地によって上・中・下・下々《げげ》などの等級が付けられ、等級が上がれば年貢の率も高くなる定めだった。しかし、八戸藩には上田《じょうでん》がない村が相当あったため、全体の年貢率は二割四分〜二割八分程度だった。

年貢は米納が原則だが、八戸藩の村々は米の生産に頼れなかった。このため、藩は畑作地域を中心に年貢の金納を認めた。金目《かなめ》制★である。盛岡藩が実施していた砂金の納入にならったもので、三陸沿岸《さんりくえんがん》の久慈《くじ》通では金目制で、他地域では米納制の二本立てで年貢を取った。農民にはこの他に、様々な雑税が課された。代官の役料や名主への給金、藩馬の飼育や普請の経費、役所で使用する小者《こもの》への手当、人夫・伝馬《てんま》の手配料など、多岐にわたる。

延宝二年（一六七四）と三年は不作で、八戸藩は最初の飢饉に見舞われた。直政は「不作で飢饉となり、百姓は困窮していると聞いた」「公儀からは、万民困窮しないようにとの命令である」「役人らの不正には十分留意せよ」「年貢は一、

▼金目制
藩士への知行支給や農民の年貢納入を、米ではなく金銭で行うもの。

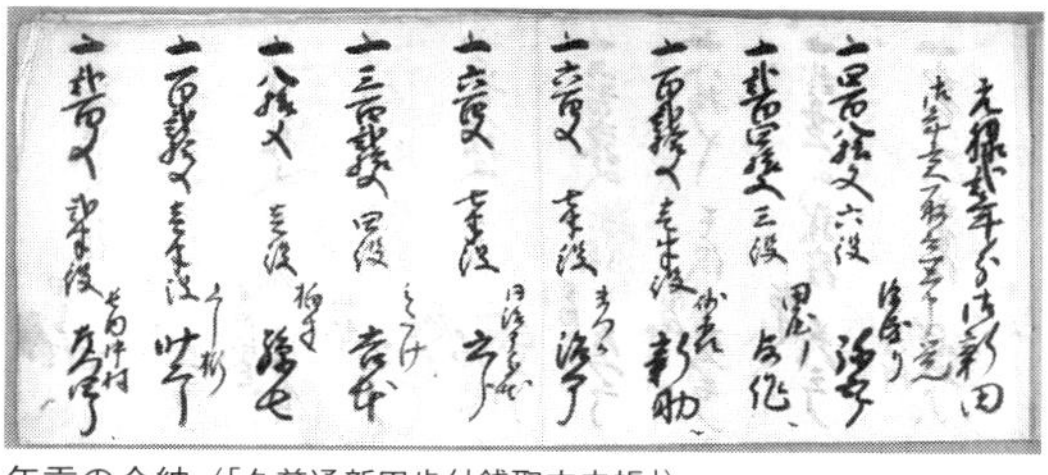
年貢の金納（「久慈通新田歩付銭取立申帳」）
（八戸市立図書館蔵）

二割にすれば良い」「家計の厳しい者には税を免じよ」などと、国元に書き送った。ここには直政が理想とする君主のイメージが表れているが、裏を返せば、農村を維持するための対策はしっかり講じよ、ということである。直政は、家老中里吉高のあっせんで新たに召し抱えた大山勘兵衛《おおやまかんべえ》に、税制改革を行わせた。新参にもかかわらず、いきなり知行百石・勘定頭《かんじょうがしら》という異例の抜擢である。大山は領内を精力的に歩き、延宝三年八月の「御領内金目積」で、各代官区ごとに、または田畑の等級により、石高百石につきいくらと、納入すべき砂金の高を細かく定めた。金目制への一本化である。これにより藩財政は一時的に安定したが、領内生産自体は伸び悩み、抜本的解決には至らなかった。

藩財政は借金体質—紫波源之丞と勝手仕送り

年貢は一年に一度の徴収だが、藩の支出は常のことである。秋・冬よりも春・夏の財政は苦しく、年間を通じた計画的な運用が必要である。四代藩主広信に登用された紫波源之丞《しわげんのじょう》は寛延三年（一七五〇）、毎月の支出を商人に肩代わりさせ、秋にまとめて返済するというやり方を考え出した。いわゆる「勝手《かって》仕送り制」である。翌宝暦元年（一七五一）正月、藩は商人らを城に招き、料理や酒でもてなした後、勝手仕送りへの協力を依頼した。呼び出されたのは、廿八日町《にじゅうはちにちまち》の徳右

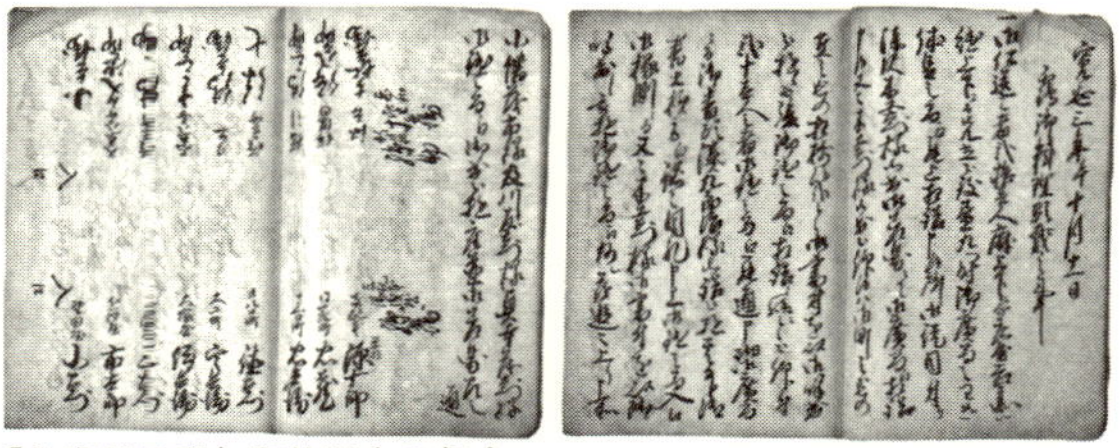

「永歳覚日記」御仕送方の任命
（八戸市博物館蔵）

衛門（西町屋）ら計一〇名の城下商人と、新井田村の孫助ら計一〇名の城外商人らである。彼らには造酒税や輸出税が免除されるなど、見返りもあった。

宝暦四年は豊作だったが、財政収支は一二五〇両ほどの赤字だった。藩財政は慢性的に赤字で、倹約・借金・俸禄削減ぐらいしか対策がなかった。倹約については、本百姓は絹を禁止。小百姓には羽織・木綿合羽・傘を禁止。結婚の祝宴は一日限り。町人は木綿合羽は許すが、贈答や祝儀は軽く済ませ、振るまいは一汁三菜まで。武士は江戸土産を少なくし、結婚の振るまいは一汁三菜・吸い物三種。借金は宝暦頃に宮本善八から一万三千両、猪狩与次右衛門から六七〇〇両を借りており、明和六年（一七六九）には全体として四万両に膨らんでいた。

領内人口の推移――飢饉の惨害

八戸藩の人口に関する記録の初出は、「目付所日記」元禄八年（一六九五）十一月六日条の「御領分中人数覚」である。

家中の武士と手廻（＝家族）	一一七二人
足軽とその家族	六一七人
家中および寺社召仕（＝給所百姓）	二一五一五人
寺社および行人★	一五三九人

▼行人
仏道を修行する人。また、寺院の庶務に関わる人。

代官所支配（＝御蔵百姓）　三〇四九六人
町人　二八八六人
座頭　二八二人

の計五万八五〇七人となっている。

元禄期後半は飢饉などで人口が停滞・減少したが、正徳～寛延期（一七一一～一七五二）の約四十年間は、十数回の凶作・不作に見舞われながらも全体としては農業生産が安定したため、人口は増加に転じている。寛延二年（一七四九）の宗旨改書き上げを見ると、領内人口は七万一八五二人で、これは八戸藩最大の人口である。もっとも、この年は「猪《いのしし》飢饉《けがじ》」として知られる寛延飢饉が起き、十月頃から餓死者が出るようになるので、人口の推移をよりダイナミックに把握するためには、翌寛延三年の数字と比較することが必要である。前年から減少した五九五三人の多くは飢饉による死亡者と思われ（他領への逃亡者や自然死もあるので単純ではないが）、その大半は農民である。

都市部は飢饉の影響を受けにくく、武士や町人の人口はしだいに増えていく傾向にある。しかし農村の場合は、食料を生産しているにもかかわらず、多数の餓死者が出るケースが多い。米穀が現金収入をもたらす商品とみなされ、豊作の年に手持ちの米穀を売ってしまった農民が、凶作の年への備えをなくしてしまうことがあるためである。

山寺の供養碑（八戸市長者、テクノス提供）

江戸時代最大の被害を出した卯辰《ぼうしん》飢饉（＝天明飢饉）時の人口については、「去卯年御領内惣有人《そうゆうにん》当辰年御改ニ付減シ人数覚」という記録がある。

卯年（天明三）全体　六三一五八　うち農民　四〇八九六
辰年（天明四）全体　三二八三六　うち農民　二一五九八

すなわち、天明飢饉の真最中である天明三年（一七八三）から同四年にかけ、他領へ出た者・疫病病死人・餓死者合わせて三万三三二二人が失われたことになる。前年の四八パーセント減という凄まじさだった。対泉院《たいせんいん》の「餓死万霊等《がしばんれいとう》供養塔」（県史跡）の裏面に人肉食に触れた部分があり、あとから意図的に削られているのがまた、傷ましい。

寛政四年（一七九二）、総人口は四万四九一九人（うち農民は三万八一四一人）まで回復し、文化七年（一八一〇）には五万一三九六人に達した。しかし、天保三年から七年間にわたって展開した七年飢饉（＝天保飢饉）では、また多くの餓死者が出た。最初の三年間は文政改革で得た囲い金（藩主の手元金）を農民救済のために使って何とか乗り切ることができたが、その後は資金が尽きてしまったのである。飢饉による人口減少が年貢未納や生産活動の停滞につながったことは、言うまでもない。

なお、幕末維新期の人口については、明治四年（一八七一）「八戸藩進達留」に、六万八一九三人と書き上げられている。

心月院の供養塔
（青森県史編さんグループ提供）

対泉院の餓死万霊等供養塔

天保飢饉の記録「市川日記」
（個人蔵）

これも八戸

フィリピンへ流された八戸船①

文政十年（一八二七）六月中旬、八戸の鮫浦を出て江戸へ向かった融勢丸（石橋徳右衛門持船とあることから勇勢丸か）は、七月上旬に品川で荷を下ろし、浦賀で日和待ちした後、八月下旬に帰途に就いた。しかし、房総半島の沖合で北風に行く手を阻まれ、伊豆大島・銚子・平潟などへ寄港しているうちに、十二月になってしまった。同月二日、平潟を出た融勢丸を暴風雪が襲い、流されること十日余り。積荷を捨てたり、法華経の題目を唱えたりと、必死の努力で嵐を乗り切った時、一行はすっかり方向を見失っていた。正月中旬、吹き始めた東風に乗って南へ向かうと気温が上がり、熱湯のような海水をかぶって暑さを凌ぐありさまだった。二月九日、西にようやく小島が見えたので懸命に漕ぎ寄せると、そこには五、六〇軒ほどの家があった。言葉は通じず、こちらの文字も解さずの状況だったが、手真似を交えたやりとりの末、この島は「スミナカ」といい、西に「イバタン」という大きな島があるという。現在のバタン島のことで、融勢丸は実に、フィリピンまで流されていたのである。

バタン島に招かれた一行は、思わぬ歓待を受けた。ホアンという重臣の屋敷に逗留し、宴会に明け暮れること五カ月。この間、「スミナカ」に置いてある船をバタン島に持ってこようとして強風にあおられ大破する憂き目も見たが、バタン島の太守は懇ろに面倒を見てくれたので、生活に不自由することはなかった。たまたま、イギリスの捕鯨船がバタン島に立ち寄り、ホアン屋敷で対面する機会があった。イギリス人が「バタン島から七日あれば日本へ行ける」と話したので、太守やホアンから「乗せてもらったらどうだ」と勧められたが、イギリスと日本は国交がない。結局はマニラまで行って中国船に乗る方が良いと決まり、三月十五日、一行は福建省の「新須盛」という船に乗り込み、バタン島を後にした。四月四日、マニラに入った一行は、清国人の屋敷に預けられ、市内の軍事調練の見聞などをしている。

五月二十八日、マニラを発った一行は、六月十四日に台湾へ着いた。同月十七日に温州府（現浙江省温州市）に入り、ここで現地の役所から事情書を出すよう求められたが、「新須盛」の船長から「早く日本に帰りたければ、あれこれ聞かれないよう、余り詳しく書かない方が良い」とのアドバイスがあり、六カ月間大海をさまよった末に「新須盛」に救助されたと届け出た。

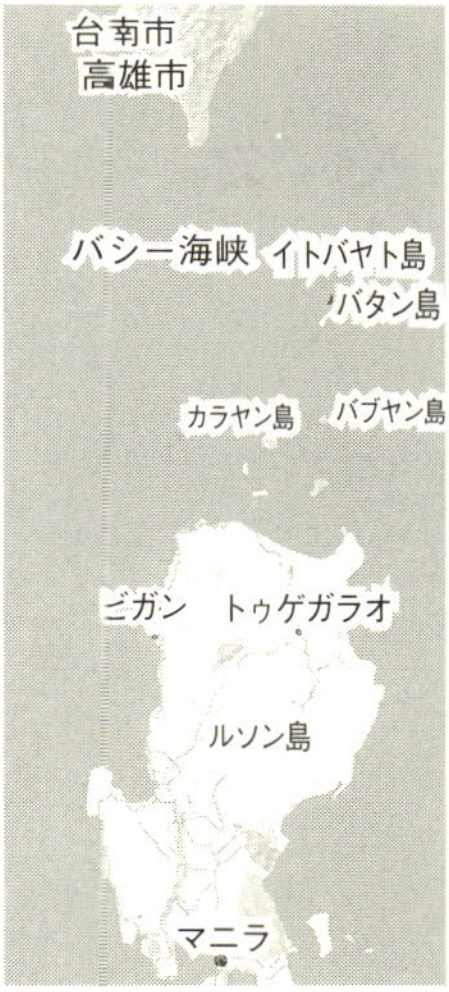

台湾とフィリピン

これも八戸

フィリピンへ流された八戸船②

「異国漂流人帰国之記」（東京海洋大学百周年記念資料館寄託資料）によれば、温州府の将軍に呼び出された融勢丸一行は、事情書について尋問され、自分たちは奥州南部人で、融勢丸は商米を積んで江戸へ回る船だ、と説明した。その際、一行が使っている草書体の文字は清国では通じないので、正字体で書くよう求められた。一行は、日本の農民は草書体を書くもので、正字体は学者や役人、僧侶・医師・神官が用いるものだと述べている。当時の清国皇帝は四十七歳の道光（清国第八代皇帝宣宗）であると聞かされたが、反対に、日本の皇帝（＝天皇）について一行は何も答えられなかった。「清国では子どもまで皇帝の名を知っているのに、日本ではそうではないのか、いったいあなた方の土地は京都とどれほど離れているのか」とあきれられたが、そうした日本国内の地理状況や一行の立場までは、十分に伝わらなかったようだ。

宣宗（清国の道光帝）

　一行は温州府の羅漢堂に送られたが、そこでは比較的、自由に過ごした。年に三回もコメが穫れる土地柄に驚いたり、長江やその支流を多くの船が行き交う様を見聞したりした。近隣の孔子聖堂や海会寺（現浙江省台州市）も尋ねたが、仏教になじみがある日本人には、やはり寺院や僧侶に関心が向いていたようだ。

　八月末、一行は左浦という場所まで出て日本行きの船を待つことになった。左浦の役所には通訳がいて、「あなた方の（南部という）土地は、昆布・銅・ナマコ・アワビがたくさん獲れる所だろう」と言われ、ようやく安心した。待遇は手厚く、役所は十一人分のタバコやキセル、足袋・頭巾、寝具・衣服に加えて月々の入用銭や菓子まで用意してくれた。こうして十一月二十四日、一行は長崎行きの中国船に乗り込んだ。

　十二月七日、徳次郎・惣助・三之助・勇吉・金次郎・勝弥の六人が乗る「次発号」は天草（現熊本県）に、伝兵衛・吉郎・介三郎・松之助・松蔵の五人が乗る「得泰号」は山川（現鹿児島県）に入り、そこから打ち揃って長崎へ向かった。長崎奉行所は尋問のため一行を留め置いたが、月に三度の入浴や医師・薬の手当て、蚊帳や綿入れなど寒暖への配慮、長崎の神社仏閣の参詣などを許しているので、手緩い軟禁とでも言うべき暮らしぶりである。翌文政十二年（一八二九）十月には、伊予国越智郡松山（現愛媛県）出身の勇吉が親戚に引き取られており、記録はここで終わっている。他の者についても同様だったのか、その辺りは定かではない。

第三章　八戸藩の文化と人物

八戸は太平洋岸最北の城下町。多くの人が集まり、豊かな歴史や文化が育まれた。

毘沙門天像（八戸市博物館蔵）

① 八戸藩の文化

青森県の国宝三点は、すべて八戸にある。
縄文から現代まで、今も多くの文化財を抱える八戸には、
信仰・芸能・学問など、多様な文化が花開いた。

「南部一ノ宮」の大鎧——櫛引八幡宮

青森県には平安時代から鎌倉初期にかけて流行した舞楽面《ぶがくめん》が残っており、大星《おおぼし》神社（青森市）・岩木山《いわきやま》神社（弘前市岩木）・櫛引《くしひき》八幡宮（八戸市）のものが青森県重宝に指定されている。櫛引八幡宮の舞楽面は九面ある。そのうち納曾利《なそり》と環《げん》城楽《じょうらく》の二面は檜材から彫り出した本格的なもので、鎌倉時代後期、中央で制作された可能性が高い。他の七面のうち、二の舞（咲面《えみめん》と腫面《はれめん》の二面）、貴徳《きとく》、散手《さんじゅ》（二面あるうちの一面）の計四面は、鎌倉時代末から南北朝時代にかけて、東北地方で制作されたと思われる。残り三面は室町時代から江戸時代にかけての制作と考えられる。長期にわたる古面が伝わるということは、櫛引八幡宮では中世から近世にかけて盛んに舞楽が演じられていたのである。

櫛引八幡宮の流鏑馬
（櫛引八幡宮提供）

櫛引八幡宮は、南部領総鎮守《そうちんじゅ》として崇敬されてきた。仁安《にんあん》元年（一一六六）に加賀美遠光《かがみとおみつ》★が甲州から勧請《かんじょう》した、建久二年（一一九一）に南部光行《みつゆき》が社殿を造営した、貞応元年（一二二二）に六戸の瀧ノ沢《たきのさわ》村から遷座《せんざ》したなど、創建については様々な伝承がある。正平《しょうへい》二十一年（一三六六）八月十五日付の四戸《しのへ》八幡宮神役《しんやく》注文《ちゅうぶん》案によれば、同宮の放生会《ほうじょうえ》★に併せて流鏑馬《やぶさめ》・相撲・競馬が行われたといい、室町時代にはそれなりの威容が整っていたと見られる。現在の社殿は、江戸時代前期の慶安元年（一六四八）に再建されたものである。「南部一ノ宮」と称される重要な社であることから、のちに八戸藩ができた際も、櫛引八幡宮だけは飛び地として盛岡藩の支配のままに残された。

櫛引八幡宮を有名にしているのは、何といっても、国宝二点を含む大鎧《おおよろい》群である。鎌倉時代の作とみられる「赤糸威《おどし》鎧 兜《かぶと》・大袖《おおそで》付」は、鎧の大袖などの八重菊枝文《やえきくえだもん》に力強く「一」の字の飾金物が置かれていることから、「菊一文字の鎧」と呼ばれる。長慶《ちょうけい》天皇の御料《ごりょう》と伝えられ、奈良春日大社《かすがたいしゃ》の「赤糸威鎧」とともに東西の双璧と謳《うた》われる名品である。南北朝時代の作とされる「白糸威褄取《つまとり》鎧 兜・大袖付」は、根城南部家七代の南部信光が後村上《ごむらかみ》天皇から拝領したものと伝えられ、端正で上品な鎧である。ほかに「紫糸威肩白浅黄《あさぎ》鎧 兜・大袖付」「白糸威肩赤胴丸 兜・大袖付」（南北朝時代）、「唐櫃《からびつ》入白糸威肩赤胴丸《どうまる》 兜・大袖付」（南北朝後期〜室町前期）、「兜 浅黄威肩赤大袖二枚付」（南北朝時代）が重要文

▼加賀美遠光
南部家の祖光行の父。源頼朝に仕え、甲州加賀美郷・巨摩郡河内郷を支配した。騎馬打毬の流祖とされる。

▼放生会
仏教の殺生戒をかたちにした儀式で、生きた魚や鳥を野に放して恩徳を施す。

国宝「赤糸威鎧 兜・大袖付」
（櫛引八幡宮蔵）

国宝「白糸威褄取鎧 兜・大袖付」
（櫛引八幡宮蔵）

化財に指定されている。

　寛政五年（一七九三）七月、老中首座・将軍補佐職を解かれた松平定信《まつだいらさだのぶ》は藩政に専念するため、白河《しらかわ》に戻った。その後、かねてから関心を寄せていた諸国の古美術情報の取りまとめを思い立ち、多くの学者・家臣・絵師を動員して、木版図集『集古十種《しゅうこじっしゅ》』を編纂させた。全八五冊に一八五九点の文物を収録しており、添えられた多くの模写図は、谷文晁《たにぶんちょう》とその門人らの手になるものである。彼らは奥州から九州まで各地の寺社に赴き、現地で書画や古物を写しとった。また、現物を取り寄せたり、模本や写本を利用したりした。八戸の関係では、盛岡藩家老の八戸弥六郎《やろくろう》家が所持する古鎧（現在は林原美術館蔵）や、櫛引八幡宮の大鎧が調査されている（収録されず）。盛岡藩は定信の要請に応じて文化三年（一八〇六）にこれらの絵図を送ったが、定信はそのできばえに満足できなかったようだ（齋藤里香「松平定信による盛岡藩領内の古鎧調査」）。そのため、翌文化四年に定信の側近である田井元陳《たいげんちん》が奥州に派遣され、これらの古鎧を実見した。その旅行記「婦《ふ》登古路《ところ》日記」（東北大学附属図書館蔵狩野文庫）に、元陳が文晁の弟子大野文泉《おおのぶんせん》を伴って盛岡を訪れ調査したとの記事がある。盛岡藩は元陳らの訪問に際し、かなりの便宜を図っている。一行はその足で八戸・下北《しもきた》・津軽《つがる》をめぐり、「南部下北半島真景図」「津軽外ヶ浜真景図」（青森県立郷土館蔵）を残した。

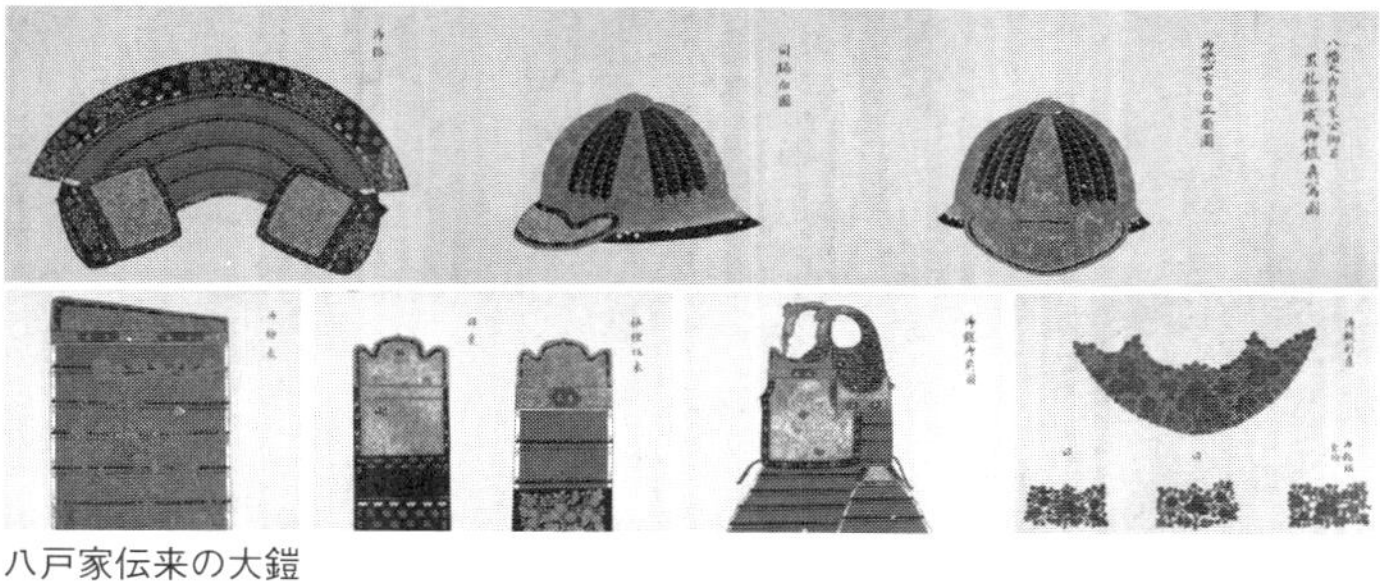

八戸家伝来の大鎧
（「櫛引八幡御神納義家公卿鎧図」もりおか歴史文化館）

奇峰学秀と津要玄梁――個性的な仏像

青森県には、中世以前の仏像が極端に少ない。隣接する岩手県や秋田県とくらべて、あるいは東北地方全体の中でも、仏像制作が低調な地域だった。しかし、仏教は人々の間で信仰され、生活の一部として根付いていた。時に外部から仏像を持ち込み、あるいは古仏を修理・造補して後世へと受け継いできた。

南部領には糠部《ぬかのぶ》三十三観音の信仰ネットワークがあり、観音堂が非常に多い。そこに安置された仏像はさほど古くないが、信仰自体は中世から継承されている。同じように薬師如来《やくしにょらい》も、大寺院と関わらない在地信仰のかたちで崇敬されている。このような仏像を修補できる仏師は貴重だが、地方では生活が成り立たないため、大工や僧侶が仏師の代わりを務めることがままあった。

奇峰学秀《きほうがくしゅう》は、そうした造仏僧の一人である。九戸《くのへ》（現岩手県）の曹洞宗《そうとうしゅう》長興寺の住職だった宝永四年（一七〇七）に五智如来《にょらい》坐像（八戸市上野《うわの》・高岩如来堂）を刻み、翌五年に八戸大慈寺《だいじじ》に転じた後、同七年には薬師如来（六戸町月窓寺）ほかの仏像、正徳二年（一七一二）に千体仏の刻銘を付けた像を各地に残した。享保十七年（一七三二）には十一面観音菩薩立像《ぼさつりゅうぞう》（田子町姥ヶ岳神社）と弥勒《みろく》菩薩坐像（同）を刻んだ。背面を造作しない浮き彫りの仏は、独特の強い表情を生む。享保二十年の薬

学秀作十一面観音菩薩立像
（田子町・姥ヶ岳神社）

学秀作弥勒菩薩坐像
（田子町・姥ヶ岳神社）

師如来立像（旧福地村旧薬師堂）は、堂内にある中世以来の本尊仏を模刻したためか、幾分柔らかい表情をしている。しかし、身体の全面にせり出した腕や裾を大幅に省略するやり方はやはり学秀らしく、粗削りな力強さを湛《たた》えている。

学秀と同時期に活躍した人で、津要玄梁《しんようげんりょう》もよく知られた造仏僧である。八戸湊町の生まれといい、宝永七年（一七一〇）に盛岡祇陀寺《ぎだじ》の住職となった後、正徳二年に八戸へ戻った。寺下（現階上《はしかみ》町）に草庵を結び、布教と造像に努めた。享保五年に観音菩薩立像（個人蔵）を刻んだほか、毘沙門天《びしゃもんてん》像（八戸市小田《こだ》・毘沙門堂）の補修にも関わった。元文元年（一七三六）の六地蔵菩薩立像（八戸傳昌寺）はいずれも像高一メートルほどの大型で、見応えがある。玄梁仏は丸みを帯びた表現をとるが、これは学秀仏があまりに個性的なのであって、玄梁仏は一般の仏像彫刻の傾向に準じたものである。同じ曹洞宗の僧侶で八戸を拠点とし、活動時期も重なることから、学秀と玄梁が互いの作像を見る機会は、相当あったと思われる。小ぶりな像を得意とする学秀と、大ぶりの像も造る玄梁とは、ある種のライバル関係にあったのかもしれない。異なる二つの個性が共存していたところに、彼らを受け入れる八戸の人たちの大らかさがのぞいている。

八戸の俳諧――五梅庵畔李と『俳諧風雅帖』

玄梁作六地蔵菩薩立像（八戸市・傳昌寺、写真提供：八戸市博物館）

江戸時代に入ると、室町時代以来の正統連歌《れんが》から分かれて、俳諧《はいかい》連歌が流行した。言葉遊びや滑稽味《こっけいみ》を重んじる松永貞徳《ていとく》★の貞門《ていもん》派が一時代を築き、堅苦しい正統連歌をしのぐ人気を誇った。やがて貞門派さえも古臭いとして、大胆でどぎつい笑いを求める西山宗因《にしやまそういん》の談林《だんりん》派が短い隆盛期を迎え、ついには自然と人生の融合をめざす松尾芭蕉《まつおばしょう》の正風《しょうふう》（蕉風《しょうふう》）が登場して、理念的にも形式的にも連歌の要素を取り払った「俳諧」が確立された。

八戸には、談林派の愛好者がいた。例えば、盛岡の太田友悦《おおたゆうえつ》『それぞれ草』（天和元年（一六八一））や仙台の大淀三千風《おおよどみちかぜ》『松島眺望集』（同二年）に、八戸の俳人の名が見えている。しかし、談林派は十年ほどで廃れたから、その後は貞門派か蕉風を愛好したと思われる。

延享四年（一七四七）に京の北村隆志《りゅうし》が編んだ『あはせ鏡』には、「南部八戸連」として棹之《とうし》・棹仙《とうせん》・棹佐《とうさ》・棹雪《とうせつ》の名がある。この棹佐は八戸藩士船越三蔵《ふなこしさんぞう》（恭康《ゆきやす》）のことで、宝暦八年（一七五八）に五代藩主南部信興《のぶおき》へ「貞徳流俳諧相伝系統」を上呈している（伊藤善隆「翻刻『執筆巻』」）。

これは自分が松永貞徳―山本西武《やまもとせいぶ》―高橋梅盛《たかはしばいせい》―伊藤信徳《いとうしんとく》―植村信安《うえむらしんあん》―山本棹鶴《やまもととうかく》の系統に連なる貞門派の俳人であることを示したものだが、植村信安の子が北村隆志★であることから、『あはせ鏡』に三蔵の句が収録されたのもその関係であろう。三蔵は船越清右衛門《ふなこしせいえもん》（白康）の次男で、十四歳で四書《ししょ》を習得し、兵学・馬

▼**松永貞徳**
江戸前期の歌学者。俳諧は連歌・和歌の入門段階なので俗語や漢語もこだわりなく用いるべきと主張して、貞門派俳諧を創始した。

『俳諧風雅帖』船越三蔵
（岩手県立図書館蔵）

▼**北村隆志**
江戸時代中期に京都で活躍した俳人。父植村信安に俳諧を学び、狂歌もよくした。『あはせ鏡』『百郭公』などの著作がある。

術・柔術・槍術に通じた英才だった。「八戸藩古今を通じての第一人者」と賞する人もあり、明治二年（一八六九）に九代藩主信順《のぶゆき》が藩祖直房《なおふさ》を長者山に祀《まつ》った際、中里正康と三蔵をその左右に合祀《ごうし》したほどである（『三戸郡誌』四）。八戸の俳人寿川亭常丸《じゅせんていつねまる》（松橋長六。三峰館寛兆《さんぽうかんかんちょう》こと松橋宇助《まつばしうすけ》の長男）が出版した『俳諧風雅《ふうが》帖《ちょう》』に「君が春四方に五つの道ひろき」の句が採られている。

七代藩主信房《のぶふさ》（一七六五―一八三五）は、天明元年（一七八一）に藩主となったが、飢饉による人口激減や財政逼迫など、その治世は多難を極めた。天明飢饉の際は近江屋・美濃屋・大塚屋などの大商人から三〇〇〇両以上の資金を調達して他領からの米の買い付け資金に充てたが、その代償として御用商人を藩士に取り立てることになった（こうした藩士を金上《かねあげ》武士という）。その結果、商人らの藩政に対する影響力を強めることとなった。財政改革のため、寛政六～七年（一七九四～九五）に八戸近郊の有力商人や五代官所に対し多額の才覚金《さいかくきん》の納入を命じたが、領民の反発もあり、成果は芳しくなかった。

信房は、俳人としても知られている。江戸詰の用人窪田《くぼた》半右衛門（号は清風軒《せいふうけん》、楓台《ふうだい》、互来《ごらい》）が雪中庵《せっちゅうあん》三世蓼太《りょうた》★の高弟で、その手ほどきで信房も蕉風俳諧に入門し、天明三年に立机《りっき》（宗匠としてのお披露目）して互扇楼畔李《ごせんろうはんり》を名乗った。一時は貞門派の星霜庵白頭《せいそうあんはくあん》★らと交流して花咲亭畔李《はなさきていはんり》と称した時期があったが、結局は蕉門に戻った。太白堂《たいはくどう》六世の江口孤月《えぐちこげつ》（江口長之助《えぐちちょうのすけ》）に師事し、文化十二年（一

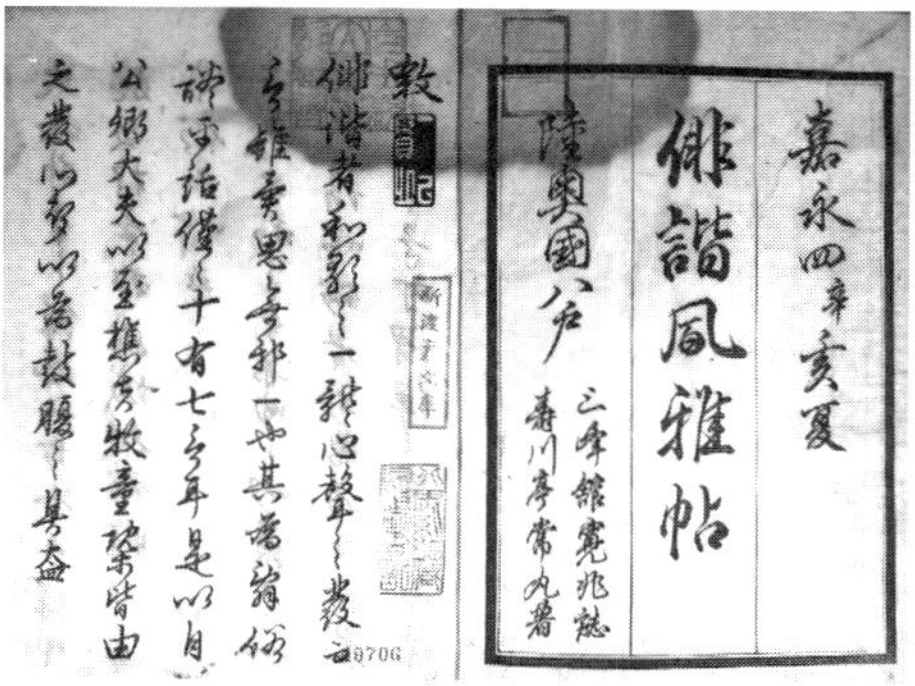

嘉永４年刊『俳諧風雅帖』（岩手県立図書館蔵）

▼**雪中庵三世蓼太**
本名は大島蓼太。幕府の御用縫物師を務めた。江戸で芭蕉研究に打ちこみ、三千人余の門人を有した。『雪おろし』『芭蕉句解』『蓼太句集』などの著作がある。

▼**星霜庵白頭**
江戸中頃の俳人。江戸の小栗旨原に師事し、句集『十三仏』を編んだ。

八一五）以降は五梅庵《ごばいあん》畔李と号した。太白堂は、松尾芭蕉のいとことも朋友ともいわれる天野《あまの》桃隣《とうりん》を初世とし、六世を継いだ江口孤月の時に、江戸で大いに隆盛した。太白堂から秘伝書を受けた信房は月次《つきなみ》句《く》合《あわせ》の判者《はんじゃ》となり、門人を指導した。主に江戸で活動したが、その影響は領内にも及び、八戸の俳諧の発展に貢献した。『俳諧風雅帖』の最初に、信房の画像と「花の春何にたとへん匂ひかな」の句が収録されている。

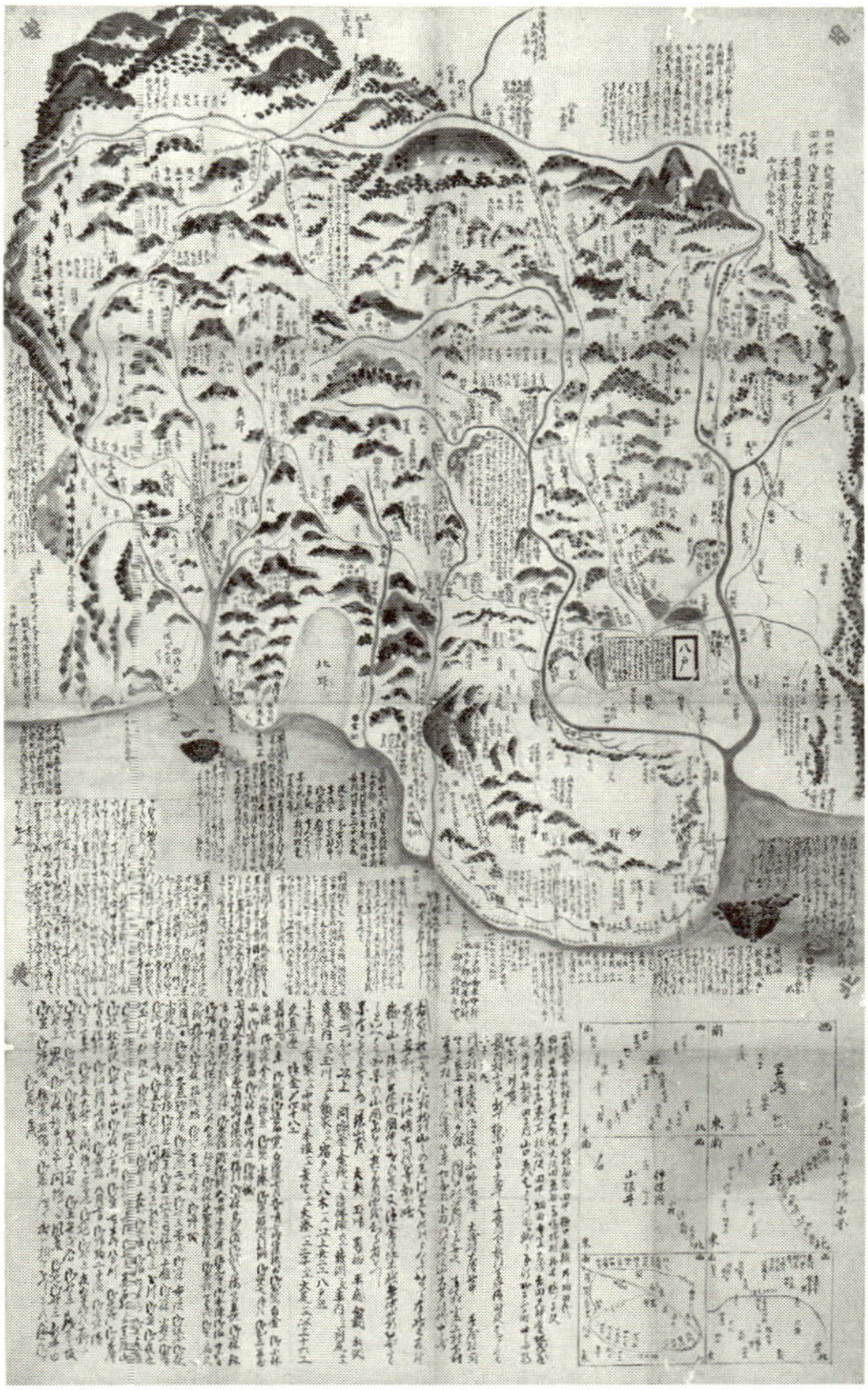

寛兆「八戸御領内絵図」（八戸市立図書館蔵）

『俳諧風雅帖』五梅庵畔李
（岩手県立図書館蔵）

俳句文化の広がり――三峰館寛兆の仕事

八戸の俳諧を代表する人物に三峰館寛兆《さんぽうかんかんちょう》がいる。豪商七崎屋《ならさきや》半兵衛の長男で、献金によって士分に取り立てられた金上《かねあげ》武士の一人である。藩士としては松橋宇《う》助《すけ》と名乗り、江戸詰めの際に俳人建部巣兆《たけべそうちょう》の門下となった。文政二年（一八一九）、文政改革を主導した野村武一の画策で七崎屋は財産を没収され、一族は城下追放となった。宇助は中野村（現八戸市南郷区）の天徳院《てんとくいん》に隠居し、句作の中に日々を送った。句集も刊行しており、二世互扇楼子彦《ごせんろうしげん》（逸見玄蕃《へんみげんば》）らと編んだ『俳諧多《た》根惟智山《ねいちやま》』（嘉永三年（一八五〇））や、息子の寿川亭常丸《じゅせんていつねまる》と編んだ『俳諧風雅帖』（同四年）などが知られている。

寛兆には絵心もあり、興味深い作品を残している。八戸の浜辺を描いた「八戸浦之図」には、太平洋に面した海岸部で行われる地引網《じびきあみ》や、鮫村《さめむら》の蕪島《かぶしま》の陰に停泊する廻船などが描かれている。巧いといえる絵ではないが、往時の景観をビジュアルに伝えるものとして貴重な記録である。

嘉永二年「八戸御領内絵図」（前頁）は、地形はかなりデフォルメされているが、八戸領内の情報をふんだんに盛り込んであり、藩主の領内巡見に合わせて作成されたものと思われる。

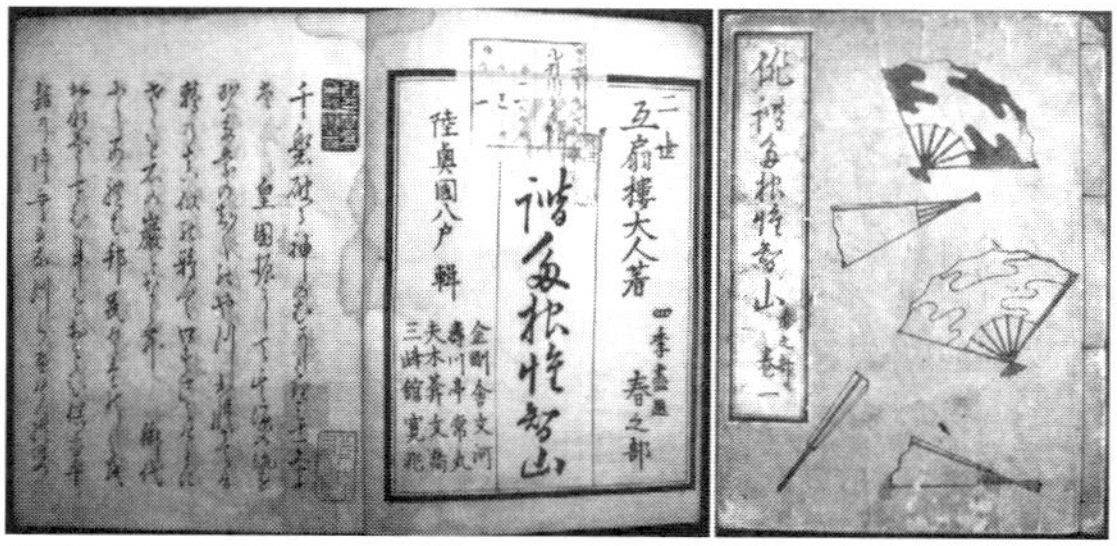

『俳諧多根惟智山　春之部』
（八戸市立図書館蔵）

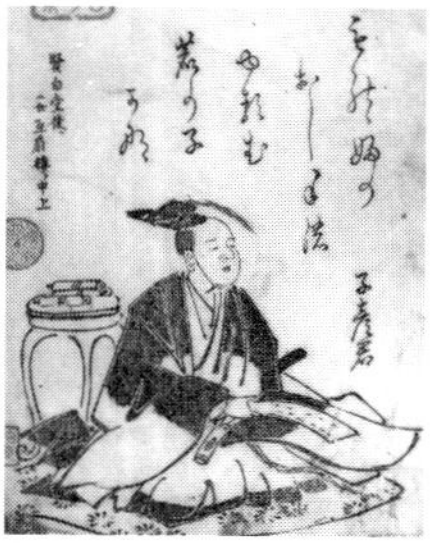

『俳諧風雅帖』互扇楼子彦（岩手県立図書館蔵）

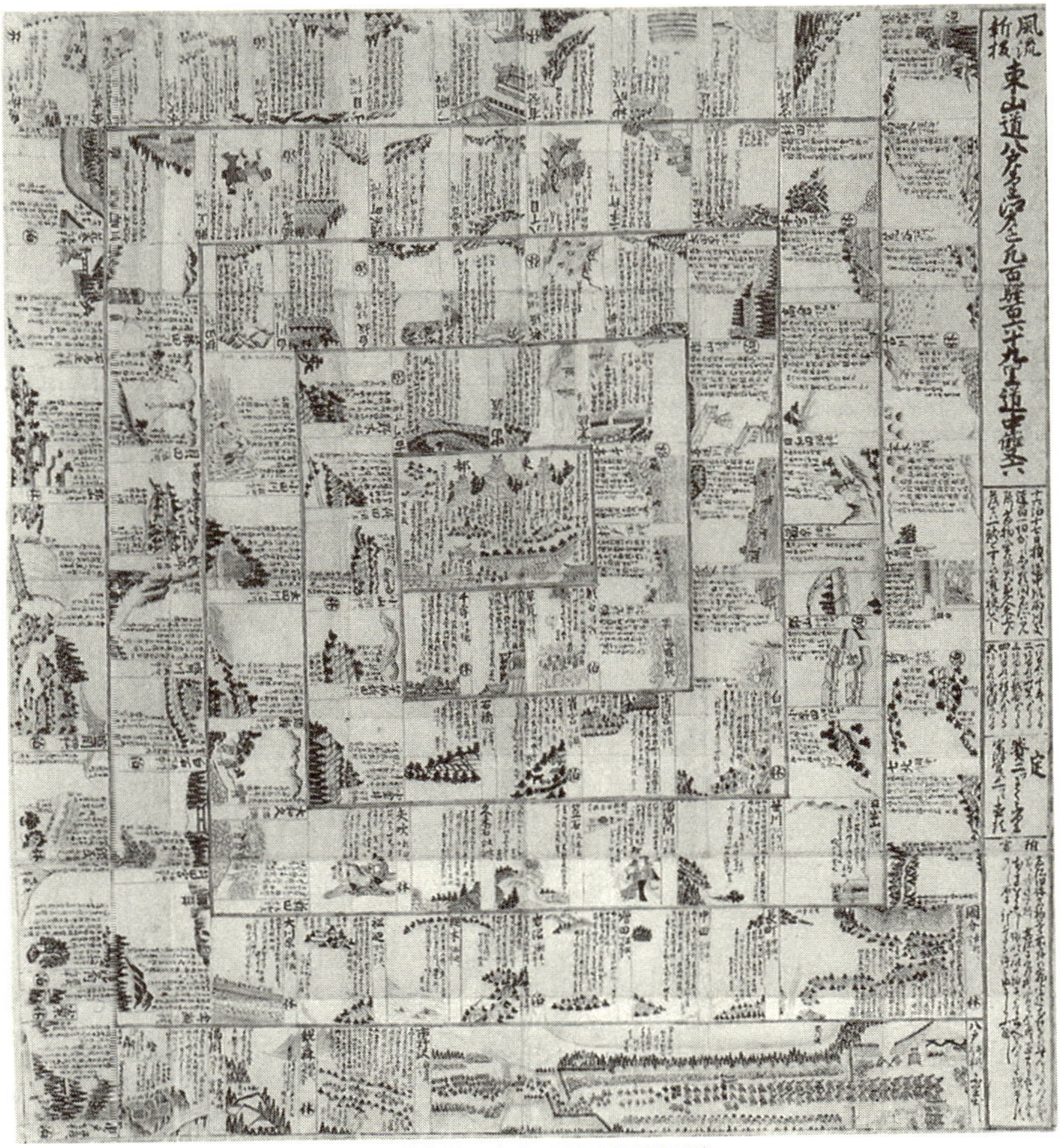

「風流新板東山道八戸より江戸まで道中雙六」（八戸市立図書館蔵）

「風流新版東山道《とうさんどう》八戸より江戸迄凡百駅百六十九里道中双六」は面白い資料で、八戸・江戸間の一〇〇駅を俳句付きで紹介する形式になっている。八戸藩主の参勤交代は十七日振り（＝十六日十七泊）の行程で、八戸からは三月中に出発するのが恒例だが、この双六《すごろく》では正月二日の出立にしてある（右下部「ふり出し」）。南部領では「私大《わたくしだい》」といって、正月一日を大晦日《おおみそか》とする慣習があった。従って正月二日は八戸の元日なのである。最終の千住《せんじゅ》は江戸の入り口で、行列を整える場所。この地に安藤昌益《あんどうしょうえき》の稿本『自然真営道』が保存されていた（八六頁参照）。

八戸の和算と真法恵賢――算術の流行

日本独自の数学を、和算《わさん》という。寛永四年（一六二七）、京都の吉田光由《みつよし》が『塵《じん》劫記《こうき》』を出版し、九九・算盤《そろばん》の使い方・継子《ままこ》立て・ねずみ算などを紹介した。内容的には初等教科書というべきものだが、算木《さんぎ》を使った開平《かいへい》計算（平方根の小数表示を求める）なども行っていて、庶民の知的欲求をかき立てる役割を果たした。

この『塵劫記』に刺激され、和算の体系化に貢献したのが関孝和《せきたかかず》である。関は測量術を学び、甲府藩の国絵図作成に関わった。暦法にも関心を持ち、改暦の準備を進めていたが、渋川春海《しぶかわはるみ》（安井算哲《やすいさんてつ》）の貞享暦《じょうきょうれき》が先に出たため暦の研究を諦め、和算に打ち込むことにした。その際、中国の天元術《てんげんじゅつ》・演段法《えんだんほう》を発展させて創始

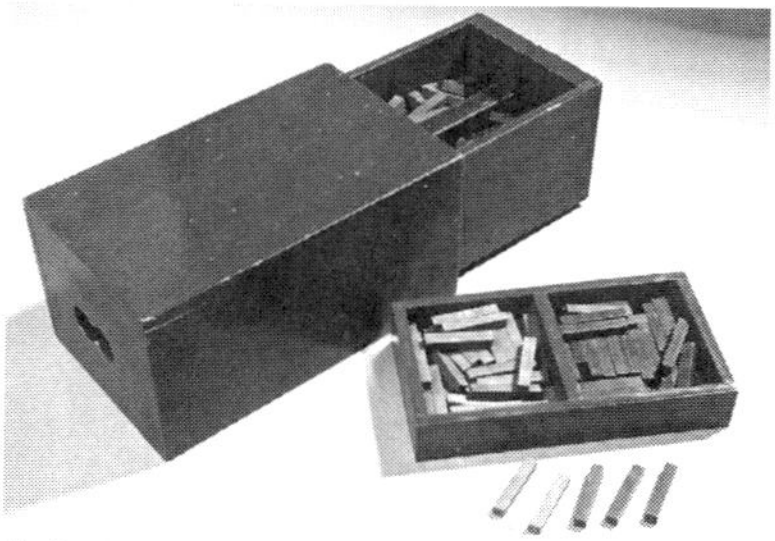
算木（八戸市博物館蔵）

『万家人名録』三峰館寛兆（国文学研究資料館蔵）

したのが点竄《てんざん》術、すなわち代数法である。これによって円周率の計算や複雑な条件題が解けるようになり、日本の数学のレベルは飛躍的にアップした。

八戸藩の僧侶真法恵賢《しんぽうえげん》（一六五七―一七五三）が学んだのは、この関流和算術だった。恵賢は田子《たっこ》村の出身で、出家して八戸藩領名久井《なくい》村の法光寺《ほうこうじ》に入った後、江戸に出て算術を学んだ（「芸事由来書」）。八戸に戻った後は算術師範を務めたようで、弟子の浅山嘉右衛門★が残した『真法弟算記《しんぽうていさんき》』（全国に掲げられていた算額を写したもの）に、恵賢の名が登場する。正十二面体に十二支を彫ったサイコロで占いをしたとのエピソードもあり、これにより、恵賢が日本で初めて正十二面体や正二十面体の概念を発見したとされている。

文政十二年（一八二九）に開校した八戸藩校では、恵賢七代目の弟子を称する神山由助《かみやまゆいすけ》が算術を指導しており、恵賢の算術は後世に引き継がれていたことが分かる。神山由助は安藤昌益の刊本『自然真営道』の編者神山仙庵《せんあん》の孫で、『泰西流測地測算測量術』『階梯点竄』（八戸市立図書館蔵）などの著作もある。由助の孫の神山久明は、祖父の残した草稿に従い算額（八戸市南宗寺蔵）を奉納している。

恵賢は死の間際、自分の石像を市野沢《いちのさわ》（現八戸市南郷区）の道沿いに建てたという。藩は人心を惑わすものとしてこの像を埋めさせたが、恵賢の像は南部領のあちこちにあったようだ。幕末に首のない像が「大杉平恵賢塚」から発見されて耳目を集めたといい、盛岡藩領相内村の虎渡《とらど》（現南部町）の恵賢像にはかつて、病

▼**浅山嘉右衛門**
江戸中期の八戸藩士。名は忠義。『真法弟算記』は真法恵賢の門弟たちの数学的業績を詳しく記したもの。

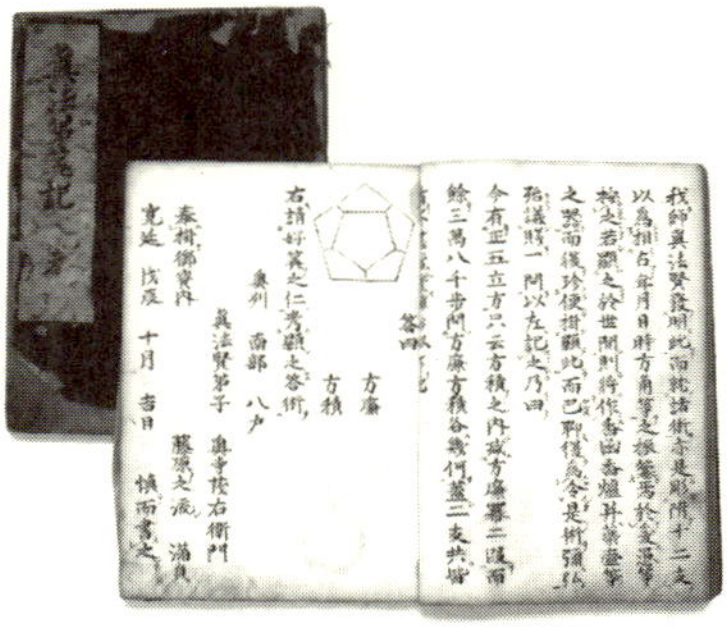

『真法弟算記』
（八戸市立図書館蔵）

気で悩む人々の御札が貼られていたという。九十六歳という異例の長命を保ったことも慕われた原因なのだろう。

八戸藩の教育――学校創設から図書館まで

寺子屋は、武士・僧侶・神官・医者や民間学者が、庶民の子どもを集めて読・書・算の初歩を教えるものである。その起源は室町時代後期、十六世紀前半辺りまで遡れるが、普及が本格化するのは江戸時代後期である。その背景に、商業・経済活動の高揚とこれに伴う都市の発展があることは、言うまでもない。そうした状況を象徴するのが、安藤昌益の稿本『自然真営道』（東京大学附属図書館蔵）にある、「学」の字の成りたちについての解説である。童子が師と向き合い、教科書を開いて学問をする。その上の「学」の字はこの子どもの形で、左手を突き、右手に字指《じさし》（＝指示棒）を持って書を読む姿である。儒学や仏道を徹底的に批判した昌益だが、その教養の根底には漢学についての深い理解がある。おそらくは、自身がこのような姿で師について学んだ時期があり、その経験から出た記述なのだろう。昌益は「学問は子どもがするもの」とも述べ、学びには適切な時期があることを指摘している。

宝暦元年（一七五一）、藩士の次男、三男を対象とする武芸・諸芸の「稽古所」

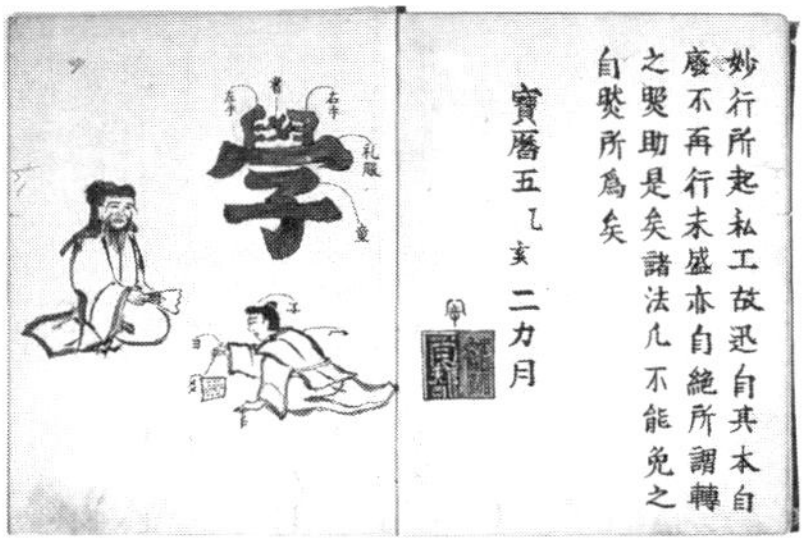

「学」の字のなりたち（稿本「自然真営道」）
（東京大学附属図書館蔵）

真法恵賢像
（八戸市・光龍寺）

が、師範船越三蔵の私邸内（城下の番丁）に設けられた。これを母体に、儒学・算術・躾方《しつけかた》・医学などの科目が追加され、文政十二年（一八二九）、最初の学校が設立された（校名はなく「文武講習所」と通称）。しかし、より多くを学びたいと思えば、盛岡や江戸に出る必要があった。

盛岡藩では、天保十一年（一八四〇）に「明義堂《めいぎどう》」が開校した。文久三年（一八六三）にはこれを母体とする「作人斎」が設けられ、慶応元年（一八六五）に藩校「作人館《さくじんかん》」として整備された。これらはいずれも、武家社会の伝統に沿った教育を行う施設で、漢学・国学・漢方医学の講義が行われた。しかし一方では、西洋の進んだ学問を取り入れようとする動きもあった。安政二年（一八五五）、「明義堂」の医学助教に招かれた蘭方医の八角高遠《やすみたかとお》は、西洋医学に対する強い反感を受けて辞職を余儀なくされたが、社会の変化に対応するためには近代的な学問が絶対に必要と考えた。八角は箱館《はこだて》（函館）で西洋の技術工学を学んだ大島高任《たかとう》とともに、盛岡藩主南部利剛《としひさ》に洋学校建設を働きかけ、文久三年に「日新堂《にっしんどう》」を開校させた。八戸藩士岩泉正意《いわいずみまさのり》も、ここに入学している。

岩泉はのちに「八戸洋学校」を主幹した人で、『舎密開宗《せいみかいそう》』『扶《ふ》氏《し》経験遺訓』など化学・医学関係の本を集め、明治四年（一八七一）に自前の英語教科書『英学階梯《かいてい》』を刊行するなど、科学技術教育に尽した。八戸には一時、八戸藩学校・分校・八戸義塾など多くの公立・私立学校があったが、明治二十六年に青森県尋

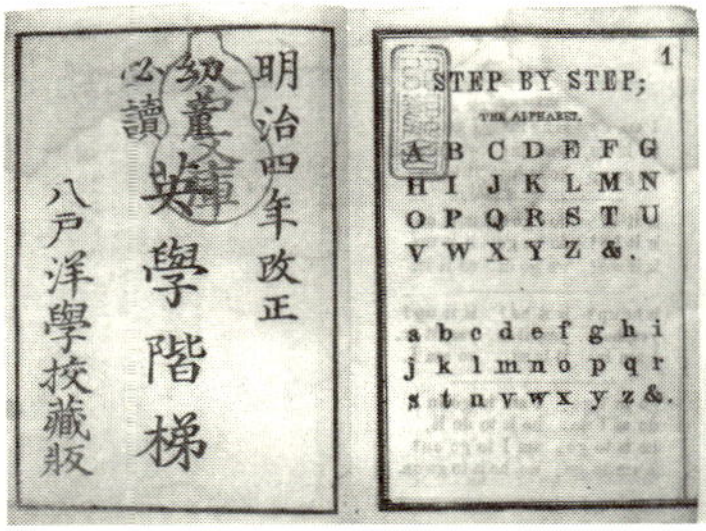

『幼童必読　英学階梯』
（八戸市立図書館蔵）

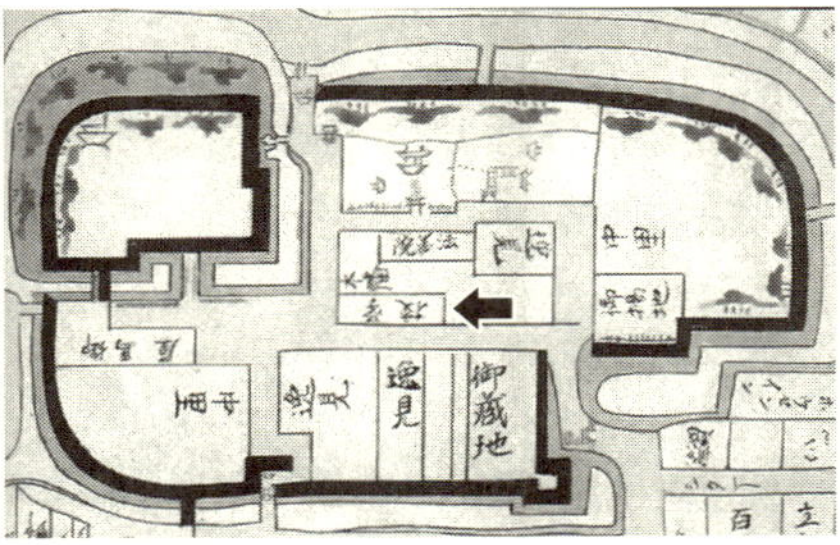
八戸藩の学校
（「八戸城下之図写」八戸市立図書館蔵）

常中学校八戸分校が開校した頃にはすべて廃校になっていた（本田敏雄『近代教育のあけぼの』）。

明治七年、旧藩士逸見《へんみ》屯《たむろ》の肝煎りで旧八戸城内に八戸書籍縦覧所《じゅうらんじょ》が開設された。同十三年、同所は八戸書籍館となり、のちにその運営を北村益《ます》（初代八戸町長）が率いる八戸青年会が引き継いだ。この時点で蔵書は約六五〇〇冊に達していたという。昭和四年（一九二九）に市制が施かれ、市庁舎別館の脇にあった旧八戸小学講堂を利用して八戸市立図書館が設置された。昭和三十七年、堤町に新図書館が建設されたが、蔵書数と利用者数の増加に伴い、昭和五十九年に長者地区に新築され現在に至っている。国内最古級の公立図書館といわれ、旧藩主や郷土史研究家から寄贈された古文書約三万点を収蔵している。

書物仲間の結成──学問意識の向上

八戸藩の学校開設は遅かったが、藩内には好学の雰囲気があった。そのことは、恵賢《えげん》流和算（真法賢流《しんぽうけんりゅう》）の流行や、書物の共同購入や管理をする書物仲間《しょもつなかま》がつくられていたこと（少なくとも宝暦三年〈一七五三〉まで遡れる）などからも窺える。

江戸時代後期、国学の世界に麒麟児《きりんじ》が登場した。平田篤胤《あつたね》（一七七六～一八四三）である。二十歳で故郷秋田を出奔した篤胤は江戸で苦学を重ね、寛政十二年

八戸書籍縦覧所（八戸市立図書館蔵）

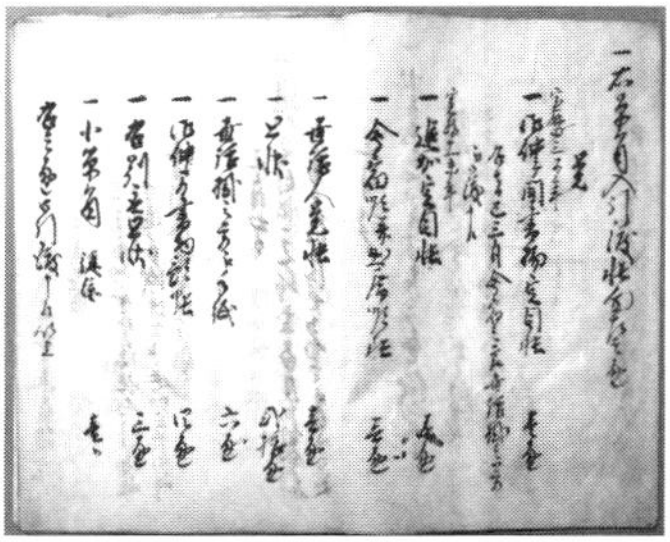

書物仲間の活動（「仲ヶ間書物会宿書留」）（八戸市立図書館蔵）

（一八〇〇）、備中松山《びっちゅうまつやま》藩士で山鹿流兵学者《やまがりゅうへいがくしゃ》の平田篤穏《あつやす》の養子となった。やがて本居宣長《もとおりのりなが》の思想に感化された篤胤は鈴屋《すずのや》★に入門し、宣長の没後門人として国学の道を歩み始めた。篤胤は洋学の要素を積極的に取り込み、比較文化論的方法を駆使して独特の国学を追究した。天保十二年（一八四一）、著書『天朝無窮暦』で幕府批判に問われた篤胤は秋田へ追放され、同十四年閏九月に病没した。しかし、江戸の私塾気吹舎《いぶきのや》は養子の平田銕胤《かねたね》の才覚で隆盛の途をたどった。篤胤存命中の門人は五三三人だったが、没後門人は一三三〇人を数える。銕胤自身も門人を取っていて、文化元年（一八〇四）から明治九年（一八七六）まで、総計は四四一九人に達した。平田家の門人帳には、南部領の門人名も見える。和賀《わが》の菊池《きくち》宜《のり》見《み》（正古《まさひさ》）、二戸《にのへ》の小保内常陸《おぼないひたち》・宮司《ぐうじ》、盛岡の江差和多理《えさしわたり》（恒久《つねひさ》）、八戸の中里正《まさ》賢《かた》、三戸の中島市郎《なかじまいちろう》の計六名である。約二〇名の門人を出した津軽領に比べて少ないのは、国学の受容層が町人ではなく、神官などの知識人層だったためだろう。この中では気吹舎の塾長も務めた菊池正古（一八〇九―六七）が特に重要で、『皇祖宮所考』『論語考』などの著作で知られている。

二戸呑香《とんこう》稲荷社の小保内常陸・宮司父子は、同社で書籍購読の会を開き、当地の学問の発展に貢献していた。近隣の諸町村、例えば八戸にも同会書籍の借覧を求める人々がいて、学問的に交流していた。同社が所蔵していた書籍の中には、八戸の河内屋（橋本八右衛門）から入手したものも含まれていた。父の小保内常

▼**鈴屋**
本居宣長の塾名。伊勢国松坂の自宅二階に設けた書斎の名にちなんだ。

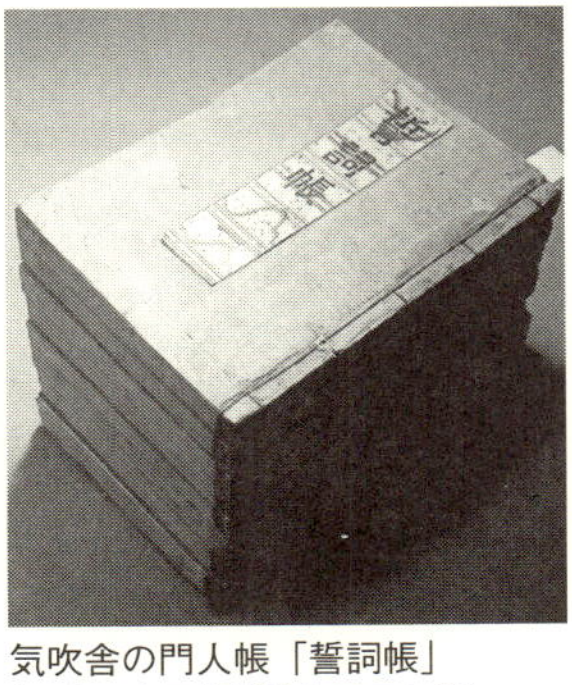

気吹舎の門人帳「誓詞帳」
（国立歴史民俗博物館平田文書）

呑香稲荷文庫の内部
（二戸市・呑香稲荷神社）

陸（孫陸）は安政五年（一八五八）、和漢学の講学を目的とする会輔社《かいほしゃ》を設立した。また、自身の茶室「槻蔭舎《きいんしゃ》」に近隣の青少年を集め、国学・華道・茶道・書道・絵画・和歌などを講義した。子の小保内宮司（定身）は明治十一年（一八七八）に会輔社学校を設立し、近代社会学を必修科目に取り入れた。その活動が、後年の福岡中学校（現福岡高校）の設立につながることになる。

二戸に隣接する三戸には、中島市郎（富文）という国学者がいた。気吹舎から書籍を購入し、友人にも入門を勧めていたようで、三戸町法泉寺が所蔵する明治二年四月付の辞世掲額に「…真砂舎の富文うし、世に在そかりし時は、その性静にして、皇国学にこゝろをひたす、友どちをも道引んとて、伊吹舎のふみ共を多く集め置…」と添え書きがある。八戸の中里正賢は明治二年八月に昌平《しょうへい》学校への入学を願い出た。入学後は東京・麻布市兵衛町の八戸藩邸に寄宿したようで、気吹舎に入門したのはこの時とみられる。

橋本雪蕉の活躍――本格的日本画家の登場

南部地域の日本画を語る時に忘れてはならないのが、橋本雪蕉《せっしょう》（名は素、通称は素淳、字は孟素）である。享和二年（一八〇二）に花巻の呉服商釜津田藤右衛門《かまつだとうえもん》の四男に生まれた雪蕉は、同地の画家八重樫豊澤《やえがしほうたく》に師事した。その後、八戸を訪

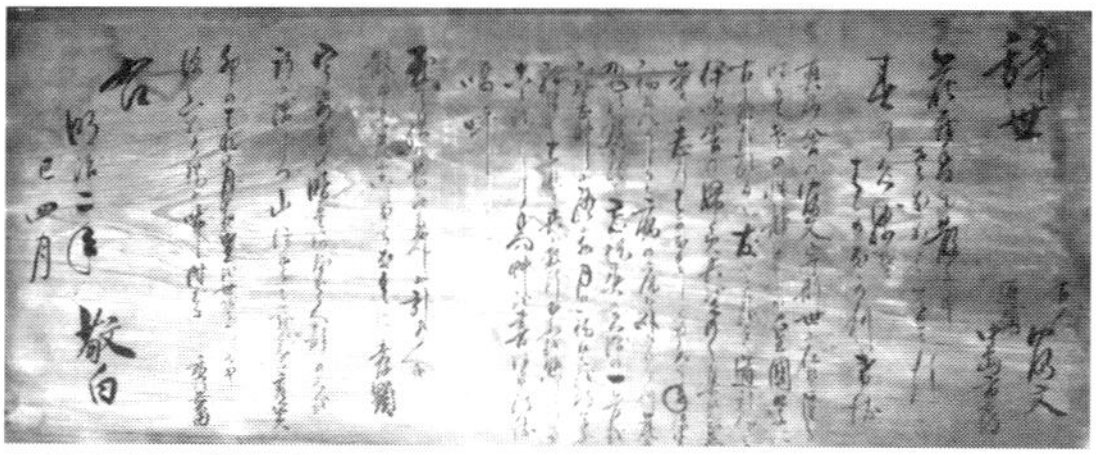
中島市郎の辞世（三戸町・法泉寺）

橋本雪蕉墓
（八戸市・来迎寺）

れる機会を得た雪蕉は寄宿先の糠塚大慈寺《ぬかづかだいじじ》に「幽霊図」を残し、これを目にした豪商橋本八右衛門昭方《てるかた》の義弟に迎えられた。文政七年（一八二四）、雪蕉二十三歳の頃という。

橋本家こと河内屋は八日町の酒造業者で、回送業も営んでいた。江戸とも取引があり、その縁で雪蕉を江戸の谷文晁の下に送ったという。この頃の文晁は淡墨《たんぼく》・淡彩《たんさい》の抑制的な画風を転換させ、北宋画的な青緑山水（濃彩画）や西洋風の遠近法を用いるようになっていた。そのような華やかさを雪蕉は好まなかったのか、独り江戸を離れて京都に赴き、浦上春琴《うらがみしゅんきん》門下に移った。ここで八年ほど過ごした後、雪蕉は天保三年（一八三二）に鎌倉へ行き、建長寺《けんちょうじ》の管長真浄《かんちょうしんじょう》禅師の依頼で無明慧性《むみょうえしょう》禅師（同寺の開山蘭溪道隆《らんけいどうりゅう》の師）の頂相《ちんぞう》（＝肖像画）を描いた。建長寺には雪舟《せっしゅう》や狩野探幽《かのうたんゆう》の作品があり、それらの模写を通じて先人の技法を学んだ雪蕉の技量は、大いに進んだ。なお、彼が初めて「雪蕉」の印章を用いたのは鎌倉滞在中で、同八年の「四君子図《しくんしず》」からである。

真浄禅師が天保十二年に死去すると雪蕉は江戸に移り、弘化二年（一八四五）頃から浅草厩橋《うまやばし》に住んだ。親交があった昌平黌《しょうへいこう》の教授芳野金陵《よしのきんりょう》が贈った「雪蕉先生之碑」（明治二十八年〈一八九五〉建立）の碑文「花ヲ観、楓ヲ訊ネ、室ヲ浄メ、香ヲ焚キテ毅然トシテ静座シ、天機一タビ動ケバ揮灑立チドコロニ盡ス」により、高い集中力とそれを支える画力が備わっていたことが分かる。ただ、気持ちが乗

雪蕉による「占春園詩文巻」の題画
（二松学舎大学蔵）

らなければ筆を執らず意に染まない仕事はしないという性格で、金銭にも恬淡《てんたん》としていたため、生活自体は楽ではなかったようだ（前頁の図は芳野金陵の詩文集「占春園詩文巻」の雪蕉による題画）。

文久二年（一八六二）、雪蕉は品川宿の商人石川善吉郎の娘ますと結婚した。六十三歳の遅い春である。穏やかな生活を楽しむかのように、画題の中心は人物から花鳥風月に移った。しかし、幕末の騒がしさは雪蕉にも影響を与えた。明治元年十月、雪蕉は江戸を離れて故郷の花巻へ帰り、同三年五月に八戸の河内屋《かわちや》を訪ねた。義兄の八右衛門昭方はすでに死去し、八十郎昭義に代替わりしていたが、昭義は雪蕉を手厚く遇した。河内屋の庭園「香月園《かげつえん》」の花々を写した「名花十二客図」（明治九年制作）は、最晩年の傑作と称えられている。同年の「夏山飛瀑図」は、東北地方を巡幸した明治天皇の天覧に供された。格調高く気品ある作品を残した雪蕉は明治十年五月六日、七十六歳で没した。その墓は朔日町《ついたちまち》の来迎寺《らいごうじ》にある河内屋の墓所に並んで建てられている。

橋本雪蕉「名花十二客図」
（八戸市新美術館建設推進室蔵）

2

安藤昌益の時代

冷害や凶作に何度も見舞われた八戸藩。
飢饉や災厄に苦しむ農民の姿を見て、医師昌益は怒りに震えた。
「自然真営道」の鋭い舌鋒は、封建社会へのせめてもの抵抗だった。

安藤昌益の人物像――いまだ謎多い人生

ハーバート・ノーマン★が「忘れられた思想家」と呼んだ安藤昌益は、封建《ほうけん》時代の身分制度に疑問を呈し、武士の優位性を否定して、万人が「直耕《ちょっこう》★」すべきと訴えた人である。

昌益は本名を正信《まさのぶ》といい、良中《りょうちゅう》・確龍堂《かくりゅうどう》などの号を用いた。しかし、その出自や生涯については謎が多い。八戸藩「目付所日記」に、享保四年（一七一九）二月十二日、八戸藩士川勝文右衛門の甥《おい》の中村三之丞《なかむらさんのじょう》が側医《そばい》戸田作庵《さくあん》の養子となって「正益」と改名したとあり、昌益に関するいわゆる「八戸資料」の集約に尽力した上杉修はこれを昌益のこととした。しかし確証がなく、のちに否定された。現在のところ、昌益は出羽国秋田郡比内《ひない》二井田《にいだ》村（現秋田県大館市）の出身で、

エドガートン・ハーバート・ノーマン

▼ハーバート・ノーマン
一九〇九年、宣教師の子として軽井沢に生まれる。ケンブリッジ大・ハーバード大学で日本史を学び、のちカナダ外交官に。冷戦下アメリカの「赤狩り」の際、共産主義との関係を疑われた。一九五七年、カイロで自殺。

▼直耕
自分で耕し、作物を得ること。

長崎・京都で医術を修め、八戸に十五年ほど暮らした後、宝暦八年（一七五八）に故郷に帰ったと考えられている。

野田健次郎★は「目付所日記」の解読中に昌益の名を発見し、昌益の八戸在住を初めて確認した。同日記の延享元年（一七四四）八月六日条に流鏑馬《やぶさめ》神事の射手ら三名の暑気当たりを治療したとあり、その後、藩からの薬代一〇〇疋《ぴき》（＝金一分）を「御用だから」と断ったと記されている（八月十五日条）。昌益がいつ頃から八戸城下に住むようになったかは分からないが、史料的にはこれが最も早い。

さらに、病床にあった家老中里清右衛門の治療に当たった旨が記されていて（延享二年二月二十九日条）、町医昌益の活動実態が浮かび上がった。

昌益が見た八戸――町医者としての昌益

昌益は、八戸城下十三日町の櫓《やぐら》横丁（現八戸市十六日町）に住んだ。延享三年（一七四六）の宗門改帳《しゅうもんあらためちょう》により、願栄寺《がんえいじ》（真宗大谷派）の檀家で、四十四歳の本人と妻、一男二女の五人家族だったと確認された。昌益の初期の号「柳枝軒《りゅうしけん》」が京都の書肆《しょし》小川源兵衛の本家筋の号と同じであること、著書の刊本『自然真営道』がこの小川屋から出版されていることなどから、昌益は京都在住時代に小川屋に出入りし、その縁者を妻としたのではないか、との見方がある（『新編八戸市

▼野田健次郎
八戸三八城神社の宮司で、八戸藩日記の研究に貢献した郷土史家。

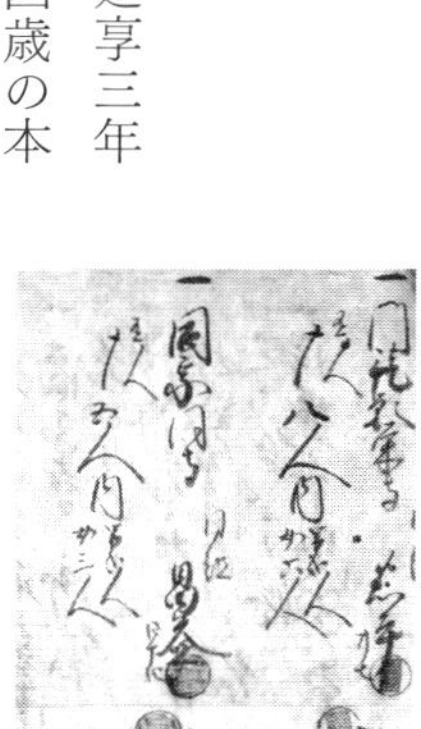
「宗門改帳」の昌益の部分（八戸市立図書館蔵）

安藤昌益の居宅跡（八戸市十六日町）

史』通史編近世Ⅱ)。近隣の天聖寺《てんしょうじ》(浄土宗)の住職則誉守西《そくよしゅせい》の求めで講演を行ったり、門人指導に当たったりした。昌益一門の氏名は、稿本『自然真営道』第三六巻の表紙裏に貼り込まれていた昌益宛て賀状などにより明らかになっていて、その該博《がいはく》な知識は八戸の知識人層を大いに刺激したようだ。門人たちはのちに「転真敬会」なる勉強会を立ち上げている。

寛延二年(一七四九)、八戸藩はいわゆる「猪飢饉《いのししけがじ》」に見舞われた。大豆生産のための焼畑《やきはた》の流行、それに伴う休耕地の増加、耕作放棄による根茎《こんけい》類の繁茂、エサを求めて山里に出てくる猪の食害など、さまざまな要因が重なって、欠損約一万六千石、餓死者三〇〇〇人といわれる大被害を受けた。昌益は初めて見る惨状にとまどい、医師としての限界を感じ、飢えに苦しむ人々を救い得ない藩政の欠陥、為政者《いせいしゃ》の独善に怒った。昌益の思想は初・中・晩の三期に分かれるとされるが、儒学的な発想が見られる初期に較べ、寛延飢饉と重なる中期には身分制社会を生み出している「法世《ほうのよ》」を批判し、その思想的裏付けである儒学や仏教を徹底的に攻撃するようになる。八戸の飢饉が昌益を社会思想へ向かわせた発端となっていることに、疑いはない。

昌益は八戸を去る直前に、門人一三人を集めた討論会、「良演哲論」の会合を持ったという(稿本『自然真営道』第二五「真道哲論巻」)。参加者は神山仙確《かみやませんかく》(仙庵)・福田定幸《ていこう》・北田静可《せいか》・高橋栄沢《えいたく》・中村信風《しんぷう》・島守慈風《しまもりじふう》ら八戸の門人六名と、

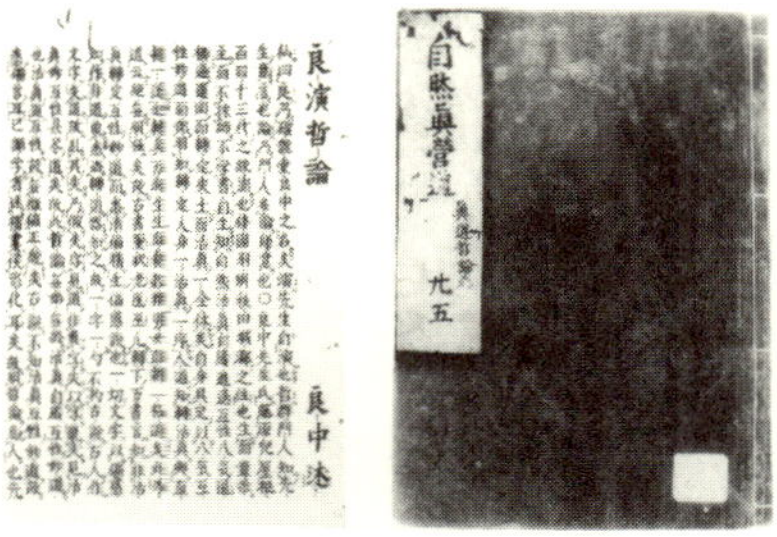

稿本「自然真営道」良演哲論
(東京大学附属図書館蔵)

松前《まつまえ》の葛原堅衛《くずはらけんえい》、須賀川《すかがわ》の渡辺湛香《たんこう》、江戸の村井中香《ちゅうこう》、京都の明石龍映《りゅうえい》・有来《うらい》静香《せいこう》、大坂の志津貞中《ていちゅう》・森映確《えいかく》ら七人だった（ただし、実際に参集したかどうかは定かでない）。この討論会で交わされた問答は儒教批判、聖人批判、人間の生き方、善悪と心のあり方、男女平等、軍備の廃業、労働と搾取の七項目で、昌益の思想の根幹に触れる内容である。稿本『自然真営道』の編者である仙確がこの巻を最も重要と位置づけたのも、それゆえである。

稿本『自然真営道』の焼失――狩野亨吉の貢献

昌益の著作はごく限られており、体裁的にまとまっているのは『自然真営道《しぜんしんえいどう》』（稿本と刊本がある）と『統道真伝《とうどうしんでん》』ぐらいである。『統道真伝』は『自然真営道』のダイジェスト版というべきものだから、彼の思想を理解するには主として『自然真営道』にあたるべきだが、そのおおよそはすでに失われてしまった。ゆえに昌益研究は、わずかに残った稿本『自然真営道』一五冊、刊本『自然真営道』三冊、『統道真伝』五冊、及び昌益流と呼ばれる医書に頼って行われてきたが、その後、昌益の交友を示す「詩文聞書記《しぶんききがき》」などの「八戸資料」が掘り起こされるに及んで、昌益の思想形成過程が大筋で明らかにされた。

旧制第一高校に在職していた狩野亨吉《かのうこうきち》が、昌益の稿本『自然真営道』一〇〇巻

狩野亨吉
（『第一高等学校六十年史』より）

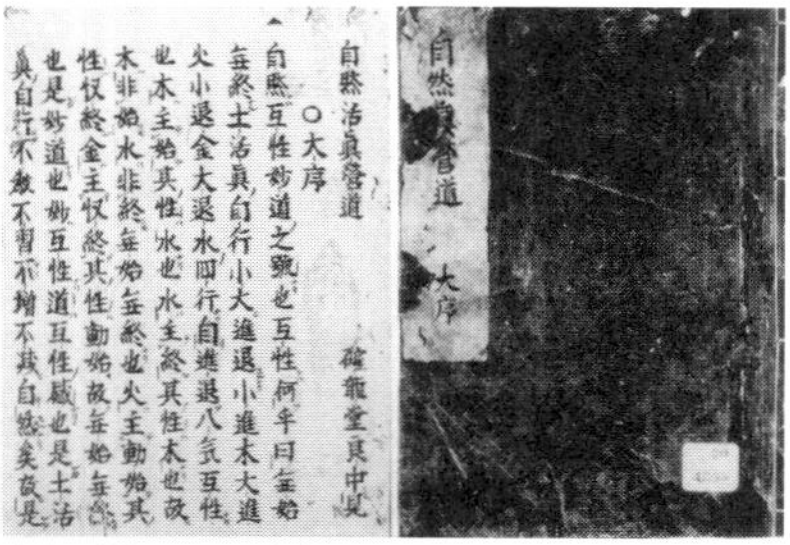

稿本「自然真営道」大序
（東京大学附属図書館蔵）

九二冊（序を入れれば九三冊）を初めて目にしたのは、明治三十二年（一八九九）のことである。北千住の橋本律蔵（一八二四―八二）が所蔵していた同書は、律蔵の死の後、浅倉屋書店～内田天正堂～田中清造書店を経て、狩野が入手した。

律蔵は昌益流の医家にして第四世伝人だったといい、昌益の医学の影響を受けた川村寿庵《かわむらじゅあん》（三戸出身）・真斎父子と律蔵との関係を示す資料も見つかっている。日本近代史・経済史の研究者内田銀蔵《ぎんぞう》は若い頃、律蔵の薫陶《くんとう》を受けていたといい、その内田の遺品に含まれていた律蔵晩年の手記『雑記』の中に、川村寿庵・真斎父子との関連を示す記述があったのである。稿本『自然真営道』が北千住で見つかったのは、偶然ではなさそうである。

狩野は明治四十一年に京都帝国大学を退き、古書店経営の傍ら、昌益研究に没頭した。狩野の元には若手研究者の渡辺大濤《だいとう》が出入りし、同書の一部を借り出して読み進める、ということもやっていた。大正十二年（一九二三）三月、狩野は吉野作造★の懇望に応えて稿本『自然真営道』を東京帝国大学附属図書館に売却したが、同年九月の関東大震災による火災でそのほとんどが失われた。

刊本『自然真営道』の発見――狩野亨吉の執念

狩野旧蔵の稿本『自然真営道』のうち、残ったのは、帝国大学史料編纂係長

橋本律蔵墓（慈眼寺）

▼吉野作造
欧米のデモクラシー思想を「民本主義」として紹介した政治学者。

の三上参次《みかみさんじ》が借り出していた一二冊（大序巻、第一～九巻、第二四巻、第二五巻）と、渡辺大濤が借り出していた三冊（第三五～三七巻）のみである。しかし、大正十一年（一九二二）、狩野は下谷《したや》の吉田書店で『自然真営道』の写本三冊（第三五～三七巻）を見つけた（現在は慶應義塾大学三田メディアセンター蔵）。翌年には上野黒門《くろもん》町《ちょう》の文行堂書店で、「確龍堂良中」と署名された写本『統道真伝』五冊を発見した（現在は慶應義塾大学三田メディアセンター蔵）。狩野の執念のほどがうかがえるようだ。さらに後年、『自然真営道』の刊本（三巻三冊）が三組発見された。この刊本三組の関係は次のように整理される。

（1）「村上本」＝青森県旧南郷《なんごう》村（現八戸市南郷区）の村上寿一宅に伝来。宝暦三年（一七五三）に京都の書肆小川源兵衛と江戸の書肆松葉清兵衛《まつばせいべえ》が共同出版した。各巻の巻末に「神山仙庵《かみやませんあん》」の肉筆署名と「寿時《ひさとき》」の捺印があり、昌益の高弟で八戸藩医の神山仙確の蔵書だったと考えられる。巻一の前半部に墨・朱・薄墨による書き込みは仙確によるものか。

（2）「慶應本」＝狩野亨吉が発見し、現在は慶應義塾大学三田メディアセンターが所蔵することから、このように通称される。版元が小川源兵衛単独になっていること、「村上本」巻三「暦道ノ自然論」が「国々自然ノ気行論」に改刻されていることなどから、「村上本」よりのちに刷られたと考えられる。

（3）「天満宮本」＝京都・北野天満宮《きたのてんまんぐう》に伝来。「慶應本」と同じ内容で、当時の

刊本「自然真営道」（村上本）
（八戸市立図書館蔵）

慣例により版元の小川源兵衛から天満宮に献本されたと思われる。

ちなみに、八戸市立図書館に稿本『自然真営道』の一部（巻九・巻十など、上杉修旧蔵）があり、龍谷大学図書館に『統道真伝』の稿本（糺仏失巻）がある。

法世と自然世——自然への崇敬と人間の在り方

昌益の学問の根底には、儒学・医学の習得によって培われた漢学の素養がある。しかし、そうした既成の体系に埋没せず、現実を直視して批判すべきを批判した点に、その思索の深さがのぞいている。例えば医学については「当世の医学は医術を売って薬代を稼ぎ、衣食を賄うようなもので、そうした誤った医方を学ぶ者は殺人や強盗を犯すに等しい」と、激しい言葉を投げかけている（稿本『自然真営道』私法儒書巻三）。人の欲こそが諸悪の根源であって、不条理を生み出すものである、というのだ。昌益にとっての医学とは、単に生計を立てる手段ではなかった。

昌益は、日本は神の恩恵を受ける国で、太陽の恵み宜しく、五穀豊かで、金銀銅鉄に満ち、諸木財物に富み、自給自足可能な国だった、と説く（『統道真伝』万国巻）。それが儒教や仏教の流入により、古来の「廉正《れんせい》ノ神道《しんとう》」がないがしろにされ、金銀の通用を歓ぶ風に犯され、人々が欲を持つようになってしまった、と

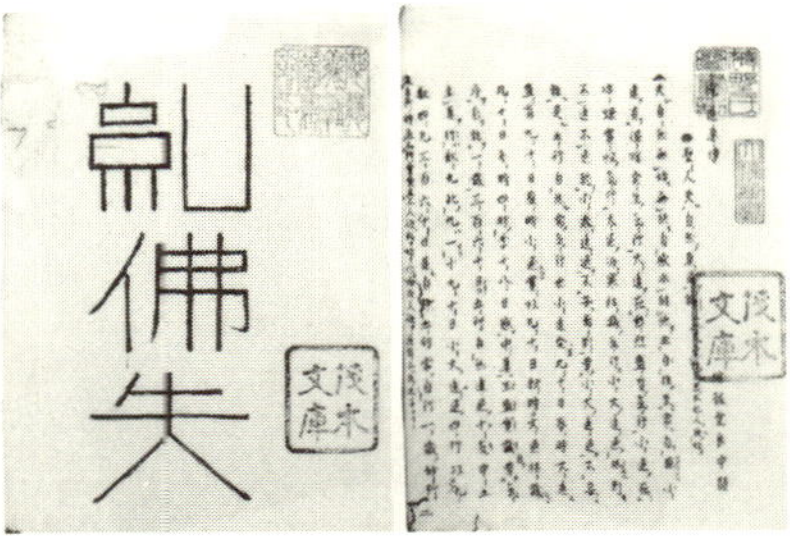

「統道真伝」糺聖失・糺仏失
（慶應義塾大学三田メディアセンター蔵）

「統道真伝」
（慶應義塾大学三田メディアセンター蔵）

も説く。この辺りは、日本の国柄《くにがら》の源泉を記紀神話《ききしんわ》に求める本居宣長《もとおりのりなが》らの国学思想に通じるものがあるが、国学との大きな違いもある。昌益が言う神とは天地自然の気の運行そのものであり、人はその影響を受けて生きてゆくに過ぎない、としている点である。昌益が「欲」や「私」という概念を批判するのは、限度を忘れた欲望は、自然の中の人間という原点を忘れさせる、と考えたからで、そうした私利私欲が幅を利かす社会を、昌益は「法世《ほうのよ》」と呼んだ。人が作った法に囚われた世界の意味である。その対語として用いられる「自然世」は人が本来あるべき社会と解されるが、ここで言う「自然」は、農業を媒介として人と自然とが支え合う理想社会のイメージである。すべての者が鍬を取り、田畑作りに勤しんで自らの生計を立てるべきという昌益の直耕論は、身分秩序の否定であると同時に、自然回帰への理想を追い求める画期的な経世論として、記憶されるべきものである。

昌益の学問を探る――新資料の発見

平成八年（一九九六）、青森県史編さんグループが行った資料調査で、八戸藩士の家系である戸村家の旧蔵文書（岩手県立博物館寄託）の中から、『儒道統《じゅどうとう》之《の》図《ず》』（『県史学芸編』№三五）が発見された。四枚の楮紙《こうぞ》を接《つ》いだ細長い用紙に、「伏犠《ふっき》★

▼伏犠
伏義とも。古代中国の伝説上の神または帝王。天地の理を理解し、八卦や書契（文字）を定めたという。

稿本「自然真営道」私法世巻
（東京大学附属図書館蔵）

大王」から始まった儒学の道統が、最終的に「安藤良中」に伝えられたと記す。

儒道統之図（個人蔵）

昌益は元服前後に京都へ上り、禅門に入ったと言われている。その後、後世方《ごせいほう》別派《べっぱ》の医師味岡三伯《あじおかさんぱく》の門を叩いた。後世方別派は、曲直瀬道三が立てた後世方派（唐・宋以降の書籍をよりどころにする）から分かれた、漢方医学の一派である。昌益は主として「確龍堂正信」という書斎号（ペンネーム）を用いていたが、ほかに医師として「良中」「確龍堂良中」の号を名乗っていた。八戸に来る前は漢方医として儒学に足場を置き、君臣上下の身分秩序を肯定していた。しかし、八戸で書かれた稿本『自然真営道』では、古代の聖人たちや釈迦、儒学を厳しく非難している。八戸の農民生活を見て、社会を縛る既成概念に疑問を感じたのである。本史料に見える円知や藤原頼之と昌益の関係はよく分からないが、阿字岡三泊が味岡三伯（三代目か）であることは疑いなく、とすれば、その道統に連なる「安藤良中」は、八戸に来た直後の、まだ聖人批判、儒学批判をする前の昌益のことと考えてもよさそうである（新編『八戸市史』通史編近世Ⅱ）。

青森県史編さんグループ所蔵の『確龍先生《かくりゅうせんせい》自然数妙《しぜんすうみょう》天地象図《てんちしょうず》』も、やはり八戸藩士である接待《せったい》家の旧蔵文書中から発見された。一紙文書で、天地を象《かたど》った図とその解説からなる。ここに書かれた天地論は、昌益がまだ独自の世界観を確

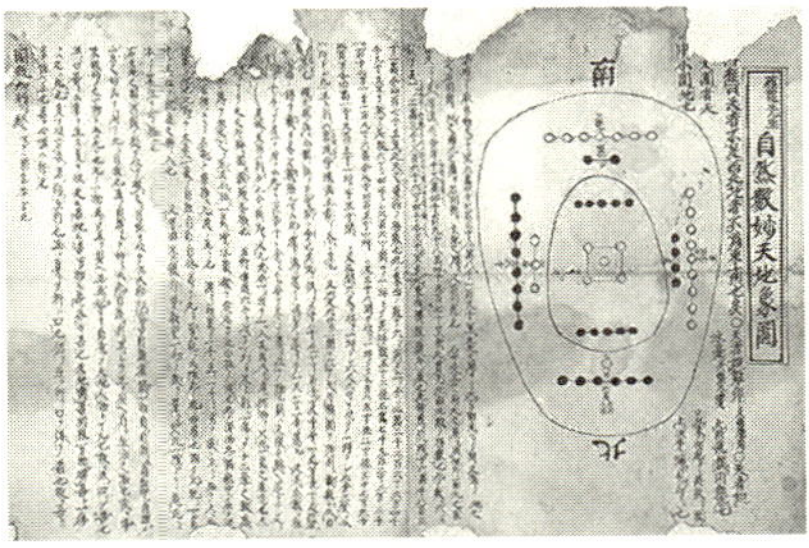

確龍先生自然数妙天地象図
（青森県史編さんグループ提供）

立していない初期の段階に書いた『暦之大意』〔延享二年（一七四五）〕と一致する。しかし、図中に示された天地の距離は、刊本『自然真営道』〔宝暦三年（一七五三年）〕と一致する。昌益は初め、宇宙のことを「天地《てんち》」と書いていたが、刊本『自然真営道』では、自ら造語した「転定《てんち》」を用いている。「天地」と表記しないのは、天尊地卑という上下二別の思想と結び付いているからだという（『安藤昌益事典』）。従ってこの図は、八戸に来てからの昌益の考え方を反映しているのではないかと思われる。

重要な「八戸資料」――弟子が伝えた昌益の学問

『確龍先生自然数妙天地象図』に示された天地に対する考え方は、昌益よりもむしろ、弟子筋の神山由助（久品、？――一八五九）のそれに近い。由助は刊本『自然真営道』の校訂者である藩医神山仙庵（松之助、仙確。一七二三―八二）の孫で、文政十二年（一八二九）に八戸藩の学校（文武講習所《ぶんぶこうしゅうじょ》）ができた際、算術を教授した。著書『泰西流量地測量測算別伝孤度術　附言』（狩野亨吉旧蔵、現所蔵先は不明）の中で「余カ祖父医官仙庵寿時ハ、自然真自感ノ一気ヲ確龍先生ニ学フ。其書僅ニ遺レリ。是ヲ読ミテ算数ノ術ニ非スンハ物ノ理ヲ尽ンコト能ハザルヲ知レリ」と述べており（三上義夫『日本測量術史』）、祖父仙庵と昌益の関係に言及した

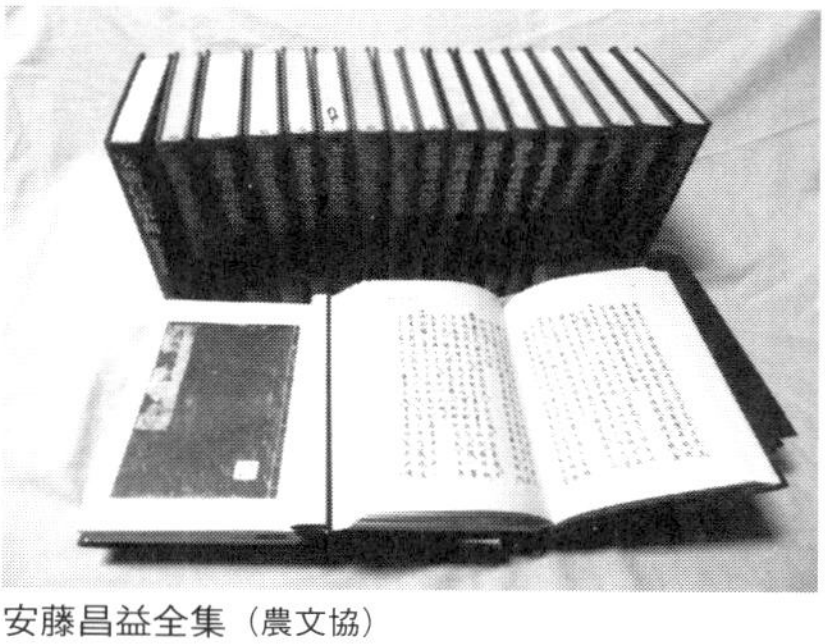
安藤昌益全集（農文協）

ことでも知られる。

上杉修はかつて仙庵の子孫家を調査し、仙庵の手沢本《しゅたくぼん》★と目される『暦之大意』、稿本『自然真営道』巻九、一〇、『自然真営道和訓』『博聞抜粋』『確龍先生韻経書』などを掘り起こした。いわゆる「八戸資料」である。刊本『自然真営道』(初刷本)には「神山仙庵」の書名と押印があり、仙庵旧蔵と確認された。これらは、由助が藩学校のテキストとして作成した算術書(『泰西流量地測量測算術』『泰西流量地測量測算巻二』『階梯点竄』などとともに発見されていることから、由助は祖父の蔵書である昌益の著書を読み、その数論を継承して、算術を展開したと思われる。

由助は昌益の用語を頻繁に利用しているが、「転定」については、専《もっぱ》ら「天地」と表記している。『泰西流量地測量測算巻二』に「天地者《は》転定也《なり》」と記したように、「転定」という用語を知っていても、昌益の考えそのものは継承しなかったのである。由助の天地論や八卦《はっけ》についての見方は、刊本『自然真営道』と大きく食い違っていて、むしろ『暦之大意』に近い。身分秩序を否定するどころか、算術は「民ヲ治ルノ本道ナリ」(同前)として、支配者の政治に貢献するのだと説いており、この点でも支配者に仁政を要求した『暦之大意』に近いといえる。

▼手沢本
「手沢」は手の脂が付いてつやが出ること。そのことから、長らく愛用していた書物を指す。

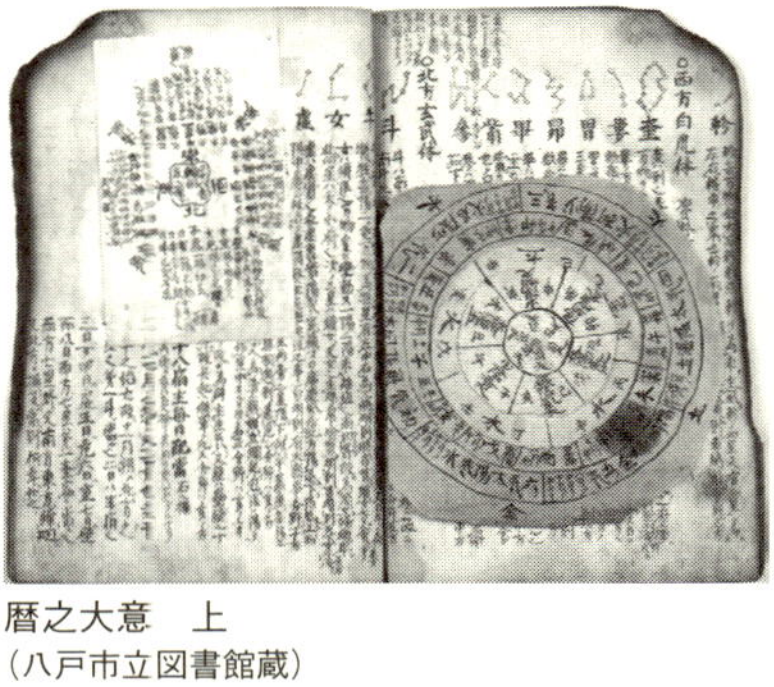

暦之大意　上
(八戸市立図書館蔵)

見直される昌益の医術――学識豊かな漢方医

思想家としての面ばかりが強調されがちな昌益だが、近年は本業である医術の力量についても、評価の見直しが進んでいる。

昭和四十四年（一九六九）、京都大学医学図書館（富士川文庫）で川村真斎『真《しん》斎謾筆《さいまんぴつ》』が発見され、その内容が、稿本『自然真営道』の医学的部分と重なることが分かった。稿本『自然真営道』大序巻に示された統目録《とうもくろく》によれば、第五八〜一〇〇巻が医論の部に当たるが、『真斎謾筆』にはそのうちの巻七四「婦人門《ふじんもん》病論巻上」から巻一〇〇「内瘡門《ないそうもん》巻下」までが収録されていたのである。昌益の独特かつ難解な漢文体で書かれた七五〇もの処方を書き取り、それが古来のどの病名に当たるかいちいち注釈を付けていることから見て、真斎が昌益流の医術に傾倒していたさまがうかがえる。真斎は下野国黒羽《くろばね》（現・栃木県那須郡）の町医だったが、どういう経緯で稿本『自然真営道』を実見し、書写する機会を得たのかは不明だった。しかしその後、真斎が江戸の町医川村寿庵（三戸出身）の子と分かり、疑問は氷解した。川村寿庵は、昌益流医学の継承者だからである。

岐阜県各務原《かがみはら》市の内藤記念くすり博物館は、『良中先生自然真営道方《りょうちゅうせんせいしぜんしんえいどうほう》』という医書を所蔵している。「良中先生」は、安藤昌益の書斎号「確龍堂良中」に由

川村真斎「真斎謾筆」
（京都大学医学図書館蔵）

来する呼び名で、昌益のことである。「自然真営道」は昌益の主著名で、「方」は薬方、すなわち薬の処方である。内藤記念くすり博物館は、製薬会社エーザイの創立者内藤豊次によって開設された医薬史専門の博物館で、『日本薬学史』の著者清水藤太郎（一八八六—一九七六）の旧蔵書が一括して入っている。この史料もその一つだが、『真斎謾筆』と文章や内容が一致する箇所が多く、同一の書物を書き抜いたことが分かる。『真斎謾筆』とともに、昌益の薬論・薬方を復原する上で極めて貴重である。

　なお、本書の四丁目に「羽陽《うよう》杉玄達猛恭撰《すぎげんたつもうきょうせん》」とあるが、この「杉玄達」の素性について市村幸夫は、山形・秋元《あきもと》藩士の杉本玄達《すぎもとげんたつ》である可能性を示唆している（「安藤昌益と杉玄達」）。

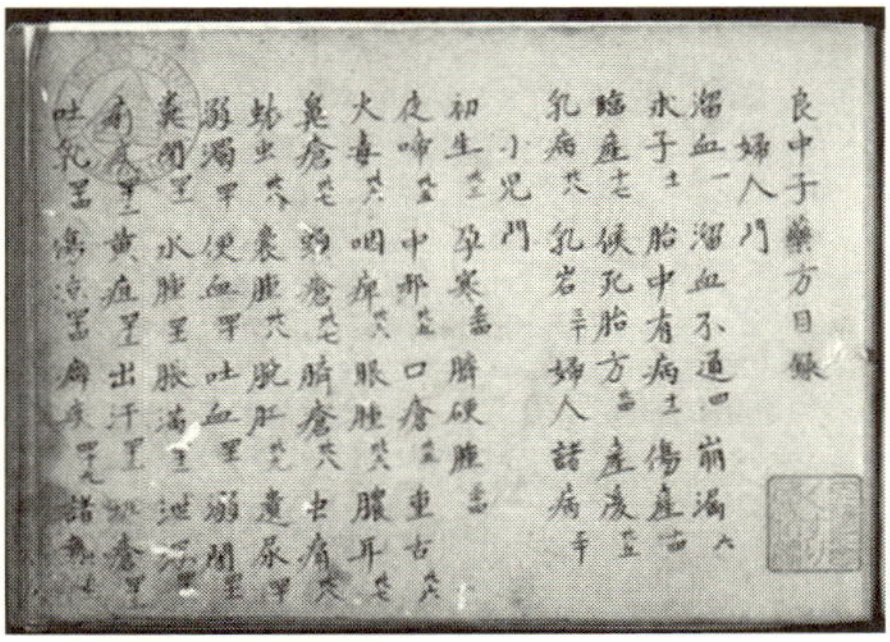

良中先生自然真営道方
（内藤記念くすり博物館蔵）

これも八戸

義経北行伝説と八戸

文政十一年（一八二八）のシーボルト事件で日本から追放されたシーボルトは、著書『日本』の中で「義経＝チンギス・カン」と主張した。

源義経が自殺せずに蝦夷地《えぞち》へ逃れ、大陸に渡って活躍したという義経北行《ほっこう》伝説は、義経の時代から八百年以上経った今もなお、人々を惹きつけている。津軽海峡を挟んで北海道と向き合う青森県には、太平洋岸の八戸や下北半島、津軽半島突端の三厩《みんまや》などにゆかりの地があり、多くの歴史ファンが訪れる。八戸では、種差海岸に上陸した一行が休憩したという熊野神社や、御所を構えたとされる高館などが有名だ。

鎌倉幕府の『吾妻鏡《あづまかがみ》』によれば、奥州藤原氏の衣川館《ころもがわだて》に匿われていた義経は、文治五年（一一八九）閏四月三十日、藤原泰衡《やすひら》の手勢に襲われ、殺された。泰衡は義経の首を黒漆の櫃に納め、清らかな美酒に浸して鎌倉へ送った。夏に向かう折、防腐効果を期待したのだろう。六月十三日に和田義盛と梶原景時による首実検が行われたが、この首のその後について、『吾妻鏡』は何も触れていない。ただし、鎌倉の近隣には、腰越《こしごえ》浜に捨てられた義経の首が金色の亀の背に乗って境川をさかのぼり、白旗川に流れ着いたという伝承がある。英雄を悼む庶民の心がうかがえるような話だ。

しかし、義経北行伝説が書物に登場するのは、実は江戸時代なのである。寛文十年（一六七〇）成立の『本朝通鑑《ほんちょうつがん》』続編巻七九に「義経は衣川で死なず、蝦夷地に逃れ、子孫がいる」という俗伝が収められている。直前の寛文九年に北海道南部でアイヌ騒擾《そうじょう》事件（寛文蝦夷蜂起）が起き、社会的に蝦夷地への関心が高まっていたから、この俗伝はタイムリーな話題として収録されたのだろう。あるいは、アイヌ支配の正統性を喧伝するため、意図的に作られた話なのかもしれない。室町時代の古浄瑠璃に、牛若時代の義経が蝦夷地・千島に渡って原住民を巧みに手なづけ、兵法を得るという「御曹子《おんぞうし》島渡り」のエピソードがあるが、その辺りが発想の原点でもあろうか。

義経北行伝説は、アイヌ語地名の問題にも影を落としている。例えば、「ペレケイ」（＝破れた所）と「弁慶」の音が似ているので「弁慶岬」となったはずなのに、伝説ではこれを弁慶の到来地と考える。こうしたすり替えの類は数多く、様々な話を取込んで膨みがちな伝説を、いかに冷静にながめ、歴史学的に検証できるかが、今後の課題と言えよう。

「御曹子島渡り絵巻」より裸島（秋田県立図書館蔵）

第四章　八戸に生きる人々

北の厳しい気候風土にさらされつつ、八戸の人々は必死に生きていた。

八戸城杉戸（南宗寺蔵）

1 八戸の城下町

八戸の町割りは、江戸時代とほとんど変わっていない。
城下に住む武士の生活と心情を知る上で、
「遠山家日記」は貴重な記録である。

城下と町割り――古い形態が残る八戸市街

八戸の街づくりは、寛永七年（一六三〇）に始まったという。
（1）表通り＝廿三日町、十三日町、三日町、八日町、十八日町、廿八日町。正保年間（一六四四～四八）には完成。
（2）裏通り＝廿六日町、十六日町、六日町、朔日町《ついたちまち》、十一日町、廿一日町《にじゅういちにちまち》。慶安元年（一六四八）には成立していたと推測される。

八戸藩が誕生した寛文四年（一六六四）末には、城と市街地を中心とする城下町がすでにあったわけだ。城下町は全国にいくつもあるが、八戸のように市日《いちび》にちなむ町名が一二もまとまってあるのは珍しい。もっとも、定期市は月に六回ほどしか立っていなかったので、市日と町名は直接の関係はないとみる向きもある。

特徴的なのは、三日町の裏通りは六日町、八日町の裏通りは朔日町というように、表裏を足すと「九」になるように配置されている点である。陰陽道《おんみょうどう》では陽数（＝奇数）最大の「九」は最も縁起の良い数とされるから、八戸城下の町名には繁栄と発展の願いが込められているのかもしれない。

幕末の「文久改正八戸御城下略図」を見ると、城（現三八城公園周辺）の南側に東西に細長い町人町《ちょうにんまち》があり、町人町を挟むように武《ぶ》家町《けまち》が置かれていた。町人町は「〜町」と町《まち》付けで、武家町は「〜丁」と丁《ちょう》付けで表記されている。町人町の北側（城の周囲）には上級藩士の武家町が、町人町の南側には下級藩士の武家町があった。また、町人町の東端・西端には、城下を防衛する足軽町《あしがるまち》が配置されていた。寛文四年末の八戸藩の成立とともに、盛岡藩時代の武家屋敷・足軽屋敷が大幅に入れ替えられ、整理された結果だろう。

現在の八戸の市街地には江戸時代の建物はほとんど残っていないが、基本的な町割りは変わっていない。表通りには御用商人などの大店《おおだな》が並び、裏通りには職人などが集められた。職種による住み分けがあったようで、十六日町＝馬喰町《ばくろうまち》、六日町＝肴町《さかなまち》、十一日町＝塩町、廿一日町＝下大工町《しもだいくまち》と呼ばれていた。

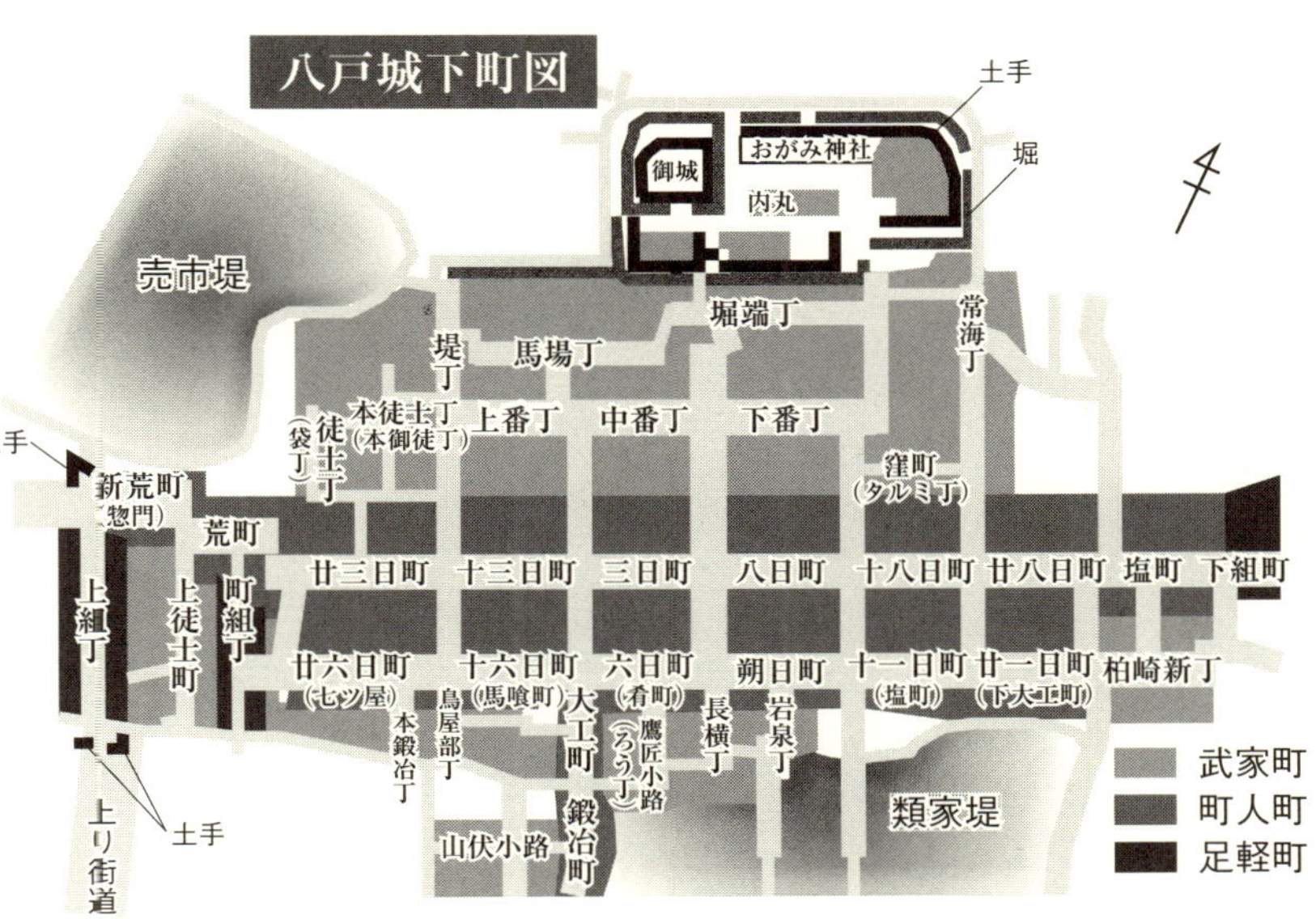

城下周辺には堤《つつみ》（溜め池）があり、田畑に水を供給する灌漑《かんがい》施設として機能した。南の鍛冶丁《かじちょう》堤、類家《るいけ》堤、舘越《たてごし》堤、西の沢里《さわさと》堤、売市《うりいち》堤である。さらに北には馬淵《まべち》川が、東には新井田《にいだ》川があり、八戸城下を潤していた。

八戸の寺院は多くが、長者山《ちょうじゃさん》の麓に集まっている。

①東…下組丁＝玄中寺、十一日町＝本覚寺、願栄寺、朔日町＝来迎寺、十六日町＝天聖寺

②南…長者山＝大慈寺、南宗寺（藩主菩提寺）、法光寺宿寺（現光龍寺）、禅源寺、永久寺（現廃寺）、類家村＝本寿寺、長流寺、対泉院宿寺（現心月院）、広沢寺

③西…沢里村＝龍源寺

城郭・都市防衛の目的で街外れに寺院街が形成されることはままあるが（例えば津軽領弘前城下の長勝寺構《ちょうしょうじがまえ》など）、そうした計画的配置の跡は見られない。

町役人と町政――検断から庄屋へ

南部領では、町役人を検断《けんだん》と呼ぶ。八戸藩は、盛岡藩から分かれた当初はその呼称を用いていたが、元禄七年（一六九四）に庄屋と改め、役料として米五駄を支給したうえ、苗字帯刀《みょうじたいとう》も許した。庄屋は二名で、これとは別に、各町ごとに乙名《おとな》二名が置かれた。藩は藩士二名を町奉行とし、御礼町人《おれいちょうにん》（多額献金者）の中

現在の天聖寺（テクノス提供）

から庄屋を選任させた。青森の佐藤理右衛門《さとうりえもん》家と村井新助《むらいしんすけ》家のように、他領では庄屋は世襲するケースが多いが、八戸の場合は、経営不振の御礼町人に庄屋をやらせて助けるという意味合いがあったようだ。

庄屋は、月番で仕事をする。城下町人の誓願を町奉行に取り次ぎ、逆に藩からの布達《ふたつ》を乙名に伝達する。配下に使番《つかいばん》★と小走《こばしり》がいて、触書や達書を持って回った。乙名は書類の作成や上納金の徴収に当たり、町内のとりまとめの雑務を行った。町人町では各所に木戸があり、火の見櫓《やぐら》や番所が設けられていた。

天保四年（一八三三）の記録では、暮れ六つから明け六つまで（おおよそ午後六時〜午前六時）閉め切り、治安悪化に備えたとある。各種法令や政治・民生関係の布達は札《ふだ》の辻《つじ》（＝高札場）の高札《こうさつ》に掲示された。享保年間（一七一六〜三六）からは各家に犯罪密告の投書を入れさせる目安箱《めやすばこ》を回したが、宝暦五年（一七五五）七月には札の辻に目安箱を置くようになっていた。

ある藩士の記録――「遠山家日記」の世界（1）

遠山家は北条流軍学者《ぐんがくしゃ》の家系で、二代藩主直政の時に八戸藩士となった。初めは一〇人扶持（五十石相当）の待遇だったが、二代当主の庄太夫が四代藩主広信の側室藤枝《ふじえだ》を妻に迎えて金成《かねなり》（＝現金給与）百石に、さらに、妻が側室時代に産

▼使番
役所の使い走りが職務で、小走より上位の者。

札の辻（八戸市上組丁）

んだ亀之助が五代藩主（信興）になったため、地方《じかた》（＝知行地給与）五十石を加増された。藩主の姻戚として用人役に進み、上級藩士の仲間入りを果たした。遠山家は江戸に常府していたが、六代当主の軍平《ぐんぺい》の時に八戸へ移った。寛政二年（一七九〇）五月、藩用で八戸に来た時に体調を崩し、江戸へ戻れなくなったのである。同年九月、軍平は正式に八戸へ引っ越したが、病状は悪化するばかりで、翌年正月には明日をも知れぬ命となった。軍平には子がなかったので遠山家は急養子願いを出したが、幸運にもすぐに養子が見つかり断絶を免れた。この養子が家老中里清右衛門の子平馬《へいま》である。平馬は側室の子で、正室の子の多膳《たぜん》が健在なことから家督を継ぐ立場にはなかった。そんな時にこの縁組み話である。中里家にとっても渡りに船で、平馬は遠山家を相続した。のちの七代庄右衛門である。寛政四年、平馬は日記をスタートさせたが、以後、八代庄太夫《しょうだゆう》（安次郎、屯）、九代庄七《しょうしち》、十代景光《かげみつ》（初め安次郎）と書き継いで一〇九冊となった。この「遠山家日記」は、江戸後期から明治・大正期までの八戸の事情を知る上で貴重な記録である。

知行地の経営――「遠山家日記」の世界（2）

遠山家の知行地は、門前村《もんぜん》・小久慈村《こくじ》・長内村《おさない》（現岩手県久慈市）と上館村《かみだて》（現

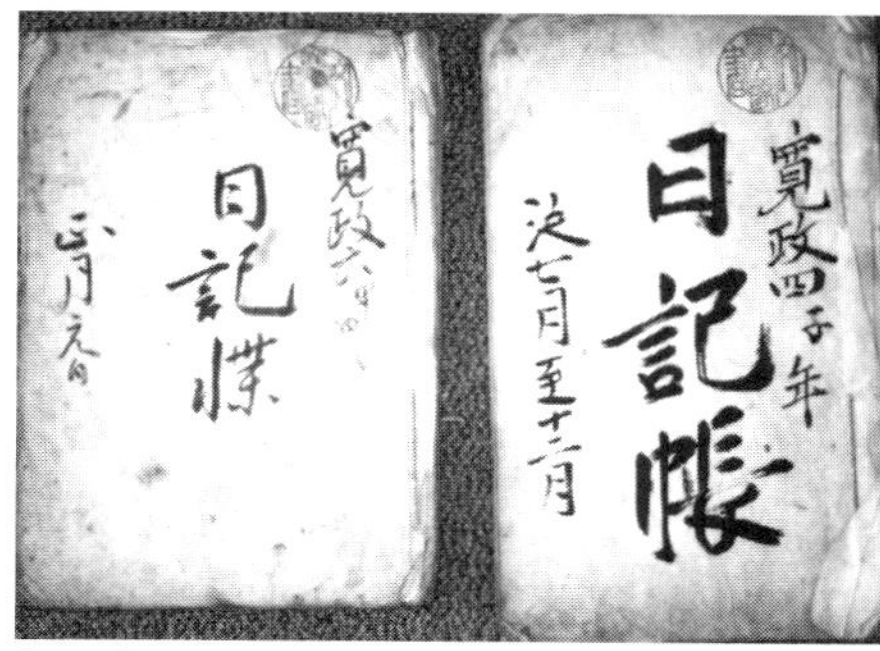

「遠山家日記」
（八戸市立図書館蔵）

岩手県軽米町）にあった。八戸藩では知行地のことを拝知《はいち》と呼ぶが、そこで生活する農民（＝拝知百姓）から見れば、藩主よりも遠山家との関係の方が重要である。彼らは新たに領主となった平馬の顔色をうかがい、過度の負担を逃れるためにあの手この手を使った。平馬とすれば、屋敷の普請費や引っ越し代は農民らに割り当てるしかないが、農民らは「今年は不作で苦しい」「先例がない」などと言って拒絶する。そこを無理押しして何とか約束させても、実際に納入する時は「都合がつかないから」と、半分しか納めない始末である。平馬は初めて久慈入りする際、農民らに酒五升を振るまったが、年貢や様々な課役をスムーズに処理するためには、彼らの機嫌をとることも必要だった。八戸藩には領主が農民を慰労する「椀飯《おうばん》」という慣わしがあり、遠山家では毎年十二月九日に行っていたが、殿様、旦那様の威光だけでは、農民らは動かなかったということだろう。

平馬は拝知から奉公人を雇ったが、下男《げなん》選びには苦労させられた。当初は役に立たない者を送ってきたため、何度も下男を替えた。やって来るのはたいてい独り身の若者で、村から町へ出てくればつい、遊びに走りたくもなる。「病気だ」といって無断で拝知に帰ったり、不意に出奔したりと、さんざんな有り様である。寛政九年（一七九七）六月に久松がいなくなった際は「給金が安いせいか」と思い額を引き上げたが、なかなか手配がつかない。拝知の方ではクジを引いて人を出したというから、村にも人的な余裕はなかったのだろう。ちなみに、この久松

①武家屋敷の門（船越家・常海丁）

②武家屋敷の居間（船越家）

③武家屋敷の座敷（船越家）
（①〜③テクノス提供）

は同年十一月に拝知に帰ってきた。伊勢《いせ》参りに出かけていたという。当時、伊勢参りは大目に見られていたので、平馬も厳罰にはしなかった。

八戸藩士の生活——「遠山家日記」の世界（3）

寛政六年（一七九四）、遠山平馬は勤番登りを命じられた。藩主の参勤に従い、一年間の江戸詰めである。江戸での生活は出費が多い。平馬は拝知に対し小者二名と年貢前納を命じ、藩には舫金《もやいきん》の借り入れを申し込んだ。藩は先年貸した二五貫文が未返済だと断ったが、平馬の懇願で返済を猶予し、新たに二三貫文余を貸してやった。江戸での平馬の勤務態度は良く、皆勤で、裃《かみしも》と金一〇〇疋《ぴき》（＝銭一貫文）の褒賞を受けたりした。若かったこともあろうが、寛政六年、同十年、同十二年、文化四年（一八〇七）と四回も勤番登りを務めた。かなり頻繁《ひんぱん》に江戸に出ていたわけだ。平馬が脚気《かっけ》に悩まされたのは、白米ばかりの食生活のせいである。同六年二月、江戸から戻った際は三十日間の休暇をもらって鹿角《かづの》郡大湯（現秋田県鹿角市）へ湯治《とうじ》に出かけたが、それで全快とはいかなかった。

平馬は十九歳の時に山崎勘太夫《かんだゆう》の妹をめとり、万之丞《まんのじょう》、安次郎《やすじろう》（のち屯、庄太夫）、勝治《かつじ》（のち忠蔵）、吉蔵の四人を儲《もう》けた。しかし、この妻が出産直後の享和二年（一八〇二）六月に亡くなったため、同年八月、田名部儀兵衛《たなぶぎへえ》の娘と再婚し

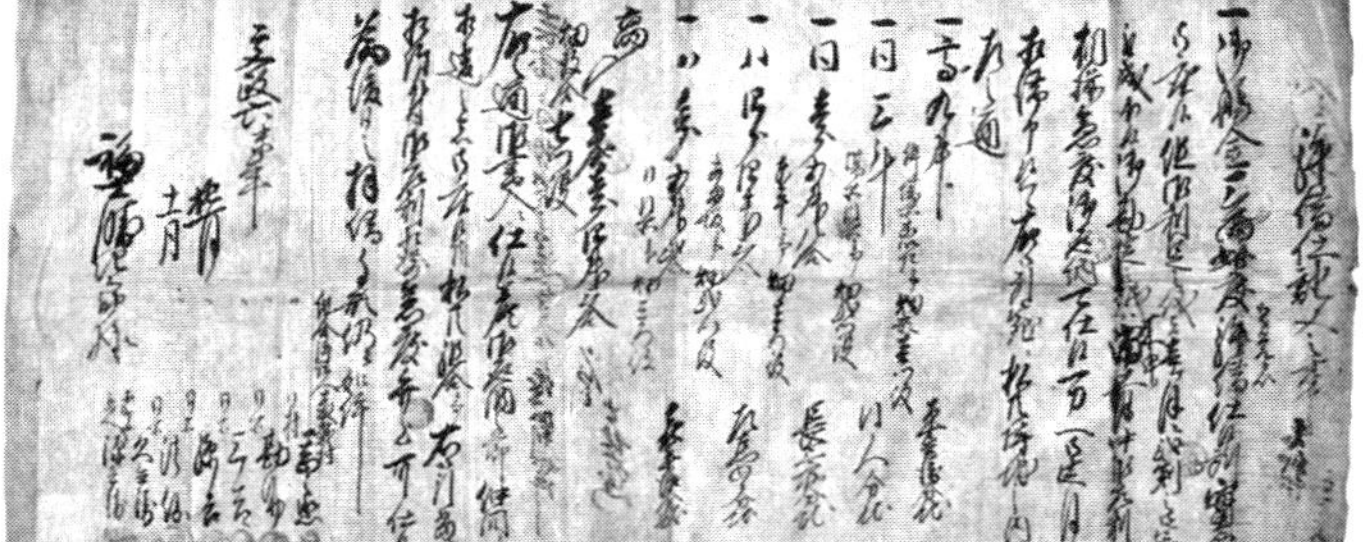

舫金の借り入れ（「拝借仕證文之事」八戸市立図書館蔵）

た。平馬三十歳、花嫁十九歳である。この後妻との間には五男四女が産まれた。

「遠山家日記」は、武家の家族がどんな暮らしをしていたかを教えてくれる。妻が親類を一人で訪ねたり、夫婦連れ立って海や山に行ったり、子どもたちと軽《かる》業《わざ》見物に出かけたり、現代の庶民生活とさほど変わらない様である。平馬は釣り好きで、読書好きで、将棋も指した。「遠山家日記」には「自拙老」という将棋のライバルがたびたび登場する。平馬は謡曲の名手で、藩主の前で披露することもあったが、その技量は江戸で磨かれたのだろうか。ちなみに、平馬が仕えた七代藩主信房は俳人五梅庵畔李である。

平馬は自宅の庭に菊を植え、菊花づくりに勤しんだ。菊見の客は多かったが、あちらへ一五個、こちらへ二〇個と菊花を配っているので、食用菊だったのかもしれない。「阿房宮」という品種で知られるように、八戸を含む南部地方は、現在も食用菊の産地である。

食用菊「阿房宮」（八戸市博物館蔵）

②

都市と村の生活

華やかな城下町の祭礼も、喜怒哀楽に満ちた農山漁村の生活も、人々の生の姿を示す諸相である。先人の知恵を生かしつつ、八戸の地は確かな成長を続けた。

祭礼に見る八戸①——法霊神社祭礼と三社大祭

八戸三社《さんしゃ》大祭は青森県南地域最大の祭礼で、夏の風物詩である。三社とは法《ほう》霊《りょう》神社（現龗《おがみ》神社）・長者山新羅《ちょうじゃさんしんら》神社・神明宮《しんめいぐう》のことだが、この三社の祭礼がひとまとめに「三社大祭」と呼ばれるようになったのは、明治二十年代（一八八七～九六）である。江戸時代の八戸城下では内丸《うちまる》の法霊神社祭礼が最も重視されていた。

法霊神社は元々城内の本丸《ほんまる》にあり、八戸藩が独立した寛文四年（一六六四）頃に現在地へ移ったと考えられている。八戸藩鎮護《ちんご》の役目を持った神社として尊崇されていた。当初は七月に境内《けいだい》で種々の踊りが催されるだけだったが、享保五年（一七二〇）、町内から御輿《みこし》の渡御《とぎょ》を行いたいとの願いが二度にわたって出され、

①おがみ神社（八戸市内丸）

許可が下りた。天候不順解消の日和《ひより》乞いをしてくれた法霊神社への御礼のため、御輿の運行を思いついたのである。氏子《うじこ》らは献金を集め、御輿を作った。献金は町民や藩士だけでなく又者《またもの》（＝藩士の家来）にまで及び、藩士は一人につき一〇銭を納めたという。町衆は屋台《やたい》や練り物（山車《だし》）を引き回すことも考えたが、享保改革が進行中で倹約を求められていたこともあり、これは藩が差し止めた。

鎮護の社《やしろ》という性格上、祭礼は藩の管理下に置かれた。開催は七月十九〜二十一日の三日間だったが、期日の変更や行列の延期・中止は、藩が決定した。宝暦五年（一七五五）の「八戸藩日記」を見ると、代参《だいさん》・大手堅《おおてがため》・跡乗《あとのり》奉行・長者山《ちょうじゃさん》詰《づめ》・同控・祭礼中騎馬火廻《さいれいちゅうきばひまわり》・御供徒《かち》目付・見廻徒目付・大手《おおて》前詰徒目付・大手前詰破損奉行といった役割分担があり、祭礼中は乱暴狼藉《ろうぜき》が起きないよう、藩が御輿行列を警護した。要所に辻固めが配置され、町中を巡回していた。

祭りの初日は、「お通り」である。藩士は麻裃《あさかみしも》の正装で総登城し、家老はじめ総役人は大手門前の桟敷《さじき》に詰めた。藩主が国元にいる場合は、ここで上覧が行われた。宝暦五年の祭礼では午前十時頃に藩主が桟敷に来たが、文政十年（一八二七）の場合は午後一時頃の入場だった。定刻というものはなかったようだ。

御輿行列は上町を通って長者山をめざす。城の南門から出て三日町表町、荒町、廿六日町へと抜け、十六日町から大工町、鍛冶丁《かじちょう》を経て、長者山の御旅所《おたびしょ》（御輿の休息所）に入るルートである。目付の指示で途中の家々は屋敷前を掃除し、水

②新羅神社

③神明宮（八戸市六日町）
〔①〜③、青森県史編さんグループ提供〕

を入れた飾り桶を出した。御旅所には寺社町奉行と常泉院の桟敷《さじき》が作られ、湯立《ゆだち》祈禱《きとう》★が行われた。長者山の新羅神社境内は盛り場となり、出店や芝居小屋が立ち並んだ。様々な興行も催され、文政十年から始まった騎馬打毬《だきゅう》が多くの観客を集めた。

中日には、長者山で神楽《かぐら》と山伏舞《やまぶしまい》七番が奉納された。最終日は、下町を通っての「お環り」である。鍛冶丁から六日町裏町へ出、朔日町、下大工町、廿八日町表町へと入り、八日町から法霊神社へ戻ると、正午前になる。祭礼が終了した後は、翌日に湯立の託宣《たくせん》と祭礼祈禱札が寺社町奉行から披露され、一連の神事は終了となる。

行列はしだいに華美になった。文政年間には神馬《しんめ》が先頭に立ち、五色の吹き流しや赤色・花色の旗がはためいた。行列に続く山車が増え、踊り子も練り歩いた。見物人は桟敷に陣取り、酒肴《しゅこう》を持ち寄り、話に花を咲かせた。町衆だけでなく、藩主や藩士もこの祭礼を大いに楽しみにした。

祭礼に見る八戸②――えんぶり

八戸の春は「えんぶり」から。江戸時代の「えんぶり」は、小正月の行事だった。八戸藩「目付所日記」の正徳五年（一七一五）正月十五日条に「鳴り物は明

えんぶり（八戸市博物館蔵）

▼湯立祈禱
神前の大釜で沸かした熱湯を笹の葉ですくい、参列者に振り掛けて清める儀式。

日からやって良いが、田植は武士の屋敷前では控えるように」との触れが出たとあり、この「田植」が「えんぶり」のことと思われる。春先の田均《なら》しと豊作祈願の意味合いがあったのだろう。現在は八戸で二月十七日から二十日の四日間行われ、近隣の名川《ながわ》・三戸・五戸《ごのへ》・百石《ももいし》町などでもこれと前後して行われている。

「えんぶり」には、動きがゆっくりな「ながえんぶり」と、拍子の速い「どうさいえんぶり」の二つがあり、前者がより古いかたちを残しているという。どちらも烏帽子《えぼし》を被《かぶ》った太夫《たゆう》が演じるが、その演技を「舞う」ではなく「摺《す》る」と呼ぶのが独特である。ジャンギ・鳴子板《なるこいた》と呼ばれる手具を持ち、地面を掃くような動作をするからだろう。「どうさいえんぶり」の烏帽子には、「前髪」というテープ状の房が付いているが、「ながえんぶり」の烏帽子には前髪はなく、「藤九郎」と呼ばれるリーダーのものにだけ、ボタンまたはウツギの花が付いている。烏帽子は馬の頭を象徴化したものといわれる。

「えんぶり」は、舞い手の一団が家々を訪れる「門《かど》付け」と、道を歩く時に囃《はや》し立てる「通り」を基本として、その間に多くの舞や芸能が挟まる。すなわち、摺りはじめ・中の摺り・摺りおさめ・畔止《あぜど》め・えんこえんこ・松の舞・喜び舞・えびす舞・大黒舞・田植・田植万歳・金輪切《こんりんざい》・豊年《ほうねん》すだれ・ご祝い・芝居・狂言・さんば・手踊りなど、様々な芸態がある。多くの人が関わることから、娯楽的要素が付け加えられていったのだろう。

えびす舞（八戸市博物館蔵）

烏帽子着け（八戸市博物館蔵）

城や武士宅、商家や地主など領内各所を回って祝儀を述べ鳥目《ちょうもく》（金銭）や酒肴を受け取ることから、節約の風潮にそぐわないと見られた時期があった。明治二年（一八六九）に差し止め令が出て一時中断したが、旧八戸藩士の小幡茂周《おばたしげちか》や大沢多門《たもん》が奔走し、明治十四年に復活した。明治四十二年に河野市兵衛が「長者山に合祀された稲荷社の豊年祭として請願」と記していて、これが「えんぶり」を豊年祭と呼ぶ由来である。

馬術さかんな八戸藩①——御家流馬術の隆盛

小野満長なる人物が江戸で始めた徒鞍《すぐら》流馬術は、成田長矩・成田吉長という伝授者を経て、元禄四年（一六九一）二月、盛岡藩主南部重信の四男右近《うこん》に伝授された。右近は元禄十二年十一月、八戸藩二代藩主南部直政の養嗣子となり、三代藩主南部通信《みちのぶ》となった。こうして徒鞍流馬術は、八戸藩の御家流《おいえりゅう》馬術となった。

馬術の習得とは、単に馬を乗りこなす技量だけが身に付けば良いのではない。馬の身体の特徴や病気の種類、馬具のありようなど、幅広い知識を持ち合わせる必要がある。通信が熱心な勉強家だったことは、彼が遺した数々の伝書によって知ることができる。通信の書き物は尊重され、書き継がれた。「通信公馬道御聞書写　全」（八戸市博物館蔵）は、その一例である。馬の体調管理について、本書

大沢多門

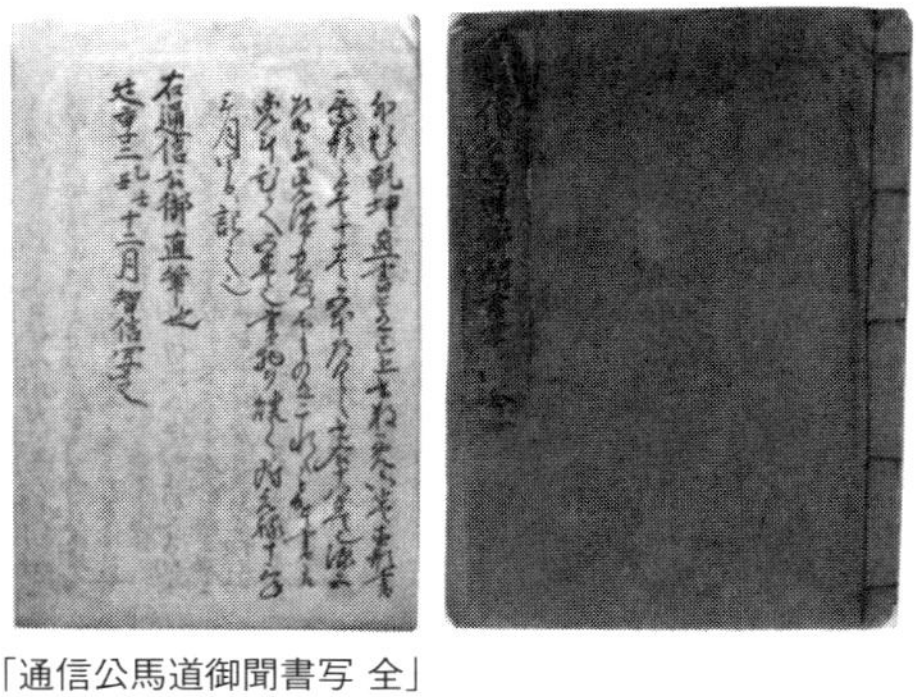

「通信公馬道御聞書写 全」
（八戸市立図書館蔵）

には独自の治療法が書き留められている。例えば、馬の爪が「篠割《ささ》れ」を起こしたら、蛇の抜け殻を粉にし、お歯黒★で練って、爪が割れた部分へ挟み、その上から松脂《まつやに》で押さえるとそのままで乗れるようになる、とある。脚は馬の命で、骨折した競走馬が安楽死させられるのは、脚の血行障害から起きる炎症「蹄葉炎《ていようえん》」を引き起こすことが多いからだ。一般の馬でも、脚・蹄《ひづめ》の障害は重大な影響をもたらす。蹄の割れは蹄鉄《ていてつ》を装着させれば防げるが、日本で使われるようになるのは明治以降で、江戸時代は一部でワラ製の馬沓《うまぐつ》が用いられていたぐらいのものである。

芸事における経験は「口伝」として伝えられることが多く、本書にも「口伝」の二字がひんぱんに登場する。実技尊重の表れだが、随所に「予が工夫」「我が工夫」などの字句も見え、通信が先学の教えに疑問を持ち、自分なりに解決を図ろうと苦心する姿が浮かんでくる。

徒鞍流馬術では、藩主がみずから道統者《どうとうしゃ》（道統の継承者の意）となり、優れた藩士にこれを伝え、その藩士が次の藩主に道統を返すというやり方をとっていた。そのような形式は、ほかの御家流と名乗る武芸においても概ね共通していたようだ。修業の進み具合によって免状が発行されたが、最終段階の「極印可状《きわめいんか》」は、修業の到達点を示すものとして尊重された。十四代道統者堀野宗模への道統伝授の例に見るように、道統の伝授式は晴れやかな場面ではあったが（『新編八戸市

▼お歯黒
既婚女性の化粧法で、酢に鉄を溶かした液体（鉄漿）を歯に塗り、タンニンを含む五倍子粉を上塗りして黒く染める。

馬の藁沓
（『馬の文化叢書4』より）

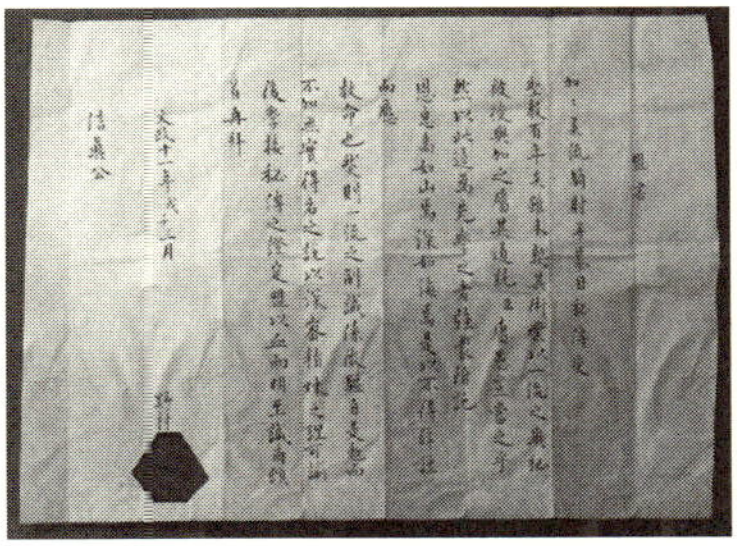
①野村武一の盟書
（八戸市立図書館蔵）

史』資料編近世Ⅲ）、門弟の技量を見定めて育成する能力と相応の責任を負わされるため、緊張感を伴うものでもあった。

馬術さかんな八戸藩②——騎馬打毬の淵源

文政二年（一八一九）九月、八代藩主信真の世嗣《せいし》信経《のぶみち》（英之助）による乗馬観覧が行われた。寛政九年（一七九七）以来の一大イベントである。赤飯・酒・菓子が振るまわれ、見物人が盛り上がったところで、信経みずから馬を駆ってみせた。この年の信経は、甲州《こうしゅう》流軍学のほか木崎《きざき》流砲術・新当《しんとう》流鎗術・川崎流柔術に入門するなど、精力的に武芸に励んでいる。

騎馬打毬《だきゅう》★は現在も宮内庁などでも行われているが、八戸のそれが最も古式を伝えており、青森県無形民俗文化財に指定されている。加賀美《かがみ》流騎射術《きしゃじゅつ》から派生したとされ、文政十年（一八二七）、信真《のぶまさ》が野村武一に七月・九月の法霊《ほうりょう》社祭礼の際、長者山新羅《ちょうじゃさんしんら》神社の馬場で騎射・打毬を興行するよう指示したのが始まりという。野村は徒鞍流《すぐらりゅう》馬術の第十六代道統者で、打毬師範でもある。

騎馬打毬には、「打毬秘伝弁解」（八戸市立図書館蔵）という伝書がある。選手・役員の任務や服装（打毬役附《やくづき》之巻）、用具（打毬諸具之巻）、競技場（打毬馬場之巻）、競技ルール（打毬之巻）の四部構成で、毬《まり》を打ち込む門の形や飾り方、競技の進

②野村武一の誓詞（八戸市立図書館蔵）

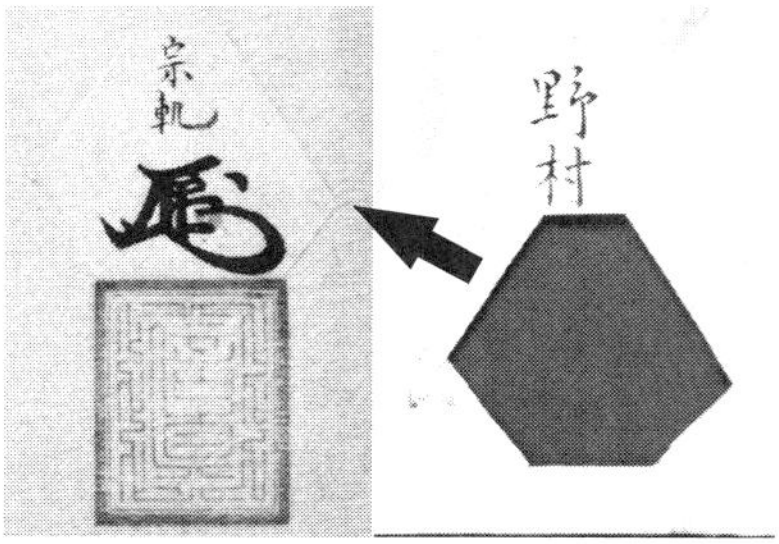

③花押の移動（八戸市立図書館蔵）

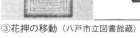

め方や勝敗のつけ方、藩主など観覧者への礼法や参加者の服装など、現代の八戸騎馬打毬の原型といえる要素がすべて書かれている。

打毬興行は馬を操作する技量が試される機会で、師範はこれをよく見定めて「執行書上帳《しっこうかきあげちょう》」に記録し、免許を授与した。さらに、参加者と勝敗は「打毬日記」に記録され、藩主に上呈された。打毬の伝統はその後、石井亀、石井八右衛門、女鹿《めが》宗彬、北村益、小幡《おばた》茂周、船越香織と受け継がれた。現在は八戸三社大祭の中日に当たる八月二日に、新羅神社の馬場で行われている。

追い詰められる農民――凶作と飢饉にあえぐ

八戸藩は元禄期（一六八八～一七〇四）以降、慢性的な財政難に悩まされた。たび重なる風水害や飢饉で安定した収入が得られず、時の藩主が「幕府からの御用もおぼつかない」と愚痴を言ったこともあった。倹約奨励は常のこと。半知《はんち》といって、藩士の俸禄を半分借り上げることもあった。借り上げといっても要は給料カットで、事実上の禄高削減である。藩士らの生活は困窮した。一方で、海運業や漁業の進展により新井田川《にいだがわ》河口の川口湊が整備され、商取引が盛んとなった。漁獲高も増え、それまでの舟奉行は、浦奉行と十分一《じゅうぶいち》奉行とに分割された。十分一とは漁獲高の一割を徴税することである。

▼騎馬打毬
馬術競技の「ポロ」に似た遊戯・武芸で、打毬杖をふるって庭にある毬を自分の組の毬門に入れるもの。

加賀美流騎馬打毬
（青森県立郷土館提供）

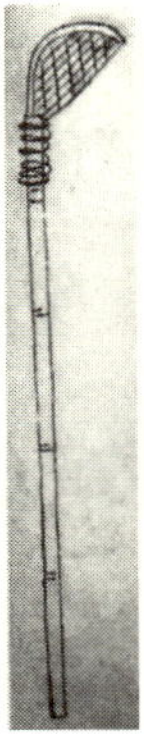

騎馬打毬の打毬杖
（「打毬役附之巻」八戸市立図書館蔵）

江戸時代後期には全国に市場が拡大し、余った生産物が広く取引されるようになった。畑作地帯である八戸藩は、大豆生産を奨励した。大豆は税として一定量が上納された（定例大豆）ほか、残った分も藩に買い上げられ（別段大豆）、その移出販売が藩財政を支えた。大豆生産の拡大によって山林が急速に切り開かれ、耕作地と野生動物の生息域が近接して、猪や鹿による食害が増大した。さらに、大豆の連作障害を防ぐための焼畑は、猪の食料となる山菜類と住処《すみか》となる繁みを作った。延享二年（一七四五）と同三年の猪による食害は深刻で、山間地では、荒廃した耕作地を捨てて逃亡する農民が出た。寛延元年（一七四八）三月から四月にかけ、藩の御山が放火される事件が多発したが、その理由は、猪の住処をなくしたいとの思いからだったという。それでも食害はやまず、翌二年には作付けできない畑が発生した。その上、この年は寒冷で稲・粟《あわ》・稗《ひえ》が軒並み不作となり、農民らは飢饉状態に陥ってしまった。いわゆる「巳午《みうま》の猪飢饉」＝イノシシケガジ（ケガジ＝飢渇＝飢饉）で、八戸藩はこの年の損失を、表高二万石のうち一万六千六百五十四石と幕府に報告した。宝暦二年（一七五二）の宗門改では、餓死者三〇〇〇人としている。なお、寛延四年には下掲写真のような「悪獣退散」を祈願する石碑が立てられた。

宝暦四年と五年には旱魃《かんばつ》・害虫・長雨・洪水が領内を襲った。特に宝暦五年は四月中旬からヤマセが吹き、稗・蕎麦《そば》の実入りはあったものの、米は青立ちの状

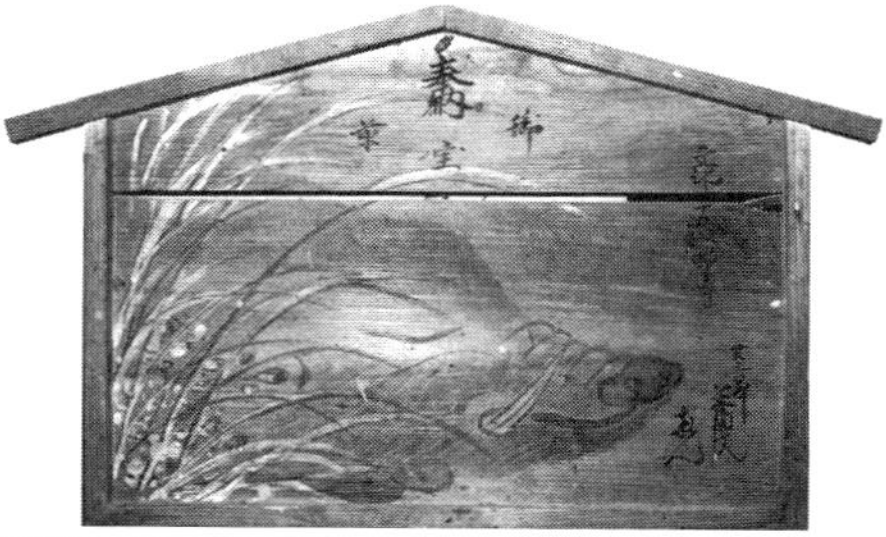

猪絵馬（笹ノ沢薬師堂）

悪獣退散碑（八戸市根城、テクノス提供）

態で、村々では葛《くず》・蕨《わらび》の根を掘り、橡《とち》の実の粥《かゆ》、楢《なら》の実の餅を食用にして飢えを凌《しの》いだと記録されている。困窮のため盗人・追剥《おいはぎ》・強盗が多く、家中の扶持も、米に代わって粟・稗が支給された。この年の被害は一万八千石を上回ると、幕府に報告された。

浅間山《あさまやま》噴火の前年である天明三年（一七八三）も冷害となった。藩は徹底して無駄遣いを見直し、足軽・小者などを削減した。また、他領からの米の買い付けを行ったが、飢饉の進行を食い止めることはできなかった。その惨状は上野伊右衛門「天明卯辰簗《うだつやな》」や槻館権九郎心誉《つきだてごんくろうしんよ》「飢歳凌鑑《きさいりょうかん》」、富坂涼仙《とみさかりょうせん》「耳目凶歳録《じもくきょうさいろく》」などに記されている。飢饉に伴う餓死者・病死者は領内のあらゆる階層に見られ、家中でも多くの死者を出した。天明四年、飢饉による領内の死者は二万五〇〇〇人に及んだという。飢饉の翌年も、稗に薊《あざみ》や若布《わかめ》を入れた糧飯《かでめし》を日に一度ほど口にするだけという状態で、漁村でも、仲間の漁師が餓死したことを理由に役銭★の半役★願いが出された。

淵沢円右衛門の挑戦—農業改良の工夫

八戸藩の村々は零細で貧しかったが、中には技術改良で事態を打開しようとする者もいた。軽米村（現岩手県軽米町）の豪農淵沢《ふちさわ》円右衛門（元屋五郎助）は苗字《みょうじ》

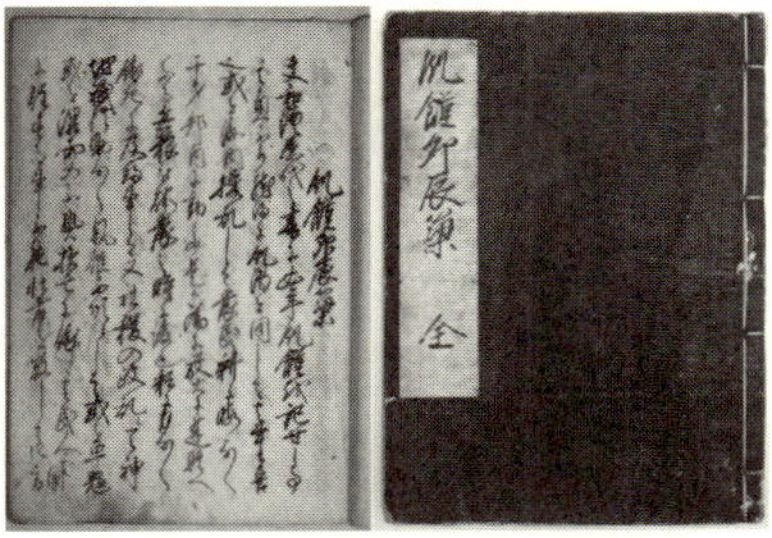

「天明卯辰簗」の写本「飢饉卯辰簗」
（八戸市博物館蔵）

▼役銭
税金の一種で、様々なものに掛けられる。

▼半役
役銭の半額免除を受けること。

帯刀《たいとう》の士分格で、有力な商家・酒造家でもあった。天保四年（一八三三）、息子初太郎のために家訓「遺言」を記したが、その中で、新田開発は余力がある時だけ行うこと、常日頃から稗・粟・大麦を食べ、稗を大量に蓄えること、と説いている。天保飢饉の際、円右衛門は親類・縁者に稗を無利子で貸し付けている。

円右衛門が弘化四年（一八四七）から書き始めた『軽邑耕作鈔《けいゆうこうさくしょう》』は、十五年以上にわたる研究の成果を収めた技術書・経営書である。宮崎安貞『農業全書』を随所に引用しつつも、同書の内容が寒冷地である軽米村に合わない憾《うら》みを埋めようと、畑作物一四種、野菜など四〇種に水稲・水田稗を加えた計五五作物について、九三タイプの栽培法を述べている（ほかに栽培法に触れない六作物あり）。また、耕起・播種《はしゅ》・施肥《せひ》・作物保護などの時期や方法、肥料の必要量、労働力に到るまで、細かく記している。特に主食に稗を、救荒用に大根を栽培するよう勧めている。

冷涼な気候の八戸藩では、稲作よりも畑作が発達した。地続きの九戸地方では水田より畑の比率が高く、水田で稗を栽培する「稗田《ひえだ》」が多く営まれていた。稗は冷害や乾燥に強く、実は人間の食料に、藁《わら》は馬の飼料になる。馬は稲藁よりも稗藁を好むのである（舘花久二男『八戸地方、馬との暮らし』）。さらに、馬糞《ばふん》は畑の肥料になる。馬産地である当地では稗の有用性が理解されていた。円右衛門は気候・風土の劣悪さを嘆くだけでなく、積極的に凶作・飢饉を乗り越えようとする

畑稗の刈り取り（八戸市南郷地区）

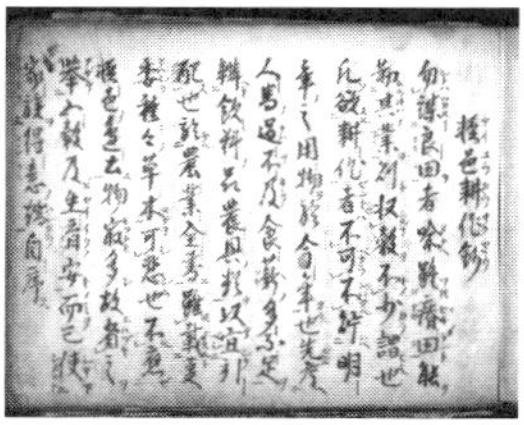

軽邑耕作鈔
（軽米町教育委員会蔵）

実践家でもあった。

八戸の生業・漁業

寒流の親潮（千島海流）と暖流の黒潮（日本海流）がぶつかる三陸沖は世界有数の漁場で、様々な種類の魚が集まる。享保年間（一七一六～三六）の「御領分物産取調書」は、八戸藩領に近い盛岡藩領野田《のだ》（九戸郡）の海産物として鰯〆粕《いわしめかす》、魚油、鮑切込《あわびきりこみ》、鮭《さけ》、鮪《まぐろ》、鮎《あゆ》、串貝《くしかい》、干小魚、〆貝《しめがい》、カゼ（＝海胆《うに》）、エラコ（＝ケヤリムシ科、釣りエサにする）、松藻、ヒジキ、海苔《のり》、布海苔《ふのり》、塩を挙げている。江戸時代中期には三陸沿岸で大謀網漁《だいぼうあみりょう》が発達し、鰹《かつお》・鮪《まぐろ》・鰤《ぶり》・鱈《たら》がたくさん獲れるようになった。「八戸浦之図」には、鮫《さめ》や白銀での地引網《じびきあみ》が描かれている。鰯が来ると船が出て群れをぐるりと網で囲み、浜に残しておいた引き網のところへ戻ってくる。八戸では二艘で囲む「両手廻し」より、一艘で囲む「片手廻し」の方が多かったようだ。沖合では風呂敷状の網を海中に入れ、それを二艘の船で引き揚げる「八手網《はちだあみ》」というやり方も採られていた。海際には船や漁具をしまっておく浜小屋《はまごや》があり、大久喜（八戸市鮫町大作平《だいさくたい》）のものは重要有形民俗文化財に指定されている。

鰯は天日干しした干鰯《ほしか》、砂の上で乾燥させた土干《どぼし》、簀《す》の子の上で乾燥させた簀《す》

大久喜の浜小屋

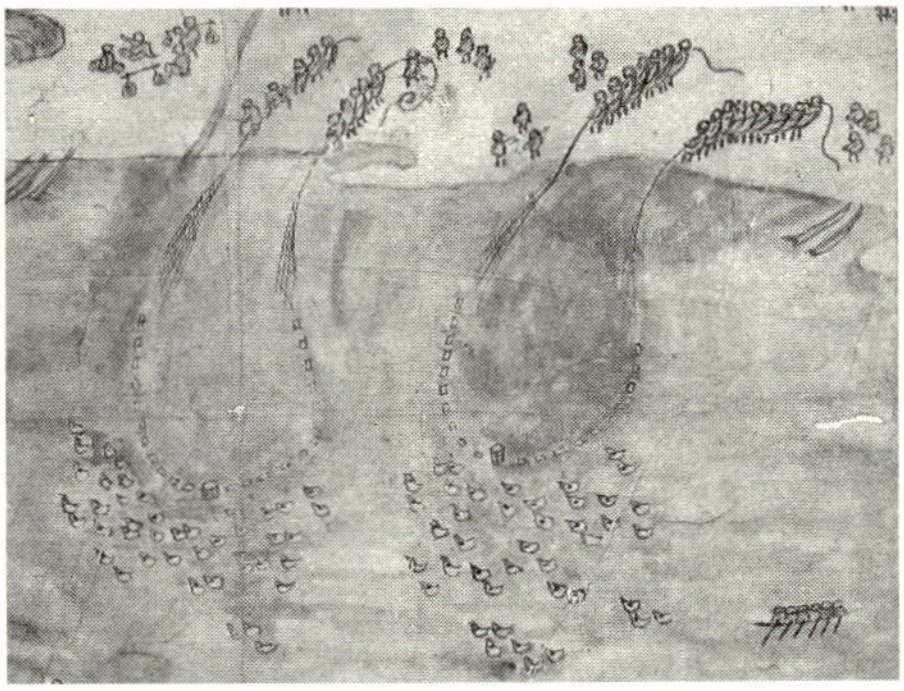
「八戸浦之図」白銀の地引網（八戸市立図書館蔵）

干《ぼし》、灯油用の魚油を搾ったあとの〆粕など、食用よりも肥料に加工されるものが多かった。干鰯や〆粕は関東・近畿に出荷され、木綿《もめん》栽培に使われた。藩の有力な専売品だったが、油を搾るためには一度煮る必要があり、そのために燃料を大量に消費した。イワシが獲れ過ぎると薪《たきぎ》の値段が上がって人々の生活に響く、というわけだ。水揚げには一〇パーセントの税が課された（十分一《じゅうぶいち》税）。宝暦十一年（一七六一）のイワシの税金は約四七〇両で、漁獲高は四七〇〇両に達していたと思われる。同十二年も同じくらいだったが、同十三年は大不漁で、税金は一六両まで落ち込んだ。

八戸では鯨《くじら》も獲れた。沖合漁ではなく、浜に打ち寄せられた「寄鯨《よりくじら》」を捕獲したのである。天和元年（一六八一）正月に鯨三六頭が獲れ、その骨で白銀に橋を造った。文政元年（一八一八）三月には種市《たねいち》（現岩手県洋野町《ひろのちょう》）付近に約一八〇頭の鯨が寄ったので、角浜《かどのはま》村を鯨州《くじらす》村と改名したり、鯨州神社を勧請したりした。鯨は大きな収入をもたらすが、解体で出る血で海が汚れると製塩や近海漁に影響が出る。明治期に設立された東洋捕鯨会社と地元住民とのトラブル（明治四十四年（一九一一））は、鯨の歴史と無関係ではない。

塩の生産と塩釜・近代製塩法の導入

鯨洲神社（八戸市立図書館蔵）

魚油搾り・〆粕製造機（復元）（八戸市博物館蔵）

三陸一帯では古くから、素焼の土器に海水を入れて火にかけ、塩をとっていた（直煮法《ちょくしゃほう》）。食味は良くないが、高度な技術が要らない伝統的なやり方で、青森県でも、製塩に使われた土器が各所で見つかっている。江戸時代の製塩といえば瀬《せ》戸内《とうち》の塩田のイメージが浮かぶが、青森県の沿岸に塩田はなく、平たい塩釜を用いた塩づくりが行われていた。十八世紀後半の津軽地方の生活をとらえた『奥民《おうみん》図彙《ずい》』には、撥《は》ね釣瓶《つるべ》で海水を汲み上げ、樋《とい》で釜に流し込み、大量の薪《たきぎ》（塩木《しおき》）を燃やして煮上げる場面が描かれている。そうした情景は、八戸や下北もさほど変わらなかっただろう。

塩の製造業者を釜主《かまぬし》という。八戸では土や貝粉《かいこ》（蛎殻《かきがら》など）で塩釜《しおがま》を作ったため、土主《つちぬし》とも呼んだ。のちに鉄釜が普及してもこの呼称は残った。藩は土主らに作業を始める際の届け出を義務づけ、塩釜を休む場合（休釜《やすみがま》）も同様に届を出させた。塩釜の数を把握し、役銭を課すための処置である。製塩の労働者は、煮子《にこ》とか釜手子《かまてこ》と呼ばれた。いったん釜に入れた火はそのまま落とさない方が効率的なので、塩釜一つ（一工《いっく》と数える）につき五人から一〇人の煮子が、昼夜交代で作業した。しかし、飢饉などで土主や煮子の死者が増えると休釜にせざるを得なかったようで、「鮫御役所日記」にそれをうかがわせる記事が多数出てくる。

八戸の沿岸部には、たくさんの塩釜があった。嘉永二年（一八四九）頃の「八戸御領内絵図」（七一頁参照）には、金浜《かねはま》から久慈まで、八〇工《く》ほど連なる塩釜が

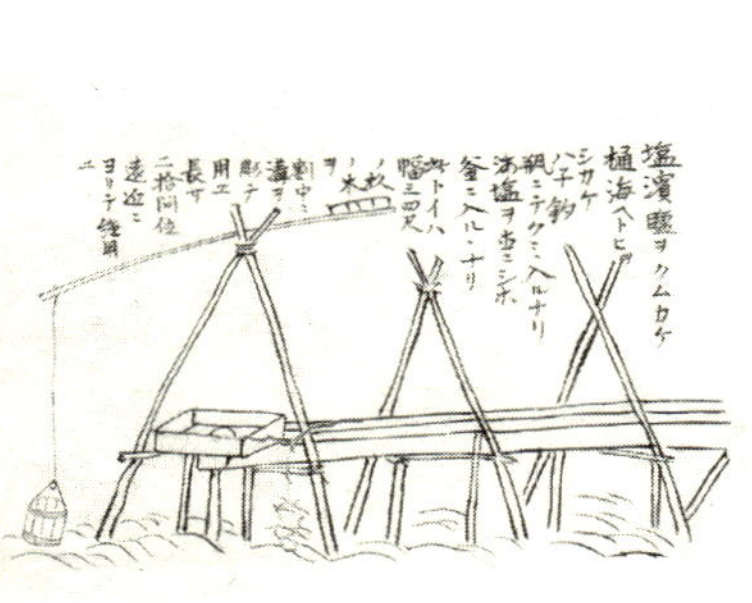

「奥民図彙」塩水汲み
（国立公文書館蔵）

「奥民図彙」塩釜
（国立公文書館蔵）

描かれている。一工あたり三百五十石と見積もった記録が西町屋《にしまちや》文書にあるので、全体で年間二万八千石ほどの塩を生産していたことになる。全国流通していた瀬《せ》戸内《とうち》産の「下《くだ》り塩」を買わなくても八戸藩は自給が可能で、さらに領外に販売することもできた。文政改革で専売制が始まると、塩は八戸藩の特産物の一つとなり、藩の管理下に置かれた。藩は領内の塩を買いたたき高値で販売したが、一方で、八戸城下で消費する塩の需要も増したため八戸産の塩が領外に出され、他領産の塩が八戸に運ばれるというおかしな現象も生じた。

塩商売に関わった西町屋は、文久三年（一八六三）、「西洋流塩竃《しおがま》」と呼ばれていた蒸散法《じょうさんほう》塩釜を小橋《こばし》村（現洋野町）に設けたいと願い出た。どういうものか正確には分からないが、西町屋文書に、小屋の中に設置した柴床《しばどこ》★に四、五日間かけて海水を通し、濾過《ろか》して得られた鹹水《かんすい》（濃い塩水）を煮つめて塩を採るという「ガラテーリング法」（英語のgraduator＝濃縮器に由来する名称か）が記録されている。流下式製塩法に近いものだろう。新技術を積極的に導入して生産効率を高めようとする西町屋の姿勢は、高く評価して良い。

八戸の生業・鉱業

八戸藩の主力移出品に、鉄製品がある。鉄山は九戸郡に多く、大谷《おおや》・水沢（いず

塩釜小屋模型（のだむら観光物産館ぱあぷる蔵）

▼柴床
流下式塩田で用いられる枝条架のこと。高さ五～六メートル、幅八～一〇メートル、長さ一〇〇メートルほどの架台に竹の枝を取り付けたもの。

れも現洋野町《ひろのちょう》）・玉川・葛柄《くずがら》（いずれも現軽米町《かるまいまち》）・金取《かなとり》・滝山（いずれも現久慈市）の六鉄山を管理する日払所《ひばらいしょ》が大野村（現洋野町）に置かれていた。藩は有力商人を支配人に任命し、礼金・運上金を上納させた。中でも大野村の又右衛門、同じく晴山《はれやま》文四郎・吉三郎、浜谷茂八郎、西町屋（石橋）徳右衛門、元屋（淵沢）円右衛門、金子丈右衛門らがよく知られている。

宝暦元年（一七五一）、大野村で鉄問屋を営んでいた文四郎は、安永五年（一七七六）に苗字帯刀を許され、晴山を名乗った。養子の吉三郎に分家を立てさせ、両名で大谷・高森鉄山を経営して成功した。その後、台頭してきた浜谷茂八郎の後塵を拝したが、明治に至るまで鉄山経営に関わり続けた。

浜谷茂八郎は鉄山だけでなく鍛冶・鋳造業や海運業も営むなど、手広く商売した。鉄山経営の利益を生かしたのである。文政改革を主導した野村武一がこれに目を付け、文政四年（一八二一）に期限切れとなる浜谷の鉄山証文の更新を認めず、鉄山を藩営に移した。野村は西町屋徳右衛門に支配人を命じた。西町屋は晴山文四郎に資金援助したことがあり、晴山吉三郎を下支配人とするなど晴山家の協力を得て、経営を拡大した。

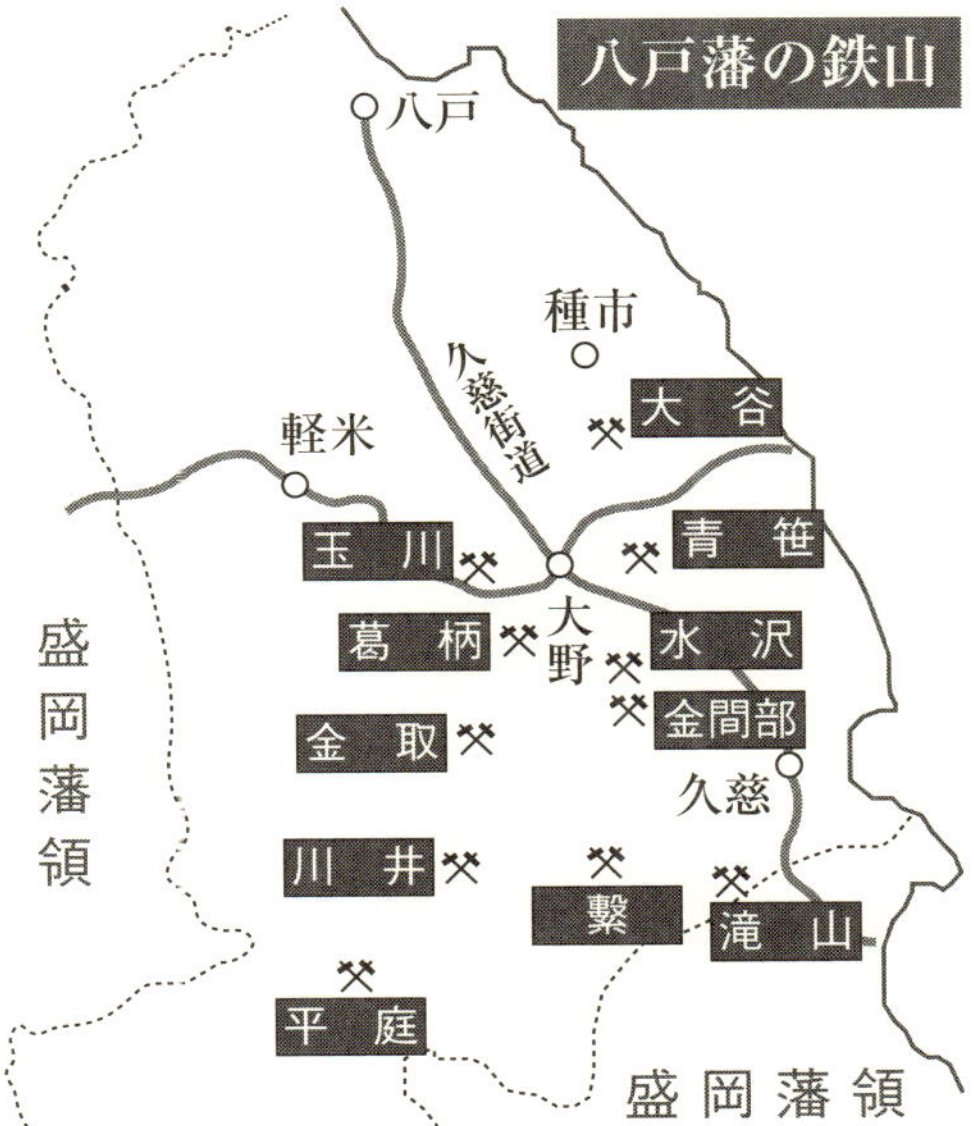

しかし、天保五年（一八三四）の稗三合《ひえさんごう》一揆★で野村が失脚すると西町屋も支配人を辞任し、代わって軽米《かるまい》の元屋が支配人となった。元屋は賃金体系を見直し、鉄山労働者の生活改善を図るなど、近代的な経営感覚を持っていた。藩から犯罪者の使用を命じられても拒否し、大野の日払所から遠い滝山を手放すなど、効率を重んじた鉄山整理も行った。

八戸藩の鉄生産は、天保年間には約二〇万貫（約七五〇トン）、金額にして約一万両に達していたと思われる。鉄生産は大きな利益をもたらしたが、反面、水質汚濁や森林荒廃などの問題を引き起こした。八戸藩は主として砂鉄を採取したが、そのためには砂鉄を含んだ土砂を流水に通す必要がある。このため、土砂で川水が濁り、飲料水や農業用水としては使えない、さらに海が濁って漁もできない、という状況になる。種市《たねいち》（現洋野町）に「濁川《にごりがわ》」という地名があるが、寛政九年（一七九七）には「潜り漁ができない」と住民が藩に訴えていて、すでに死活問題化していた。種市は「南部潜り」の発祥地である。また、鉄の精錬には燃料が不可欠だが、生産量が増えれば生活用の薪の不足を招くことになる。このような公害問題は全国各地で発生していた。

▼稗三合一揆
一四三〜一四五ページ参照。

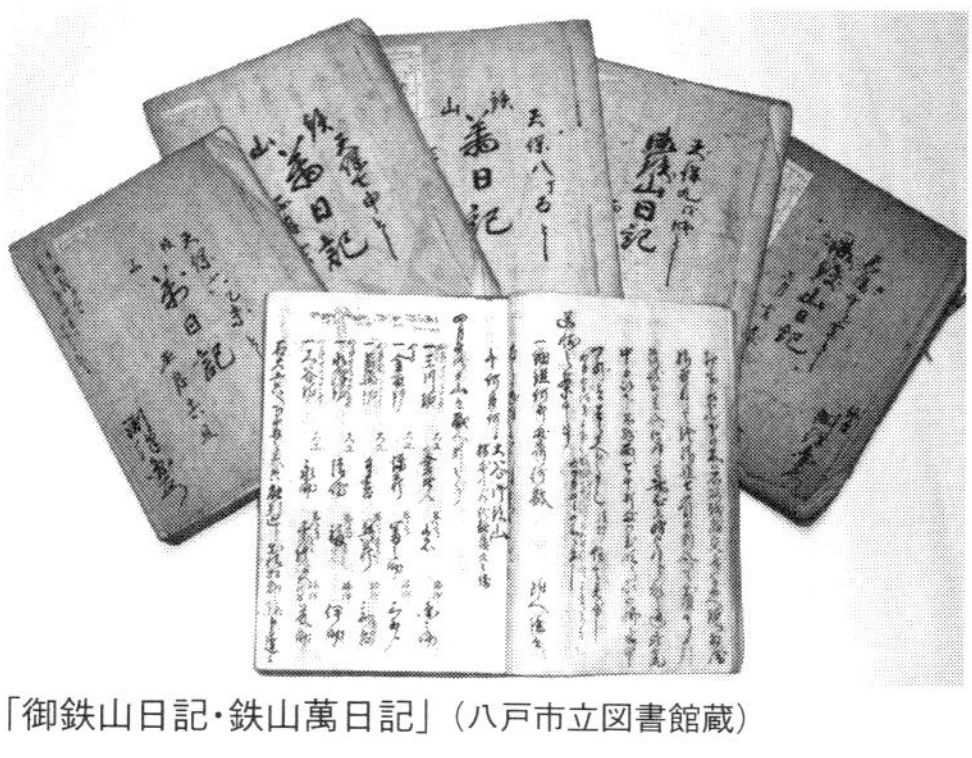
「御鉄山日記・鉄山萬日記」（八戸市立図書館蔵）

③ 民衆の移動と交流

江戸時代後半に起きた、空前の旅行ブーム。
人の往来が激しくなるにつれ、
他所から来た人たちは、八戸をどのように見たのだろう。

ある落語家の来訪―江戸と八戸の距離感

天保十二年（一八四一）十月、江戸の落語家滑稽舎《こっけいしゃ》（扇橋庵《せんきょうあん》）語仏《ごぶつ》は東北周遊の旅に出た。その記録「奥の枝折《しおり》」（『アチックミューゼアム彙報』二一に収録）の第一巻「仙台より南部秋田まて」に、八戸城下を訪れた際の様子が記されている。語仏は二代船遊亭扇橋《せんゆうていせんきょう》（三代とも）を名乗り、歌舞伎狂言作家の並木五瓶《なみきごへい》の名も継いだという。『落語家奇奴部類《きぬぶるい》』〔弘化五年（一八四八）〕という落語史研究上の重要著作もあり、ずいぶん筆が立つ人だったらしい。

十月二十八日に仙台へ入った語仏はここで越年し、翌十三年三月に仙台を出て、古川《ふるかわ》・一関《いちのせき》・水沢・岩谷堂《いわやどう》・黒沢尻《くろさわじり》・花巻をめぐった。先々で落語興行を催した折には、予定日数を超過して滞在したり、座敷に呼ばれたりしていて、なかな

「奥の枝折」川口湊

かの売れっ子ぶりである。

同年五月八日に盛岡を発した語仏は、一戸・福岡を経て、同十三日に八戸へ入った。馬喰町《ばくろうちょう》の曲師《まげし》屋（曲物師）林兵衛方に宿を取った後、荒町《あらまち》の締役《しまりやく》清兵衛方に移った。ここで江戸で知り合った松太夫と旧交を温めたり、世話好きの河内与兵衛が設けたお座敷に招かれたりして過ごした。また、市兵衛という人の紹介で富商西町屋のお座敷に出、番頭の惣助と昵懇《じっこん》になるなど、交友を広げた。語仏は江戸の八戸藩邸に出入りしたことがあり、顔見知りの人々がいたようだ。与兵衛・市兵衛・惣助と連れ立って湊町の遊女屋へ行った際、語仏は与兵衛の家で妻のお熊を紹介された。お熊は元は「あら熊」と渾名《あだな》された遊女で、「酒を呑み三味線を弾く面白い女」と語仏は感心している。この辺りには芸者がおらず、遊女が三味線を弾いていて、その際に「かまどかえし」という唄を唄っていたと、語仏は記す。「かまどかえし」は破産を意味する八戸地方の方言だが、江戸にはない語感が気に入ったのだろう。新井田川に面した石手洗《いしてあらい》村の川原で「かじかおし」★漁を楽しんだり、鮫村の遊女屋（一二軒あったという）に繰り出したりと、八戸での遊興を大いに楽しんだ語仏は「この辺からは東廻り船で江戸へ行ける」「煙草や茶は江戸から入る」「流行歌のとっちりとんなど都々逸《どどいつ》の本もある」などと、すっかりご満悦の態《てい》である。「盛岡よりもかえって江戸に近い」とも書いていて、船運に恵まれた八戸の長所をしっかりととらえている点が興味深い。

▼かじかおし
下流に網を置き、上流の石を棒でもんでカジカを脅かし、下流の網に追い込む漁法。

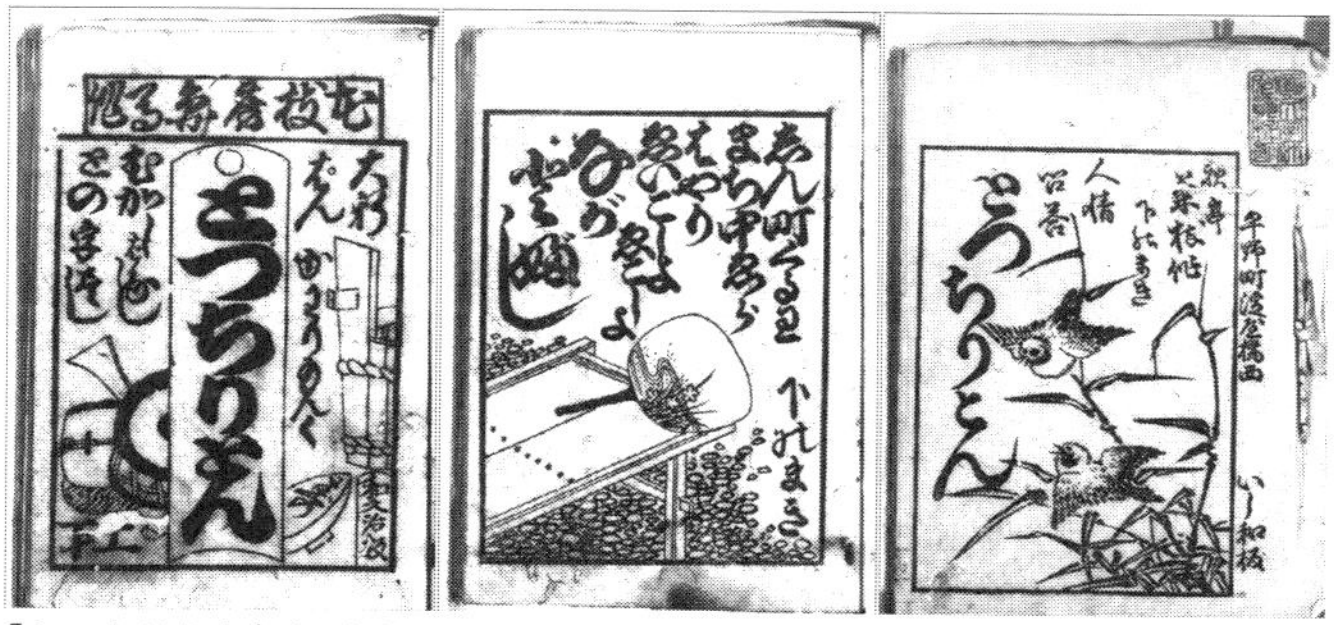
「とっちりとん」（国文学研究資料館蔵）

八戸湊のにぎわい――八戸湊の遊女たち

扇橋庵語仏は「奥の枝折」に「八戸は特に魚がたくさんある」「目の下一尺もある鯛が一五〇文目」「鯖《さば》や鰯は一文で一〇匹ばかり」と書いている。語仏が連れて行かれた湊町は地引き網で揚げた鰯の油を搾る場所で、魚油御役所を中心に役所や店舗が立ち並び、城下一のにぎわいを見せていた（「湊川口風景図」）。

嘉永七年（一八五四）三月に書かれた「三閉伊日記」には、「八戸藩の内陸部に位置する葛巻《くずまき》（現岩手県葛巻町）の若者たちが年に一、二度は八戸湊を訪れ散財している」とある。また、安政五年（一八五八）年九月の藩の布達からも、領内各地から八戸湊へ遊興や遊女を求めて人々が集まってくる実態が読み取れる（相馬英生『八戸湊の飯盛女《めしもりおんな》★』）。天保四年（一八三三）年九月、天保飢饉の影響で経営が苦しくなった湊村の船小宿から、年一〇〇両の「飯盛女御礼金★」を五〇両にしてくれないかとの願いが出た。主人が言うには、盛岡藩の中奥通や五戸・三戸、野辺地、田名部にまで飯盛女を派遣しているがそれでも苦しい、とのことである。八戸湊の遊女は三本木村《さんぼんぎ》（青森県十和田市）にも行っていたようで、安政二年の三本木原開拓で開かれた稲生町《いなおい》の吉野家・小桜屋に八戸訛《なまう》りの遊女が居て、博労《ばくろう》・駕籠《かご》かき・馬子《まご》を相手にしていたという（「三本木台新墾繁昌記」）。

湊川口風景図（八戸市立図書館蔵）

▼**飯盛女**
宿場や湊町の料理屋などに雇われた女中で、時に私娼として扱われた。飯売女とも。

▼**御礼金**
商人が商売するにあたり藩に納める営業税。

これとは逆に、他領から八戸にやってくる女もいたようだ。天保七年五月、飯盛女とわと馴染《なじ》み客郷助の心中事件があった。とわは二十二歳で、九年ほど前に盛岡藩領の田名部《たなぶ》（現むつ市）から湊新丁《みなとしんちょう》の船小宿茂吉の所へ奉公に来ていた。奉公といっても、実態は遊女働きである。茂吉が言うには、不景気のため盛岡藩の野田通や八戸藩の久慈通で出稼ぎをさせていたところ、久慈谷地《やち》村の竹松を介して、野田の侍から、とわを身請けして夫婦になりたいと言ってきたという。これを聞きつけた五戸《ごのへ》の郷助が「自分こそ身請けしたい」と言い出し、ついに心中に及んだ。ここで注目すべきは、八戸湊が三陸沿岸から内陸の三戸・五戸、さらには下北半島までカバーする広い地域から遊女や客を引き寄せる場になっていて、飯盛奉公をあっせんしたり、遊女の身請けを仲介する業者がいた点である。船小宿側は娘らを「養女にもらう」というかたちで藩に届け出ており、最後は良家に縁付けてやっていた例もあったようだ。なお、川に身を投げたとわの遺骸はすぐに見つかったが、郷助の方は煙草入れや草履《ぞうり》が残っていただけで、けっきょく行《ゆく》方《え》知れずとなった。

大岡長兵衛の幕末――『多志南美草』の世界

大岡長兵衛《おおおかちょうべえ》（家孝《いえたか》、一八〇三―八二）が綴った『多志南美草《たしなみぐさ》』五〇巻四二冊（八

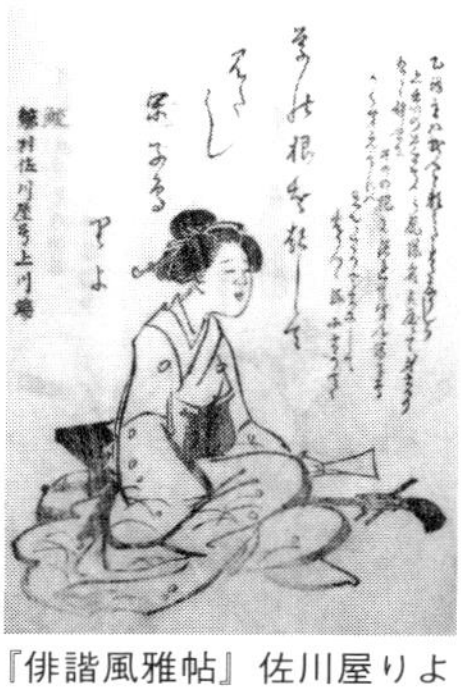

『俳諧風雅帖』佐川屋りよ図（岩手県立図書館蔵）

戸市立図書館蔵）は、幕末維新期の世相を綴った貴重な記録である。八戸で木綿《もめん》・薬屋・風呂屋・貸本屋など手広く商売をし、大店《おおだな》大塚屋の支配人も務め、御用《ごよう》達《たし》として藩政にも関わった経験から、様々な事件や人の動きを活写している。時に教訓的でもあり、「貧乏ほど辛いものはない」「稼ぎに追いつく貧乏なし」「朝起き一〇両、養生二〇両、始末二〇両、勘定一〇両、家業五〇両を家法とせよ」「夜歩行、朝寝、自堕落《じだらく》、遊芸、よそ長居、昼寝は禁物だ」と、家業に励む大切さを強く訴えている（奈良孝次郎『大岡長兵衛「多志南美草」考』）。

嘉永六年（一八五三）六月三日夕方、ペリー艦隊が浦賀《うらが》に現れ、フィルモア大統領の国書受け取りを要求した。この時は浦賀奉行所の与力《よりき》二名が応対したが、ペリーは「与力では階級が低すぎる」と国書の提出を拒否した。幕府の老中首座《しゅざ》阿部正弘《あべまさひろ》は「国書の受け取りぐらいは」としてペリーを久里浜《くりはま》へ上陸させることにし、同九日、浦賀奉行戸田氏栄《とだうじよし》と井戸弘道《いどひろみち》とが会見した。

異国船来航の情報はさっそく八戸にもたらされたが、驚くべきはそのスピードである。江戸藩邸からの飛脚が六月十一日に到着し「アメリカ船四艘が品川沖に入津した」「仙台藩や鹿児島藩が警備体制をとった」と知らせてきた、と『多志南美草』にある。飛脚は六日振り六日間を要したというから、六月六日には江戸を出たことになる。六月二十三日にも飛脚があり「アメリカ船は同十二日に退散したが、本気で帰ったのか、何か意図があって一時的に消えたのかは分かりかね

『太平新話』蒸気船図
（弘前市立弘前図書館蔵）

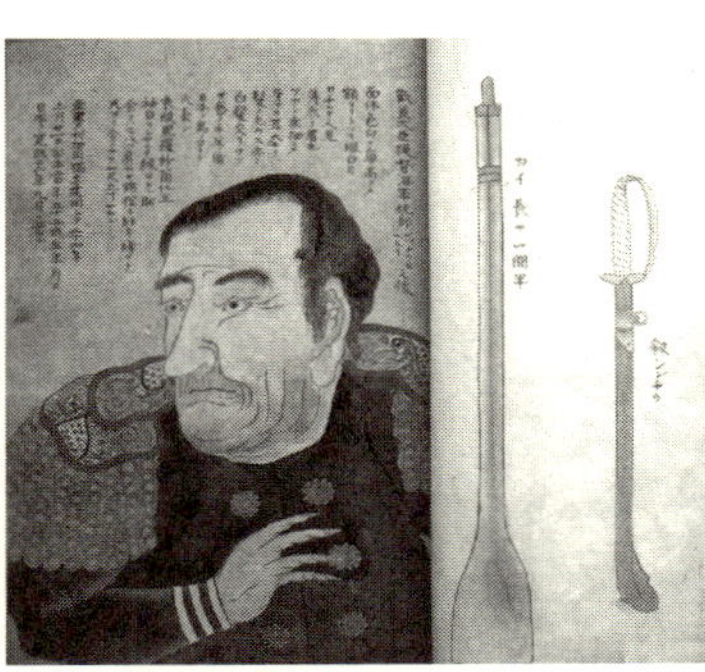

『太平新話』ペリー提督
（弘前市立弘前図書館蔵）

る」「八月までは警備体制は解かれない」と、緊迫する江戸の様子を伝えてきた。大岡は「合戦にならずに収まってくれれば幸いだ」と述べたが、翌年二月五日の飛脚でペリー再来（正月七日）の報を受け取ると、「松平（徳川）の天下もこれまでか、と人々が騒いでいる」と記している。

安政五年（一八五八）八月六日、八戸藩は西洋式の軍事訓練を行った。城から三日町・惣門丁《そうもんちょう》を通って白山平《はくさんたい》まで、歩兵・騎兵・砲兵約四〇〇人の行列を町人らが見物した。大岡は「異国船警戒のための訓練は当然だが、諸大名家の流儀でないのはなぜか」「どの大名家もアメリカ流の鉄砲術、アメリカ流の陣立てを訓練しているが、指導する者の力量は不足していないか」と疑問を呈している。時代の変わり目に生きる人々の、まさに実感だろう。この年、江戸ではコレラが流行し、多くの人が死んだ。弘前城下の国学者鶴舎有節《つるやありよ》は平田家の国学塾気吹舎《いぶきのや》からの書簡でその情報を得ているが、大岡も江戸から「暴瀉病でころ〱と格別の死人あり、それで狐狼狸《ころり》と名づけられた」「昨年の死者は二十三万人ほどとか」「ほかにも死人幾万、確かな数は分からない」と知らされている。

大岡長兵衛『多志南美草』
（「多志南美草述懐伝」八戸市立図書館蔵）

第五章 文政改革と後期藩政

慢性的な財政赤字解消のため、八戸藩は商業資本の活用に活路を見いだした。

常夜灯（神明宮）

① 文政改革

八戸藩の文政改革で、商人の力関係は大きく変わった。潰された七崎屋と、登用された西町屋の明暗を分けたのは、藩との距離感を見定める確かな目の有る無しだった。

財政難と商業資本――藩札の乱発と和泉屋

八戸藩の年貢の率は他藩と比較して低かったが、それは農民の経営規模があまりに零細で、増税の余地がなかったからである。さらに、飢饉が続いた領内は疲弊し、御用金・役銭の賦課や大豆の強制買い上げに応えられる状態ではなかった。しかし、藩側に有効な財政再建策はなく、領民に負担を求めざるを得なかった。寛政七年（一七九五）の久慈での強訴《ごうそ》は、藩側の無理押しに対する不満が噴出したもので、これまでと同様のやり方では立ち行かないことが明らかになりつつあった。文化三年（一八〇六）以降は、商人に御用金《ごようきん》を割り当てたり、臨時に藩札《はんさつ》（八戸藩では通用切手・預切手《あずかりきって》と呼ばれた）を発行したりして当座を凌いだが、藩札の発行はしだいに常態化していった。皮肉にもこれが商業資本を積極的に活用す

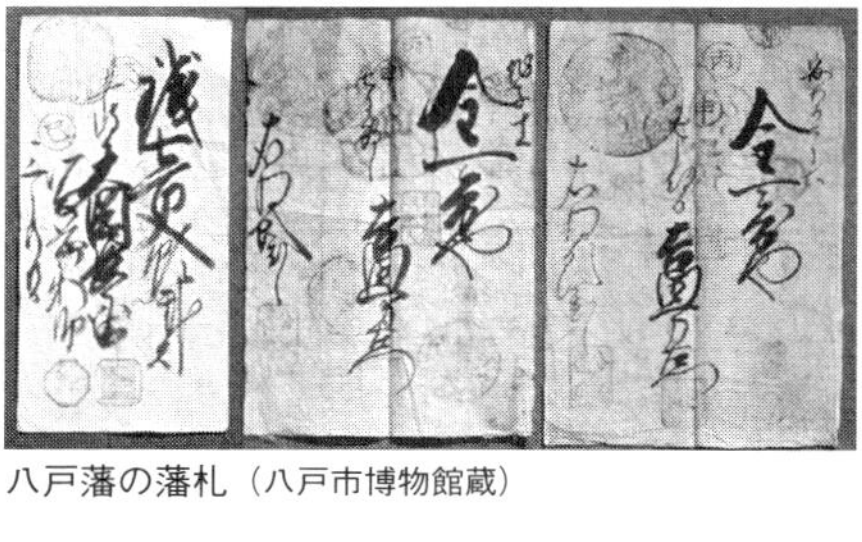

八戸藩の藩札（八戸市博物館蔵）

ることになり、藩政改革へとつながっていった。

通用切手は、御用聞《ごようきき》（＝御用達《ごようたし》、御用商人）などの有力商人に委託して発行させるものだが、その裏付けとして、引き替え用の正金銭が必要である。しかし、八戸領内ではこれが慢性的に不足していた。文化年間（一八〇四―一八一八）、藩は七崎屋《ならさき》（松橋）半兵衛、河内屋（橋本）八右衛門、大塚屋（村井）市兵衛、美濃屋（金子）三右衛門、近江屋（村井）市太郎、近江屋孫兵衛、磯屋（高橋）甚兵衛、大和屋（河野）茂兵衛、淡路屋（吉田）源之助、吉田屋惣八、和泉屋《いずみ》（鈴木）喜兵衛、加賀屋（大久保）利助の一二名を選び、通用切手の発行人としたが、正金銭との引き替え希望者が年を追って増加したため、引き替え業務は手詰まりに陥った。これにニセ切手の出現が追い打ちをかけ、藩札の信用を維持するのは難しくなっていた。文化十一年八月、藩は藩札の引き替えを極力控えるよう触れを出し、新たに五貫文から一〇〇文までの小切手を発行したが、効果は薄かった。

藩札の発行額は各店の裁量に任せられていたが、店の体力以上に発行し過ぎると即座に信用を失う危険をはらんでいた。文化十三年正月、和泉屋喜兵衛は、引き替えを渋って私利を貪った、との理由で藩札不通用の処置を受けた。和泉屋が発行した藩札は三万六〇〇〇貫から三万七〇〇〇貫というから、引き替え相場を金一両＝銭九貫五〇〇文（文化十年六月時点）と見て、およそ四〇〇〇両である。財産を差し押さえられ入牢させられた和泉屋は、荒町《あらまち》の住宅・土蔵・所有地を

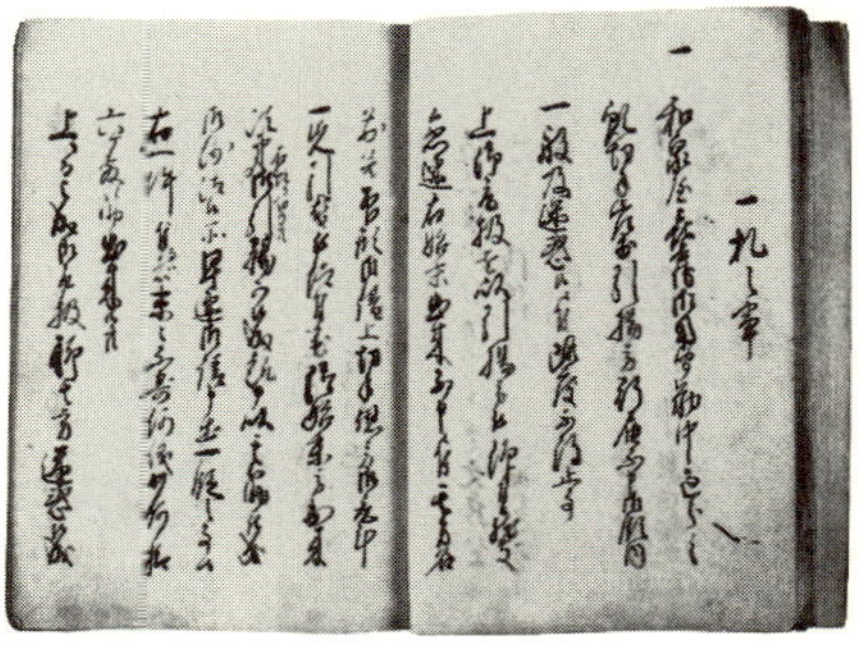

「永歳覚ヨ記」和泉屋への処分
（八戸市博物館蔵）

競売に懸け、その代金を藩札の引き替えに振り向けたいと申し出たが（「奥南温古集」）、それでは足りず、不足分は親類が引き受けることとなった。これに関連して、松橋・村井・橋本・大塚屋・美濃屋・近江屋・大和屋・吉田屋・加賀屋・磯屋の一〇名がみずから謹慎を申し出、「御用向無調法」を理由に戸締めの処分を受けた。藩札の発行は連帯責任だったのである。

和泉屋藩札の引き揚げによって領内の藩札相場が下がったため、藩財政にも負担となった。そこで中里清右衛門らは相談書を提出し、引き替え差額の縮小、〆《しめ》粕《かす》・魚油の移出時に課す十分一《じゅうぶいち》税の借り上げ、新たな御用金の手配などを行うよう献策したが、これも一時凌ぎに過ぎなかった。そのため、和泉屋に代わって藩札の発行を引き受ける商人の選出を急がねばならず、藩が白羽の矢を立てたのは、中堅の西町屋だった。

文政二年（一八一九）閏四月、西町屋に藩札発行が命じられたが、それは藩の割印を廃し、西町屋の割印だけを押させるというものだった。何かあった場合、その責任はすべて西町屋が被《かぶ》ることになる。西町屋は断ろうとしたが認められなかったため、「以前、和泉屋喜兵衛の藩札を引き揚げた際は藩役人の連印で処理したのに、今回はそれもない。このままでは引き受けられない」と再考を求め、ようやく藩役人の連印と藩の割印を押させるよう了解を取りつけた。

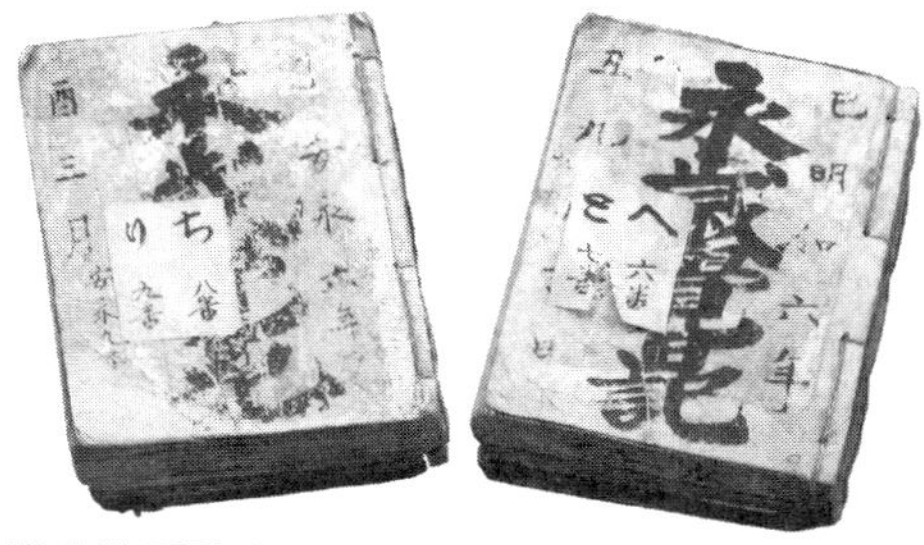

「永歳覚日記」（八戸市博物館蔵）

野村武一の登場―商業資本の活用と専売制の導入

文政二年（一八一九）五月、江戸から戻った八代藩主信真は、野村武一（のち軍記）を登用した。野村は八戸藩の御家流馬術である徒鞍流の道統伝授者であり、武芸好きな信真の信用を得ていた。また、文化九年（一八一二）に志和《しわ》郡（現岩手県志波町）の飛び地領で境争論が起きた際、盛岡藩に対して種々の申し入れを行い、八戸藩の主張を通した点も買われていた。藩政改革は宝暦期（一七五一～六四）や寛政期（一七八九～一八〇一）にも行われたがいずれも小規模なもので、効果の大きさという点で、この文政改革は特筆される。

この改革は当時「主法替《しゅほうがえ》」と呼ばれ、期間五年と定められた。信真は野村を改革の責任者である「御主法掛御勝手役人惣座上」に据え、その下に吟味《ぎんみ》役（長沢忠兵衛・立花文助）・目付役（遠山荘右衛門）・勘定頭（正部家《しょうぶけ》長太夫《ちょうだゆう》・嶋守金之丞）ら「御主法掛」（御勝手三役）を置いた。野村は国産物の買い上げと江戸での販売を指示し、大豆・蕎麦《そば》などの畑作物、〆粕・魚油・干鰯《ほしか》・するめ・鮪・海藻類などの海産物、木材、水火土《みずほど》（延鉄）・鉏《そ》（荒鉄）などを買い上げ対象とした。藩専売制のスタートである。ほかに藩外の大豆や上方の木綿などが買い集められ、専売に回された。その買い上げのためにに設置されたのが「御調役所《おんととのえやくしょ》」と呼ばれる

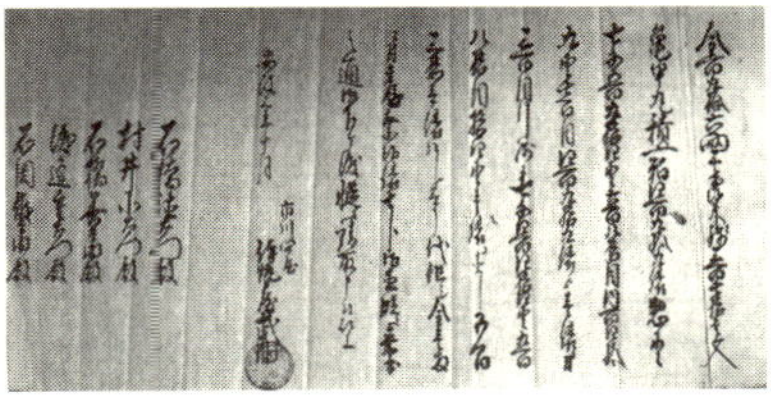

西町屋らへ〆粕の下渡
（八戸市立図書館蔵）

現代の干鰯製造（八戸市博物館蔵）

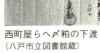

産物会所で、西町屋が支配役に任命された。以後、国産物の買い上げには、西町屋発行の藩札が使用された。なお、御勝手三役の面々は同年閏四月に全員解任され、改革は野村の主導で進められた。

七崎屋の取りつぶし——特権商人の排除

八戸藩では従来、「八戸三店《さんたな》」と称された美濃屋・大塚屋・近江屋の三家が、多額の上納金の見返りに藩内産物の集荷請け負いを認められ、特権商人として力を振るってきた。天明飢饉以後はこれに、佐藤伝三郎・石橋徳右衛門（西町屋）・松橋半兵衛（七崎《ならさき》屋）らが加わったが、中でも七崎屋の躍進には目を見張るものがあった。松橋家からは半兵衛の子宇助《うすけ》・半十郎・甚太郎が士分に取り立てられたが、彼らはいずれも、献金による買禄《ばいろく》を実現した「金上《かねあげ》武士」だった。宇助には二百石、半十郎と甚太郎には百五十石が与えられた。百石につき一千両を上納したというから、三人分で五千両もの大金を納めたことになる。なお、松橋宇助は雅号を三峰館寛兆《さんぽうかんかんちょう》といい、誹諧や書画、絵図の作成などでも活躍した。

七崎屋は「七半」と呼ばれ強盛を誇ったが、その増長ぶりをあげつらう世評もまた、厳しいものがあった。それだけの財力を誇りながら和泉屋の藩札処理に関係させられなかったのは、七崎屋の追い落としを狙う空気が藩側に高まっていた

大坂向けの棹鉄（延鉄）
（テクノス提供）

ためであろう。加えて、和泉屋の「切手引揚方始末掛」の一人であった野村の意向が強く働いていたからであろう。野村は、文政改革の責任者として藩専売制を導入し、藩札によって買い上げた領内物産を他領に移出して正金銭を得るというシステムを作り上げようとした。この場合、藩札は藩の意にしたがって円滑に発行されなければならず、そのためには、藩札発行人らの既得権益を制限する必要があった。

改革以前から、七崎屋半兵衛には上納金の依頼がたびたび舞い込んだ。和泉屋の処分が進行中の文化十三年（一八一六）二月には信真の長男英之助《えいのすけ》（のち信経《のぶみち》）の婚儀や屋敷改築が、同年三月には信真の次男羊二郎《ようじろう》（のち信一《のぶかず》）・三男徹三郎《てつさぶろう》の縁組があり、七崎屋は出費を強いられた。領内一の大店とはいえ資金は無尽蔵ではなく、子の松橋宇助や半十郎にも融通を頼むなどして急場を凌いだが、折から手船が難破して入金が滞り、予定の半金しか上納できないというきわどい場面もあった。

文政二年（一八一九）八月、七崎屋半兵衛に対し、

①藩主の恩を忘れ、不心得の点が多々見受けられる。

②主法替の書付の封印を破った。

③両替の仕方に異義を唱え周囲に迷惑をかけた。

④主法替の書付を他藩の者に見せた。

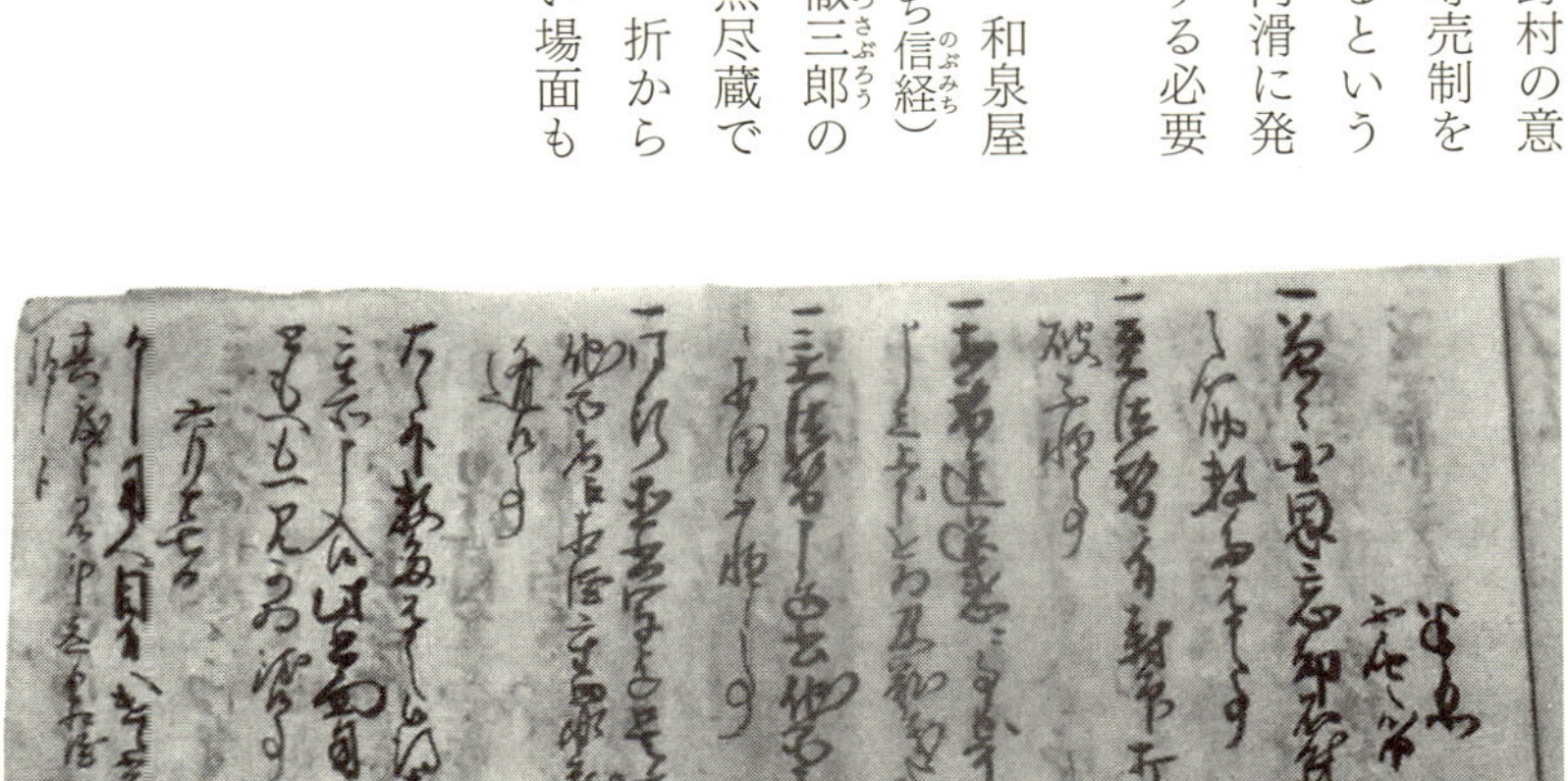

「御役限御用向」より七崎屋の罪状書（八戸市立図書館蔵）

⑤主法替の書付の写しを他人に渡した。

などの不届きがあったとして一万両の上納が命じられた。主法替の書付とは藩主信真が六月に示した改革の方針に関わるものだが、みずから改革の指揮を執ること、従来のやり方を五年間だけ変えること、担当者の指示をよく聞くよう努めることなどとあるだけで、具体的な内容は何も盛り込まれていない。信真はこの中で「長年の困窮を無理に繰り合せるよう申し付けてきたため、従来のやり方が通用しなくなったのだ」と心情を吐露しているが、これが他人に見せてはいけない内容とも思われず、この書付の件が処分の口実として持ち出されたのは、明らかである。

半兵衛は金策に走ったものの、あまりの大金ゆえに手配がつかず、六〇〇〇両を工面するのがやっとだった。子の宇助・半十郎にも二〇〇〇両ずつ上納金が課されたが、納められず、最終的に七崎屋父子の家財はすべて没収された。さらに、処分は七崎屋の親戚筋に当たる中野門十郎（宇助の実父）や山崎半之丞（半十郎の娘婿）、立花平之助・立花茂助・森平八郎・菅常太郎・小山田嘉平衛などの役人筋、また名門の家老中里弥祖右衛門や元家老中里郷右衛門（弥祖右衛門の父）にもおよび、野村の独裁体制が一気に確立した。

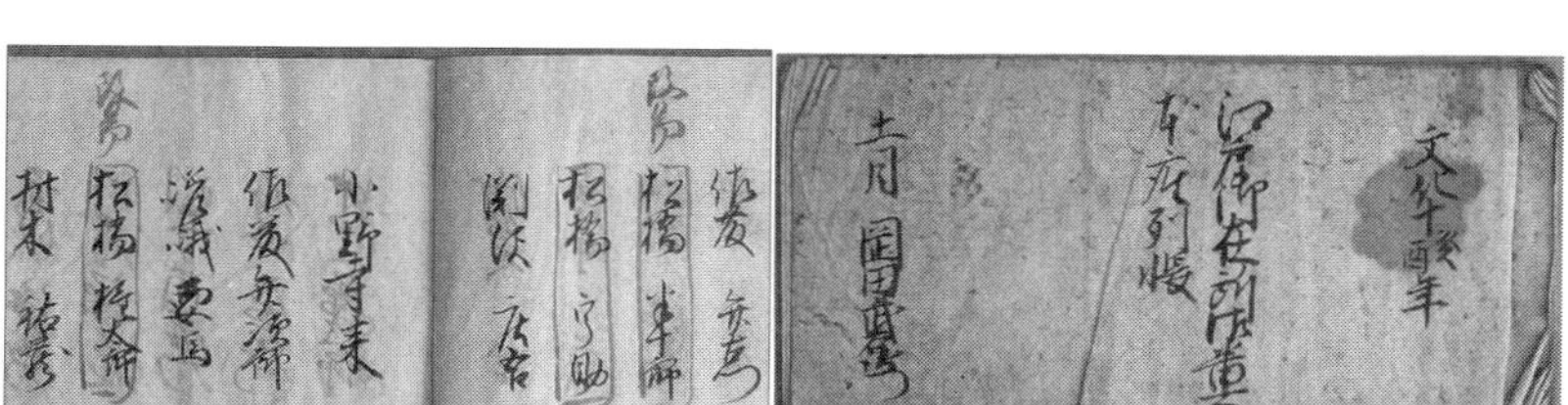

「江戸御在所御番士本座列帳」より七崎屋関係者の処分
（八戸市立図書蔵）

御調役所の設置—西町屋の躍進

一方、西町屋には、大野鉄山の経営権をはじめ、様々な権利が与えられた。文政四年（一八二一）四月、新鉄山の見立てを命じられた西町屋は「鉄の小売の経験はあるが、鉄山のことは不案内なので勘弁してほしい」と願い出たが、許されなかった。そこで、下支配人の晴山吉三郎と相談し、玉川山に鉄山を取り立てることとした。この時、西町屋に支給された鉄山支配人としての合力金はわずか五両である。文政二年に船手《ふなて》支配を命じられた際の合力金《ごうりききん》も金五両で、それが商人の役付《やくづき》に対する相場だった。文政五年九月、晴山文四郎が酒屋の営業許可を願い出た際も、鉄山関係のことなので西町屋に話を通すよう、達しがあった。鉄山労働者への酒の支給はどうしても必要で、それも鉄山支配の一環だった。差配役の西町屋は立場上、起業資金の調達などの相談にも乗ってやらねばならなかった。しかし、そうした課題をこなしていくことで、信用を得たのである。

同年八月、御調役所から、西町屋が発行した藩札を残らず引き揚げるよう達しがあった。美濃屋三右衛門・近江屋市太郎・村井孫兵衛らの藩札は引き揚げられていないので、西町屋の負担だけが減ることになる。引き替えに一三〇〇両ほどかかったが、明らかに特別扱いである。西町屋は、幕府が文政七年に発行した南《なん》

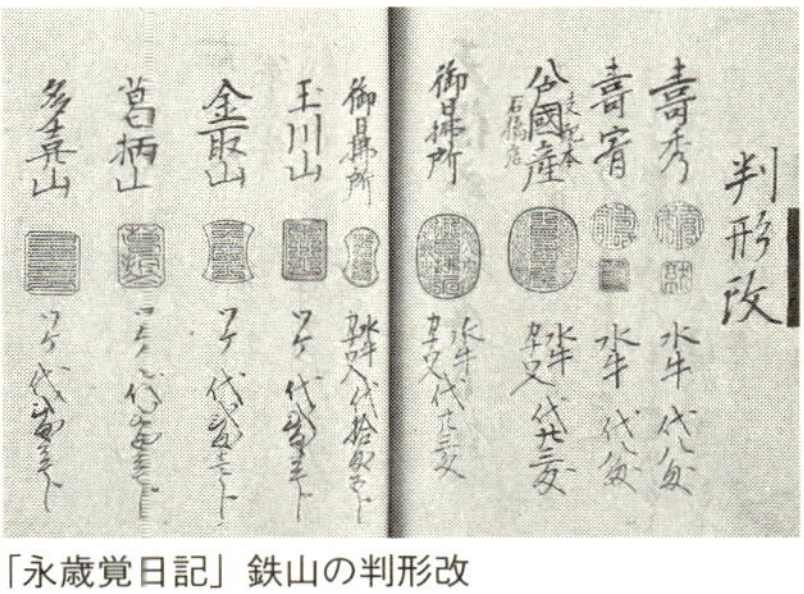

「永歳覚日記」鉄山の判形改
（八戸市博物館蔵）

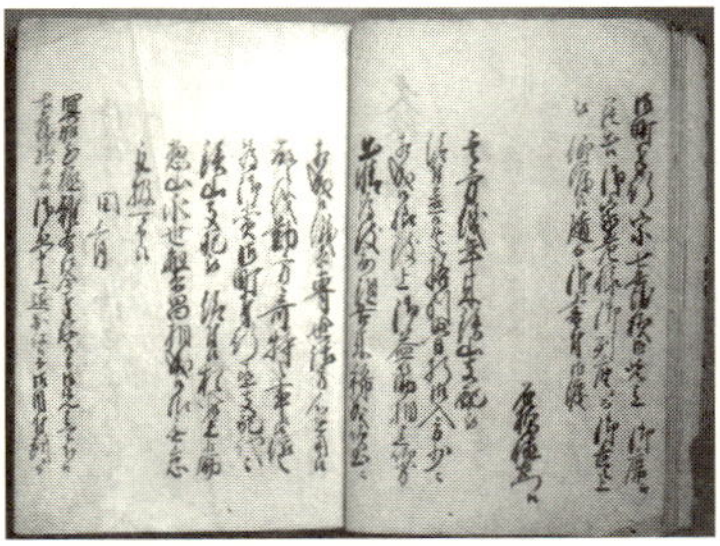

「永歳覚日記」西町屋へ鉄山支配下命
（八戸市博物館蔵）

鐐《りょう》二朱銀《にしゅぎん》に合わせ、額面を「南鐐壱片」と記したものも発行している（南鐐二朱銀は八片で金一両に通用）。文政十一年二月の年貢金預切手の発行も西町屋に任され、さらに、藩の借財整理の相談も持ちかけられている。天保三年（一八三二）七月、他領の金銀が流入して藩内の取引に混乱が生じた時も、石橋文蔵（西町屋）と渡辺安兵衛に藩札の引き替えが命じられている。

文政十三年閏三月、八戸藩の商業を支える存在に成長した西町屋は、藩から褒賞を受けた。西町屋の経営記録である「永歳覚日記」に見るように、西町屋の成功は、藩による不時の規制や上納金の賦課に備え、日常的な危機管理のあり方を考え抜くという見通しの良さに支えられていた。六代西町屋徳右衛門の石橋寿秀《ながひで》は、藩からの借財を残したまま死亡した親戚筋の借財を肩代わりした上、その子どもを育て上げて別家させるなど、面倒見の良さを発揮した。しかし一方では、別家に渡す財産をわざと不足させ、土地も意図的に狭い所を与えるなど、自活への努力を喚起するよう努めている。また、折に触れ教訓・家訓を与え、親類中の結束と協力の重要性を訴えている。

八戸湊の整備──北奥の物流拠点

城下北東部の太平洋岸地帯は、八戸浦《はちのへうら》と呼ばれる。その範囲は、東は鮫村の

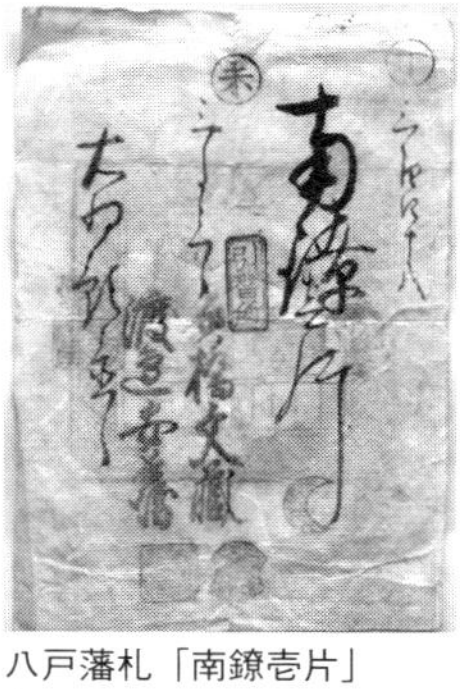

八戸藩札「南鐐壱片」
（八戸市立図書館蔵「御祝儀」）

海上にある蕪島《かぶしま》から、西は馬淵川《まべちがわ》と新井田川《にいだがわ》が合流する河口部までを指し、八《はちの》戸湊《へみなと》が置かれた。

当初、八戸湊の中心は鮫湊だった。正保四年（一六四七）「南部領内総絵図」の八戸浦付近には「鮫湊」の名が記されている。元禄六年（一六九三）、鮫村に屋敷割がなされ、宝永元年（一七〇四）からは幕府城米船《じょうまいせん》が入津するようになった。村の北部の高台（現在の鮫町生活館辺り）に浦役所が置かれ、沖口銭（津出税）の徴収や廻船・漁船の管理、漁業免許の処理に当たった。筋向かいには浮木寺《ふぼくじ》があり、境内には乙因《おついん》★句碑や郡司《ぐんじ》大尉短艇《たんてい》遭難事件★の救助碑が立っている。文化四年（一八〇七）「八戸藩篝場《かがりば》狼煙場《のろしば》絵図」には、蕪島の陰に停泊する大型船が描かれている。

現在は陸続きの蕪島だが、当時は離島だった。この近辺は水深が浅く、大型の廻船は川口湊から来る艀船《はしけ》に積荷を受け渡した。しかし、浦役所まで来ない艀船も多く、沖口銭を納めない抜け荷が横行していた。「主法替」で好転した藩財政を背景に、文政八年（一八二五）、野村は鮫浦の蕪島付近に築出《つきだし》（防波堤）を造らせた。海岸の火灯場

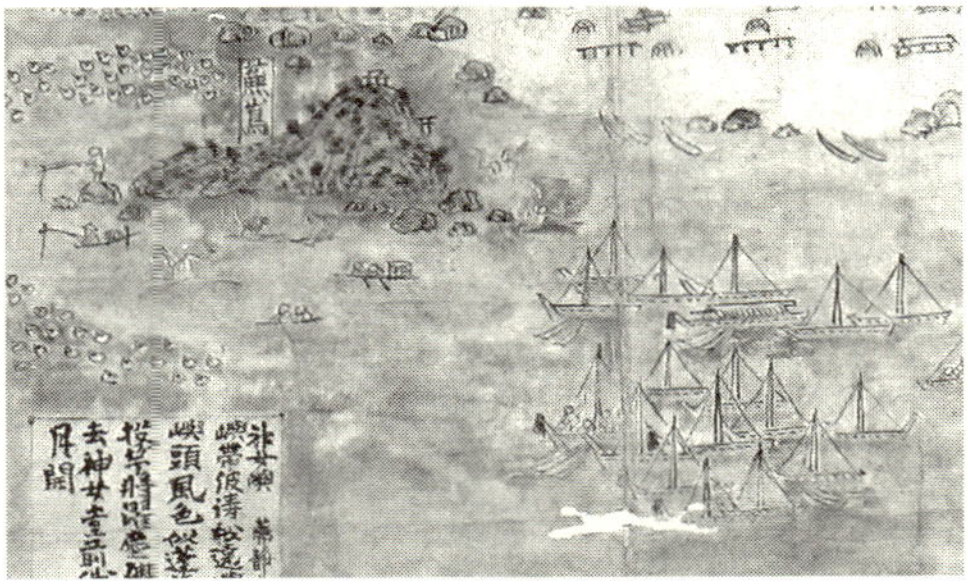

「八戸浦之図」蕪島（八戸市立図書館蔵）

鮫浦役所跡（テクノス提供）

▼乙因
乙因こと金子半蔵は、八戸廿三日町の商家美濃屋の出。俳諧師として江戸に行き、小林一茶らと交流した。句碑は文化六年（一八〇九）年四月二五日付で「草の根に隠れて聞かん閑古鳥」とある。

▼郡司大尉短艇遭難事件
明治二十六年（一八九三）五月、千島開拓に向かった郡司成忠らのボート船団が下北半島や八戸の沖合で遭難し、死者を出した事件。

から海中の綱掛石《つなかけいし》までの約一四〇メートル、「たいとうはな」から約二〇〇メートルに築かれた堤防は、あくまでも、小型の艀船が通過できないようにするためのものである。

その点、翌文政九年四月から行われた白銀湊での防波堤工事は、主要港である鮫湊から川口湊までをつなぐという意味で、築港工事に近いものがある。明和七年（一七七〇）の『日本汐路之記』には、川口湊に入れない時は白銀浜で荷を積み下ろす、とある。漁業神を祀る三島《みしま》神社ではしばしば豊漁祈願が行われ、浜遊びに来た藩主が地引網《じびきあみ》漁を観賞するということもあった。嘉永年間（一八四八～五四）の三峰館寛兆筆「八戸浦之図」にも、そのような様が描かれている。この防波堤工事を機に湊としての整備が進み、天保四年（一八三三）には東西二つの浜蔵が置かれた。

新井田川の河口部に位置する川口湊は、初めわずかな漁船が利用する小規模なものだったが、鮫湊向けの艀船の発着場として河岸が整備されると、しだいに繁栄した。特に文政改革によって国産物専売制が強化されると、川口湊の地位はさらに向上した。天保十三年『改正日本船路細見記』には「蕪島から奥へ入ると八戸湊」という表現があり、この時期には鮫湊に代わって川口湊が八戸湊を代表していた。江戸への上り荷は大豆・鉄・干鰯《ほしか》・魚油・〆粕で、米の移出がないのが八戸海運の特質である（米は志和郡の飛び地領から出された）。下り荷としては木綿

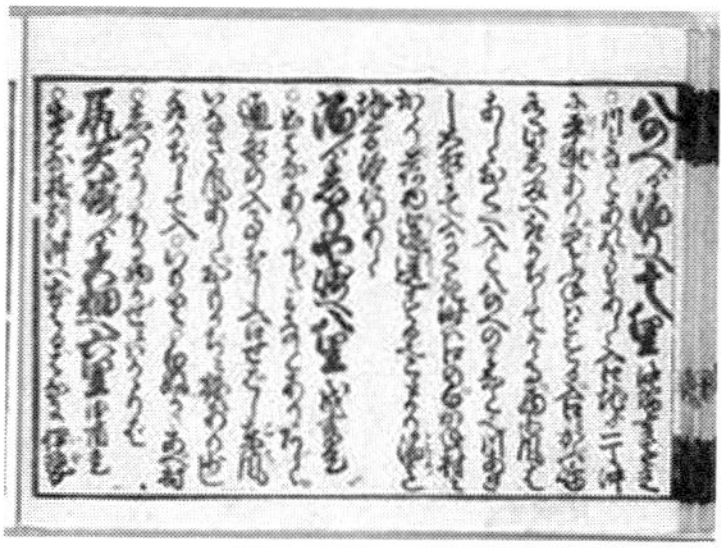

『改正日本船路細見記』に記された八戸
（東京海洋大学附属図書館蔵）

「八戸浦之図」川口湊の地引網
（八戸市立図書館蔵）

・古着・小間物・薬種・瀬戸物・紙・砂糖・茶など、日用品が多かった。

新井田川を挟んで右岸が湊村の本町、左岸が新丁《しんちょう》（現八戸市小中野）で、湊橋によって結ばれていた。本町東の高台には旧村落の上ノ山があり、十王院《じゅうおういん》・大《だい》祐《すけ》神社・八坂《やさか》神社が立つ。本町北西の下条には十分一役所（川口役所）が置かれていた。新井田川と馬淵川は新丁北側の場尻で合流して川口湊の中枢を成し、文政九年には浜蔵も建造された。江戸後期の様子を描いた「湊川口風景図」には、魚油搾りや〆粕《しめかす》製造など労働の場面や、往来を行き交う人々のにぎわいが描かれている。新丁には妓楼も設けられていた。明治二十七年（一八九四）「八戸実地明細絵図」を見ると、万葉楼《まんようろう》・錦風楼《きんぷうろう》・階上楼《はしかみろう》などが絵入りで広告されている。河口部に突き出た館鼻《たてはな》台地は日和山《ひよりやま》（出航する際に日和見をする場所）と呼ばれ、安政元年（一八五四）にはここに台場が築かれた。現在は公園となっており、江戸期の方角石が復元されている。付近には御前《みさき》神社・川口神社・恵比須《えびす》神社がある。

改革成功と財政の充実―有数の和本コレクション

五年間の期限付きで始まった「主法替《しゅほうがえ》」はさらに五年間延長され、文政十一年（一八二八）で十年の節目を迎えた。文政改革の成功により、文政十三年には一万五〇〇〇両の囲い金ができ（「御囲金御金箱留帳」）、弘化四年（一八四七）には五万

館鼻公園の方角石（復元）

川口神社
（左右とも、テクノス提供）

両に達したという（「勘定所日記」同年十月七日条）。藩はこれを元手に、藩札の振り替え（新藩札と旧藩札の交換）や正金銭引き替えを行うなど、順次、藩札の整理を進めることができた。

八戸市立図書館所蔵の八戸南部家文書には、江戸後期の読本《よみほん》六五点二〇八冊が含まれており、「八戸本」と通称されている。国文学研究資料館の調査によれば「八戸本」には美品が多く、発行業者が造本に念を入れ費用を掛ける初印本《しょいんぼん》（最初の刷り）の形態をよく留めているという。読本は商業出版物で、貸本業者を通じて市中の読者に提供されるから、消耗・劣化が激しい。増刷されることもあるが、それらは、儲けのために造本の手間を省いてコストを下げた後印本《こういんぼん》（後の刷り）なので、初印本と同じ版木を用いたとしても、やはり粗雑の観を免れない。それゆえ、美本を入手するには並々ならぬ努力が必要なのである。

「八戸本」が刊行された年代を分析すると、早い時期（文化年間〈一八〇四～一八〉）の収集時には、貸本屋の蔵書の中からできるだけ人が手を触れていない綺麗な本を買い上げていること、遅い時期（文政後半～天保）には、刊行してすぐに買い上げていること（本をくるむ熨斗紙《のしがみ》状の帯「書袋《ふみぶくろ》」が挟み込まれている）、などの点が浮かび上がってくる。初印本は発行コストが掛かるので個人で購入するには高価過ぎるといわれるが、「八戸本」を選んで収集させたであろう八代藩主信真の時代は、文政改革が成功して潤沢な手許金《てもときん》ができていた。おそらくは、その資

「近世説　美少年録」
（八戸市立図書館蔵）

八戸南部家旧蔵の読本類
（八戸市立図書館蔵）

金を惜しげなく注ぎ込み、江戸の麻布市兵衛町（現東京都港区）の藩邸に置いたのだろう。

「稗三合一揆」と民衆――改革批判と野村失脚

文政改革で藩財政は潤ったものの、領内経済の回復には結びついておらず、一般商人からは不満の声が上がっていた。藩士の知行《ちぎょう》借り上げも続いており、そうした中で、専売制の緩和を求める意見書が出された。

商業政策の進展にくらべ、農業政策は置き去りにされていた。大豆など商品作物の栽培が奨励されたが、米の増産は依然として進まなかった。文政六年（一八二三）二月、野村は「新田開発掛」を設置したが、それは農業生産の底上げを図るというより、八代信真の城主格昇進運動の一環として「高直し」を幕府に働きかけるための数字づくりを意識したものである。同十一年三月、藩は領内総検地を行ったが、開発は成果が上がっておらず、農民生活も改善されていなかった。

農民の不満は、天保飢饉を契機に爆発した。天保四年（一八三三）十二月、藩は一日につき稗三合を農民の食分と定め、あとはすべて買い上げるという政策を打ち出した。救荒用の囲い稗を確保する目的だったが、買い付けが強権的に行われたため、厳しい穀改め・穀留めを強いられていた農民らには、専売制のさらなる

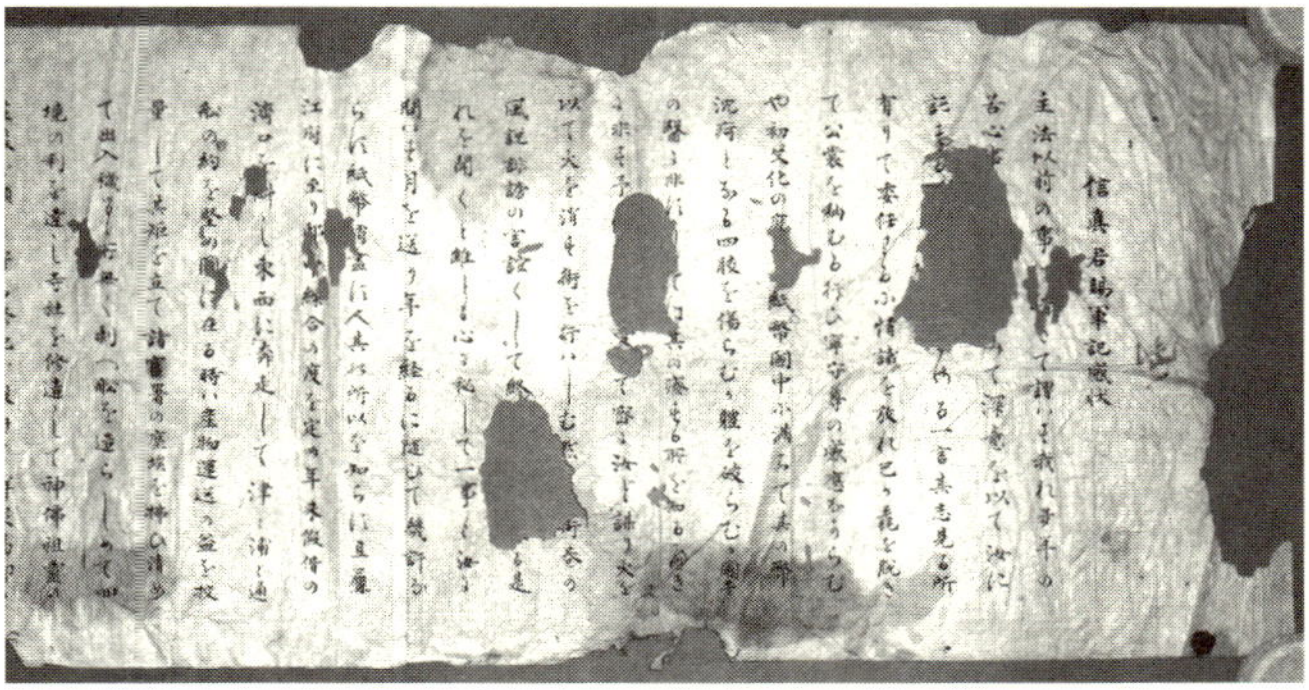

藩主信真から野村軍記（武一）への感状（写）（八戸市博物館蔵）

強化と映った。また、野村が北陸の新発田藩《しばた》（現新潟県新発田市周辺）から買い付けた救荒米を販売に回したことも、農民蜂起の一因といわれる。

同五年正月八日、久慈通《くじどおり》の農民らが集結した。同月九日、久慈八日町《ようかまち》の大下《おおした》書《がき》を務める丈右衛門から「村々が常になく騒がしい」と知らされた小平丹右衛門は、急ぎ石井辰右衛門と野田平馬を久慈に派遣し、取り鎮めに当たらせた。同月十日には農民約一五〇〇人が大野村（現洋野町）へ入り、大野鉄山の日払所《ひばらいしょ》や名主吉三郎方に宿を取った。数人が役所に現れ、願いの筋を届けたものの、一揆勢の行動は全体に穏やかだった。しかし、一軒につき人数を一人ずつ出したとか、明日は軽米《かるまい》に行き村民を誘って八戸城下をめざすつもりだとかの声もあがって気勢は高まり、久慈代官所はしだいに対処できなくなっていった。同月十二日、一揆勢は二一カ条の嘆願書を提出した。その冒頭に「稗三合積御免」とあったことから、のちにこの一揆を「稗三合《ひえさんごう》一揆」と称した。要求の内容を整理すると、

①大豆や塩の強制買い上げの停止
②商業の自由の認可
③重税反対

の三点に集約される。代官所はとりあえず要求の一部を認め一揆の解散を促したが、歯止めはかからず、一揆勢は八戸城下へと迫った。大野の日払所を発したときは三〇〇〇人程度だったものが、軽米・市野沢ではさらに人数が増え、城

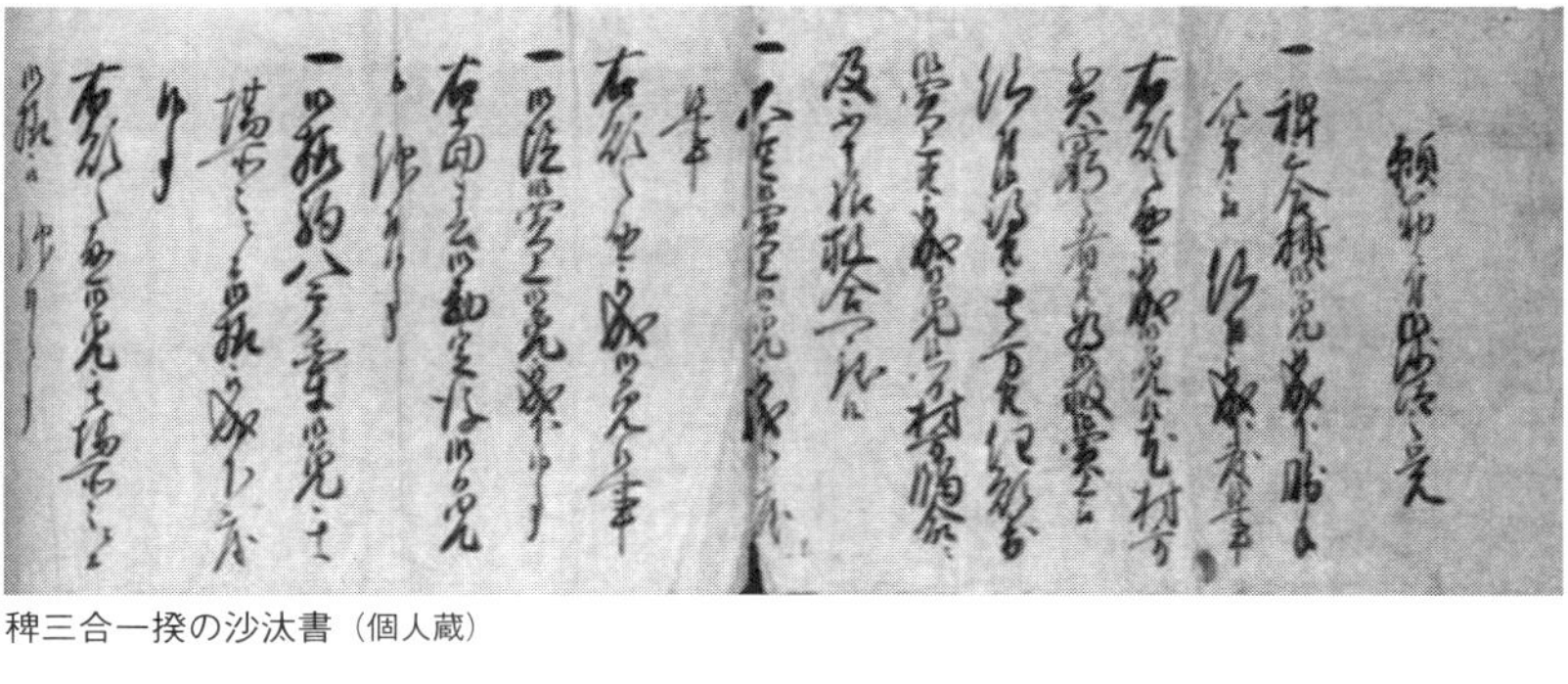

稗三合一揆の沙汰書（個人蔵）

下周辺では一万数千人（二万人とも）に達したという。しかし、整然と行動し大きな乱暴も働かなかったため、一揆勢には行く先々で応援の酒食が提供された。

一揆の矛先《ほこさき》は、野村の強権的なやり方にも向けられていた。同月十五日、野村は役職を罷免されて親類預けとなり、徒鞍流《すぐらりゅう》馬術の道統《どうとう》伝授者の地位も剝奪の上、伝書類も没収された。家屋敷も財産も名誉も失った野村はやがて病を得、同年十月、失意のうちに病死する（煙山信夫「ある武士の治療記録」）。こうした経過については八戸藩「勘定所日記」や、農民側の目線で書かれた「野沢蛍《のざわぼたる》」「八戸年代雑話」などでも知ることができる。「野村父子の身柄を引き渡してもらったら、殺しはしないけれども、一日稗三合ずつ食わせた上で、田畑を作らせ、薪を取らせたい。それで働けないようなら、その時は父子を引き裂き、我々がその肉を一口ずつ食いたい」（「八戸年代雑話」）などと刺激的な表現があるように、野村の施政はさほどに農民らに疎《うと》まれたのである。一揆後、藩側は専売制を見直し、酒・木綿の扱いを自由化した（「相談帳」）。さらに、農民への三万両の資金貸し付けや、他領からの米穀買い入れなどの救済策をとった。

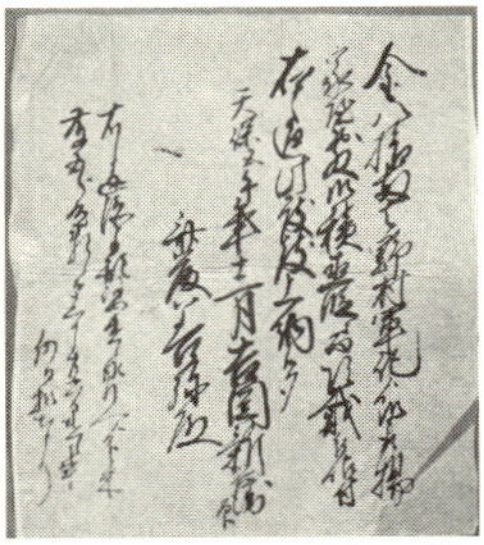

野村軍記（武一）家屋敷頂戴の書上げ（八戸市立図書館蔵）

野村武一の顕彰碑（長者山・新羅神社）（テクノス提供）

②北方警備と家格上昇

迫り来る外国船の脅威にさらされた北辺では、
幕命により沿岸警備が強化された。
幕末の慌ただしい世相の中、八戸藩は新たな立場を獲得する。

緊迫する北方情勢――異国船来航と蝦夷地

寛政元年（一七八九）五月、蝦夷地《えぞち》東部のクナシリ・メナシ地方でアイヌが蜂起し、場所請負《うけおい》商人の飛驒屋《ひだや》久兵衛《きゅうべえ》の番人や松前藩士を襲った。寛政蝦夷《えぞ》蜂起である。幕府は弘前藩・盛岡藩に援兵の準備を命じ、八戸藩にも同様の通達があった。七月には出兵時の役割分担が発表され、渡海予定者に支度金が渡されるなど、藩内は慌ただしくなった。八月末に松前藩からアイヌは鎮圧したと知らせてきたが、八戸藩はなおも松前へ使者を派遣し、情報を集めている。九月末に派兵は正式に取りやめとなったが、緊張はその後も続いた。

この頃は、日本近海への異国船来航が相次いだ。特に、通商を求めて北辺を訪れるロシア船への対策は急務だった。幕府は、蝦夷地のアイヌがロシアと手を結

ぶのを恐れ、寛政三年九月、異国船を発見した際の対応と沿岸防備の強化を諸大名に求めた。八戸藩の計画によれば、

①異国船が出没した時は鮫浦《さめうら》・麦生浦《むぎょううら》（岩手県久慈市侍浜）へ派兵する

②鮫・麦生に加え八太郎浦《はったろううら》にも大筒《おおづつ》（頬付けして打つ大型の火縄銃で、大砲ではない）などの火器を配置する

③盛岡藩と、発見の情報を通知し合う、ということになっていた。翌寛政四年十一月、八戸藩は、大筒・石火矢《いしびや》（後込め式の大砲に近いものか）といった武器を整備した、盛岡藩との連携を強化し互いに加勢し合う態勢を築いた、などと幕府に報告した。大砲の一種である巨霊神《きょれいしん》が配備されたのは、この時である。

この年、ロシア使節ラクスマンが根室《ねむろ》に来航した。幕府は箱館で交渉を行うこととし、弘前藩・盛岡藩に会見場の警備を命じた。元平戸《ひらど》藩主の松浦静山《まつらせいざん》は、随筆集『甲子夜話《かっしやわ》』に、津軽家の書留を基にした「ヲロシヤ一件」の項を立てている（同書・続編一一）。それほど、この事件は多方面に影響を与えた。盛岡藩領倉《くら》石《いし》村（現五戸町）の高良《こうら》神社に寛政六年正月に奉納されたラクスマン一行の絵馬があるが、近接する八戸藩にも盛岡藩を通じてそうした驚きがもたらされただろう。

ラクスマンの帰国後、老中松平定信は北方警備を根本から見直し、北国郡代《ほっこくぐんだい》構想を打ち出した。弘前藩か盛岡藩の一部を上知《じょうち》（＝返上）させ、そこに幕府の郡

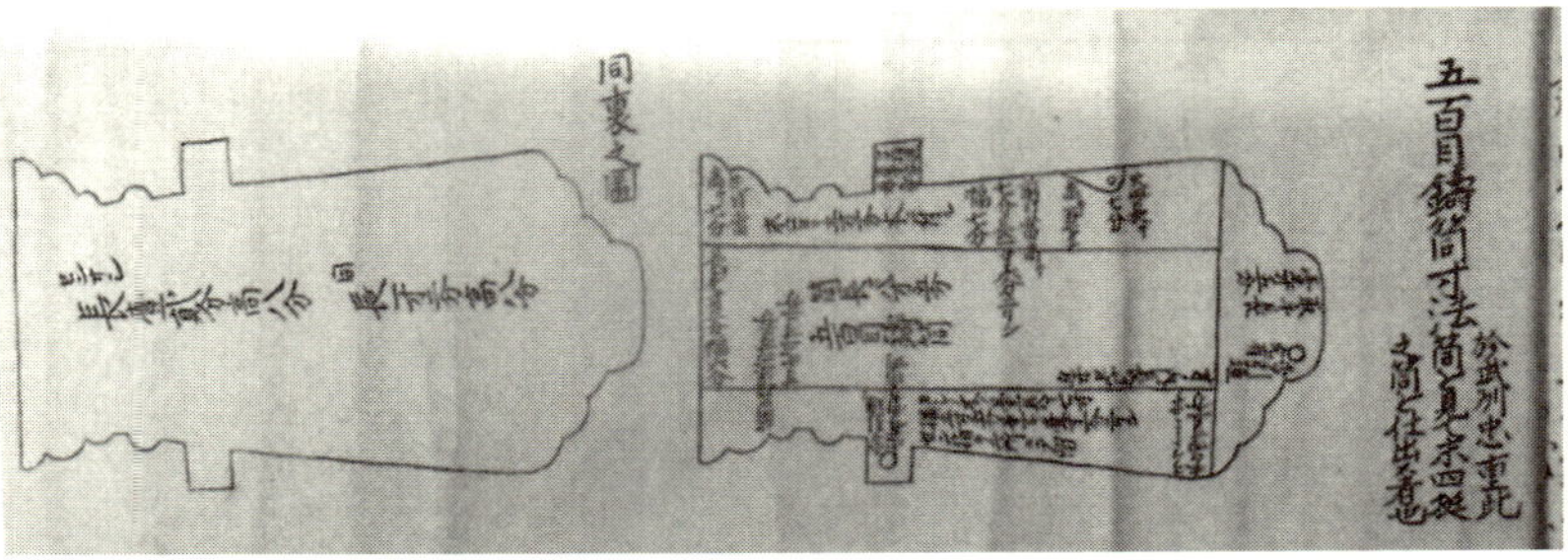

巨霊神（八戸市立図書館蔵）

代を置いて北方全体を監督させようというものである。奉行所の候補地として青森・三厩《みんまや》が挙げられ、津軽・下北両半島を幕府直轄《ちょっかつ》として経費を賄う計画だった。老中格側用人本多忠籌《ただかず》はさらに、松前藩を転封《てんぽう》させて幕府自ら蝦夷地開発を進める積極策を打ち出し、定信と対立した。

寛政七年七月、定信の老中退任でこの構想は立ち消えとなったが、北方警備の強化はどうしても必要で、幕府は改めて、弘前藩・盛岡藩を中心とする警備体制を敷くことにした。松前藩の兵力だけでは、広大な蝦夷地の警備をカバーできないのは明らかだった。寛政十一年、幕府は松前藩に梁川《やながわ》（現福島県伊達郡）への転封を命じ、弘前藩にはサワラ（現茅部《かやべ》町森町砂原）へ、盛岡藩にはクスリ（現釧路市）へ勤番兵を派遣するよう命じた。さらに、文化元年（一八〇四）には両藩に蝦夷地の永久勤番を命じた。

この頃、幕府の委託を受けた伊能忠敬《いのうただたか》（勘解由《かげゆ》、三郎左衛門《さぶろうざえもん》）が八戸藩領に入り、測量を行っている。忠敬の全国測量は寛政十二年に始まり、計七次（後続を含めれば十次）に及んだ。八戸を訪れたのは第二次測量の時である。

その記録「享和《きょうわ》元辛酉歳《しんゆうのとし》沿海日記」によれば、享和元年（一八〇一）六月、江戸の深川を出発した忠敬は、太平洋岸を北上して東北地方に向かった。十月九日に角浜《かどのはま》村の久助宿へ泊まり、翌十日には小船渡《こみなと》（現階上町小舟渡）・酒木《さかき》・追越《おいこし》・大蛇《おおじゃ》・金浜・大久喜《おおくき》・法師浜《ほうしはま》・種差《たねさし》・深久保《ふかくぼ》・白浜の各村を通過し、鮫村の甚

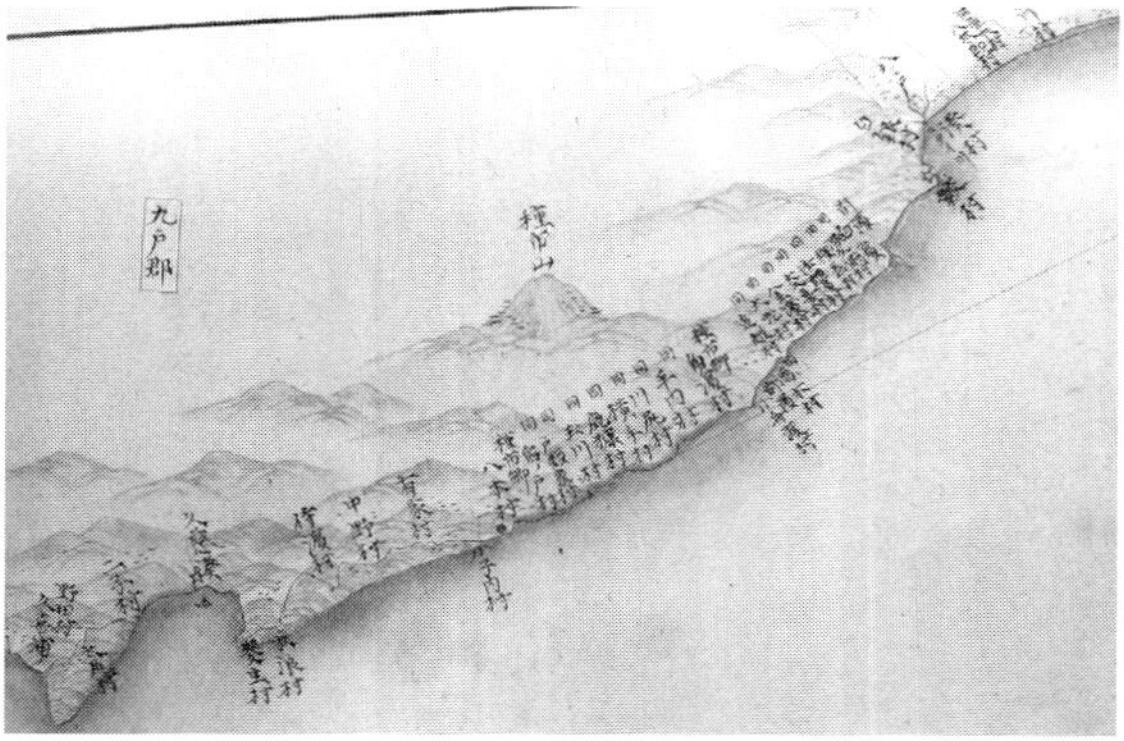

「伊能中図」八戸藩の海岸（『伊能図大全』第5巻より）

太郎宿に入った。夜は天測を行う習慣だったが、この日はあいにくの曇天《どんてん》で、夜更けまで雲間を見ながらの作業になった。翌十一日は小雨だったが、鮫を出た後、白銀・湊・河原木《かわらぎ》・八太郎の各村を経て八戸藩領を離れ、五戸通市川《いちかわ》村の兵太宿に入った。この日の日記に、湊から八太郎に向かう途中で馬淵川《まべちがわ》と新井田川《にいだがわ》が海際で合流する様を書き留めている。さらに市川・三沢などを経由して下北半島に向かったが、そこから十二月七日に江戸へ戻るまでの約二カ月間は、雪と風に悩まされる旅となった。

八戸藩の海防体制——八戸沖に異国船出現

文化元年（一八〇四）、ロシア使節レザノフは、幕府がラクスマンに与えていた信牌《しんぱい》（貿易許可証か）を持って来航し、通商の希望を伝えた。しかし、長崎で半年間も待たされたあげく、要望は拒絶され、むなしく帰国の途に就いた。レザノフは上陸さえも許さなかった幕府の態度に腹を立て、強烈な文言を並べた報告書を作成した。その中には「日本は武力を用いないと開国しない」とある。さすがに激し過ぎると思ったか、本国への送付は見送ったが、その後、ナジェージダ号の船長クルーゼンシュテルンとの対立などもあって、下船を余儀なくされた。その無念を引き継ぐかたちで、文化三年九月、レザノフの配下フヴォストフとダヴ

異人絵馬（五戸町・高良神社）

イドフは樺太《からふと》（現サハリン）の松前藩陣屋を襲い、翌文化四年にはエトロフ島にも兵を送った（文化露寇《ろこう》、フヴォストフ事件）。幕府は盛岡・弘前藩兵に応戦させたが大敗し、一時撤退を余儀なくされた。

この時、盛岡藩主南部利敬《としたか》は江戸に滞在していたため、幕府は八戸藩主南部信《のぶ》真《まさ》に、利敬が帰国するまでの代理として軍事の指揮を執るよう命じた。八戸藩はさっそく派兵の準備を進め、七月には浦固《うらがため》として九五〇人、備えとして六〇〇人を当て、その残りを箱館に派兵すると布令した。しかし、実際の隊編成は、士《さむらい》大将《たいしょう》に者頭一・目付一・砲術士一・医師一・徒目付一・鉄砲組足軽三〇・又者人夫三一を添えた計六七人に過ぎず、盛岡藩・弘前藩と比べて、人数も警備範囲も極めて限定的なものだった。武器・馬具を点検したところ、状態が芳しくなく、藩は武器の修理や新調の費用を補助する目的で武器舫《ぶきもやい》の制を定めた。八戸藩の沿岸部には急きょ、防備兵の陣地である堅場《かためば》が設けられ、鮫・麦生《むぎょう》が「大堅」に、八太郎・小舟渡《こみなと》（階上町）・有家《うげ》・湊・中野が「小堅」に指定されて兵員と武器が配置された。このほかに篝場《かがりば》や狼煙場《のろしば》が設けられており、文化四年七月「八戸藩篝場狼煙場絵図」（八図南）では、篝場・狼煙場一八カ所の位置が朱色の〇印で示されている。天保年間（一八三〇～四四）以降は、小舟渡・久慈湊が「大堅」に追加された。また、幕末期には八太郎・湊場尻《みなとばじり》・館鼻《たてはな》・塩越《しおこし》・鮫・小舟渡・有家・久慈湊の八カ所に台場《だいば》（＝砲台）が築かれた。

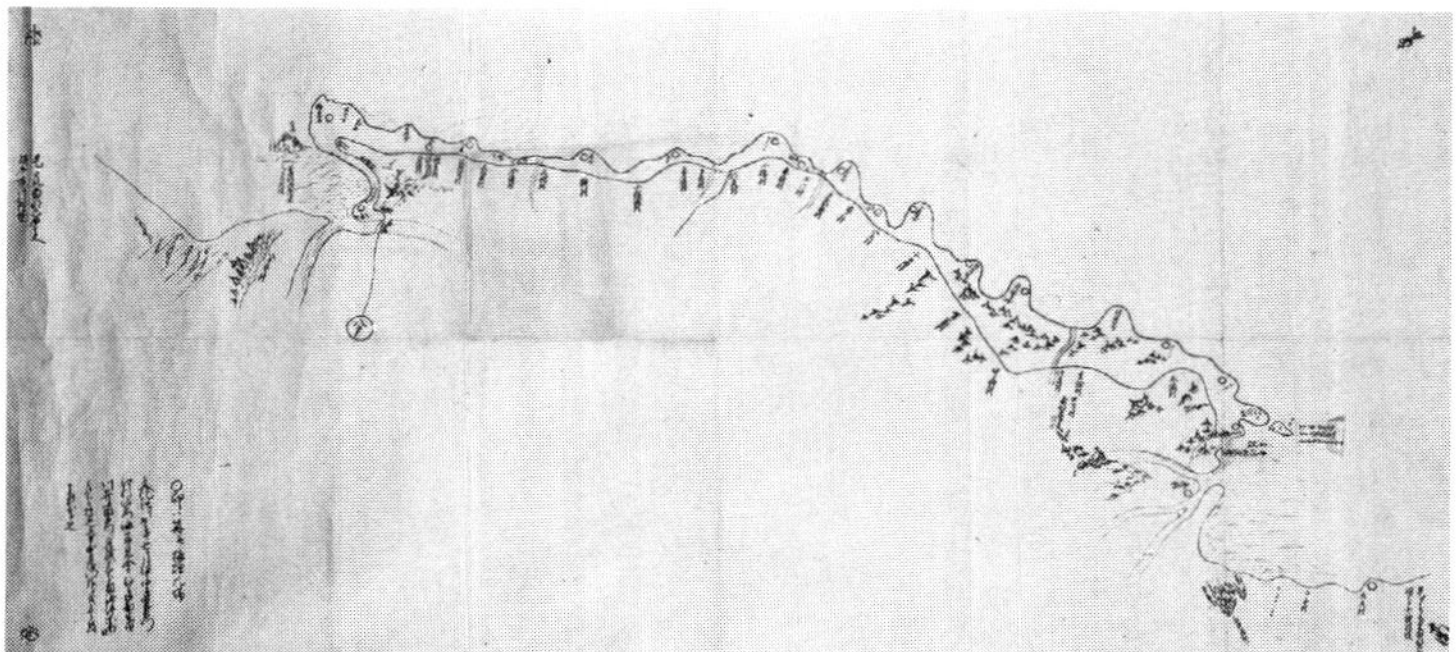
「領内篝并狼煙場図」（八戸市立図書館蔵）

フヴォストフ事件は幕府の態度を硬化させ、文化八年五月のゴロウニン事件（国後《くなしり》島の盛岡藩兵によるディアナ号砲撃、箱館奉行所による艦長ゴロウニンの捕捉、副艦長リコルドによる高田屋嘉兵衛の拉致《らち》）の遠因となった。

文政八年（一八二五）二月、幕府は無二念打払令《むにねんうちはらいれい》（異国船打払令）を発令したが、その直後、八戸藩の沖合に異国船が渡来した。五月二十七日、中野沖（現洋野《ひろの》町）に大船二隻が現れたのに続き、六月十八日には麦生浦沖に二隻が、同月二十八日には三沢沖に一隻が現れ、緊張が高まった。七月八日（九日とも）、有家沖に異国船が接近し、黒人を含む七人が薪水を求めて小有家川に上陸したため、地元民が出て追い返す騒ぎになった。この時、小船で異国船に漕ぎ寄せ見物する若者もあったという。中野陣屋から大筒や鉄砲を打ちかけて追い払ったが、異国船はその後もしばしば姿を見せたため警戒を怠ることはできなかった。翌年七月には沿岸防備の手順書が作成され、有事における意思統一が図られたが、有効な対策とはならなかった。

「八戸城主」請願運動――家格上昇の実現

江戸時代後期、大名の間で家格上昇競争が激しくなった。北奥《ほくおう》大名の場合、弘前津軽家は蝦夷地警備の功績を主張して従四位下《じゅしいのげ》・侍従《じじゅう》に昇進し、家格では盛

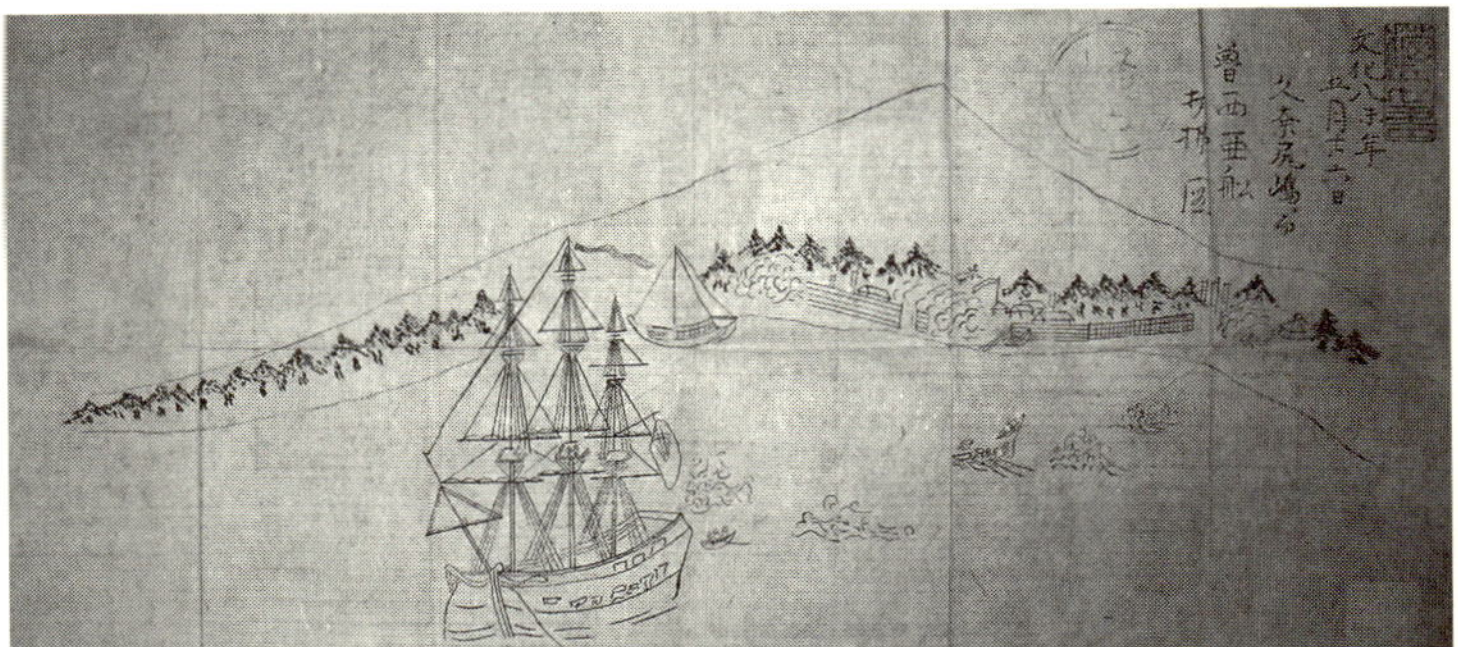

ディアナ号の打ち払い（青森県立郷土館蔵）

岡南部家と並んだ。これに憤慨した盛岡藩士下斗米秀之進《しもとまいひでのしん》（相馬大作《そうまだいさく》）が帰国途中の弘前藩九代藩主津軽寧親《やすちか》の行列襲撃を企てて失敗し、潜伏先の江戸で逮捕・処刑された「相馬大作事件」は有名だ。その津軽家も、寧親の子で十代藩主となった津軽信順《のぶゆき》が、津軽家の知行高が十万石へ引き上げられたのを過大評価し、江戸城登城の際に禁じられた乗物（轅輿《ながえごし》）を使用して、逼塞《ひっそく》処分を受けた。

大名の家格は厳密に定められており、一部の例外を除いて、一個の家がたどりつける位階には上限があった（＝極位極官《きょくいきょっかん》）。家格を示すものとしては、①位階、②将軍との親疎《しんそ》、③江戸城内の座席（殿席《でんせき》・伺候席《しこうせき》）などがあり、これに、知行高や居城の有無などが勘案された。八戸南部家は、寛文四年（一六六四）の藩政開始以来、位階は従五位下《じゅごいのげ》と定められた。二代藩主の直政は外様《とざま》大名ながら将軍綱吉の側近となったが、位階は従五位下、座席は柳之間詰《やなぎのまづめ》で変化がなく、知行高・居城も二万石・陣屋大名のままだった。

時代劇の殿様のイメージから、大名は城に住んでいると思われがちだが、三万石以下の大名は城を持っていないことが多く、代わりに陣屋《じんや》と呼ばれる屋敷に住んでいた。こうした大名を陣屋大名とか無城《むじょう》大名という。陣屋は行政・居住の機能しかない簡素なもので、城に付きものの天守《てんしゅ》・堀・石垣などの軍事施設は、原則として設けられなかった。陣屋大名が城主格《じょうしゅかく》に昇進した場合も、陣屋の城郭への転用は認められず、新たに城門を構えることが許されるだけだった。

新御殿復元模型（八戸市博物館蔵）

八戸陣屋は本丸・二の丸・外郭で構成されていた。本丸は東西一五〇メートル、南北二〇〇メートルの規模で、現在の三八城神社あたりに御殿《ごてん》があった。しかし、盛岡藩が元禄十年（一六九七）に作成した国絵図には、「八戸村」とはあるものの、「八戸城」とは記されていない。

八代藩主信真の天保元年（一八三〇）に新御殿が落成し、城下町八戸の新たなシンボルとなった。二の丸は八戸市の内丸二丁目・三丁目あたりで、角《すみ》御殿や学校、馬屋が置かれていた。信真の代に藩の祈禱所《きとうじょ》である豊山寺《ぶざんじ》（現廃寺）や、陣屋の守り神である法霊社《ほうりょうしゃ》（現龗《おがみ》神社）が造営されたが、これは城地としての体面を整える意味があったようだ。しかし、信真は城主格ではなかったので、「八戸城」という呼び名を使用することはできなかった。そこで、異国船警備や蝦夷地出兵の功績を主張し、昇進を認めてくれるよう、幕府に働きかけた。文化六年（一八〇九）、文政十三年（一八三〇）、天保三年、天保七年と、三十年間にわたって願い出を繰り返している。そうした積み重ねの末に、天保九年十月、信真は念願の城主格昇進を果たした。この年の四月に島津篤之丞《しまづとくのじょう》（九代藩主南部信順《のぶゆき》）を養子に迎え、薩摩《さつま》藩という後ろ盾を得たことが大きかったともいわれる。また、八戸藩の勘定所日記に「内願に際し、上納金五〇〇〇両を納めた」とあるから（同年五月九日条）、それなりの金品も動いていたようだ。しかし、希望していた二万五千石ないし三万石への加増や、「八戸城」の本格築城は依然として認め

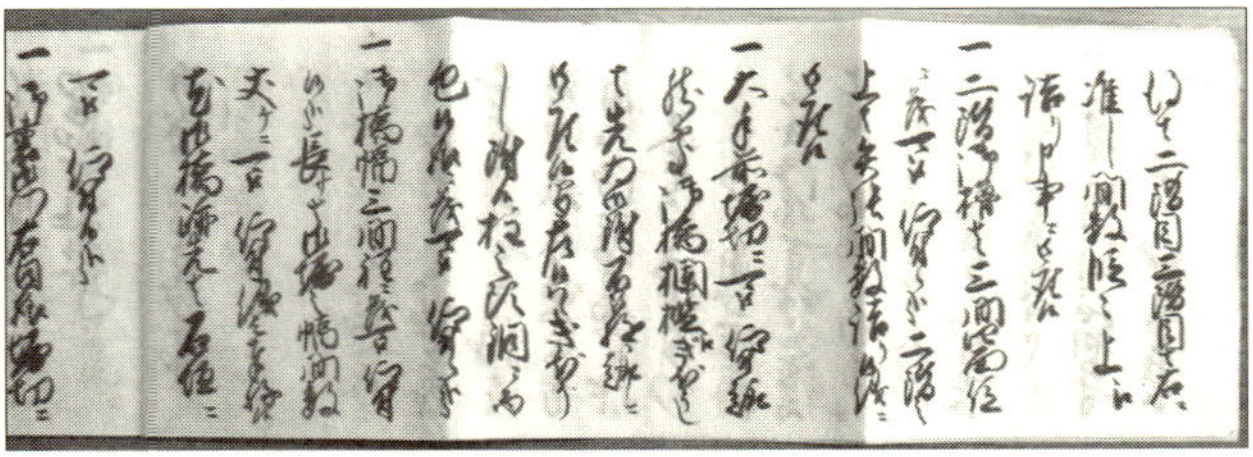
天保10年の築城伺い（八戸市立図書館蔵）

られなかった。その後も築城願を出し続けたが、結局、八戸城の陣屋《じんや》扱いは変わらなかった。なお、天保九年に作成された南部領の天保国絵図《てんぽうくにえず》では城地は□で表現され、盛岡や弘前は□の中に「盛岡城　南部信濃守」「弘前城　津軽越中守」と書き込まれている。しかし、八戸付近の□には「八戸城」の文字はなく、ただ「南部左衛門尉《さえもんのじょう》居所」となっている。

島津家から来た婿養子——大藩との縁組み

信真は一一男九女に恵まれたが、天保元年（一八三〇）、七男造酒助《みきすけ》（真勝《まさかつ》）が馬淵川沿いの河原木で砲術訓練をしている最中に事故死するなど、男児の多くが早世した。天保四年十月には嫡子信経《のぶみち》が死去したため次男信一《のぶかつ》を世嗣と定めたが、この信一も同八年十一月、江戸藩邸で病死した。

急ぎ養子縁組の必要に迫られた信真は、天保九年四月、元薩摩藩主島津重豪《しまづしげひで》の子篤之丞《とくのじょう》を娘鶴姫《つるひめ》の婿に迎えることとした。九代信順《のぶゆき》である。八戸南部家に残されていた書簡を見ると、十一代将軍徳川家斉《いえなり》の正室広大院《こうだいいん》（重豪の娘寔子《ただこ》、信順の姉）や薩摩藩十代藩主島津斉興《なりおき》（信順の甥）が、この縁組に関心を示し積極的に動いていた形跡が認められる。この時期の島津家は縁戚の拡大策を進めていた。広大院の弟三人は藩主（中津《なかつ》藩・奥平昌高《おくだいらまさたか》、福岡藩・黒田斉溥《くろだなりひろ》（長溥《ながひろ》）、八戸藩・南部

「天保国絵図」八戸城下
（国立公文書館蔵）

南部信順
（鹿児島県垂水市教育委員会蔵）

信順」となり、妹四人は藩主夫人（桑名《くわな》藩・松平定和、大垣《おおがき》藩・戸沢氏正《とざわうじまさ》、大和郡山《やまとこおりやま》藩・松平保興《やすおき》、新庄《しんじょう》藩・戸沢正令）となっている。信順の実父重豪《しげひで》は信順の縁組先に十万石以上の大身を望んだが、広大院や斉興は信順が大名に列せられる点を重視した。二人は、信順がいわゆる掛人《かかりうど》★として実家でくすぶるのを懸念していた。

島津家は七十二万石の大身である。二万石の八戸南部家とはあまりにも極端な家格差だが、両家が結びついたきっかけについては諸説ある。例えば、階上《はしかみ》（現階上町）出身の千年川《ちとせがわ》伝蔵（のち秋津風音右衛門《あきつかぜおとえもん》）や階ヶ嶽竜右衛門（加賀国出身）などの力士を抱えていた八戸藩邸に島津斉宣《なりのぶ》や斉彬《なりあきら》らが招かれており（文政九年〈一八二六〉）、そうした交友関係を重視する向きがある。一方、それ以前から両家は姻族となっており、その関係で新たな縁組が実現したとの指摘もある（藤田俊雄「八戸藩南部家における婚姻について」）。なお、信順の養子話は信一の死去後すぐに進められているので、信一の病気中から内々に準備が始まっていたものと考えられる。

信順は天保十三年五月に家督を継ぎ、安政二年（一八五五）十二月に従四位下、文久元年（一八六一）に侍従に昇進した。わずか二万石の小大名としては破格の出世である。信順の昇進について、大岡長兵衛は「家中はもちろん、町家までも喜びの声が止まなかった」（『多志南美草』）と書いているが、藩の物入りが増えれば町人の負担が増えるのではないかと心配し、「上も下も、分不相応な出世はか

▼掛人
居候や食客など、他人の世話になって生活する人。かかりびと。

抱え力士「階ヶ嶽竜右衛門」（個人蔵）

なわない」と、偽らざる気持ちを吐露してもいる。

信順の周辺①――信順と島津家の人々

信順への昇進内示から老中の下達《かたつ》、関係者への周知と進物のやりとり、将軍への御礼言上《おんれいごんじょう》、京都での口宣頂戴《くぜんちょうだい》など、昇進の儀礼に関わる様々な過程を記録した「四品《しほん》御昇進一件」には、大名間の対等な付き合いを意味する「両敬《りょうけい》」の文言が何度も登場し、信順個人の交際範囲の広がりと八戸南部家の認知度アップが進んでいた様子を確認できる。例えば、八戸藩「江戸御用人日記」で信順と大名の屋敷間の往来を調べると、嘉永四年（一八五一）では延べ一四一回にもなる。旧来の親戚筋を除くと、老中阿部正弘と宇和島《うわじま》藩主伊達宗城《だてむねなり》のほかは、すべて島津一門である。

信順は、薩摩藩十一代藩主島津斉彬《なりあきら》（一八〇九～五八）の大叔父に当たる。続柄《つづきがら》では目上だが、年齢は斉彬が五歳上である。信順が斉彬とやりとりしていた様は、『内訌紀《ないこうき》』収録の書簡などから窺える。斉彬の壮年時分に親交があった諸侯として「福岡侯・八戸侯ハ勿論」と名指しされているように、信順は斉彬の頼れる味方の一人であった。信順の所持品と思われる薬品入りガラス瓶や双頭人魚の標本などは現在、八戸市博物館の所蔵となっているが、こうした西洋趣味も、

四品御昇進一件
（青森県立図書館蔵）

キヨソネ画「島津斉彬」
（鶴嶺神社蔵）

「オランダ好キ」「蘭癖《らんぺき》」「洋癖《ようへき》」と取り沙汰された父重豪や斉彬の影響の下で培《つちか》われたのだろう。

斉彬は、長い世嗣《せいし》生活を余儀なくされた。その斉彬を支え、老中阿部正弘の協力を得て十代藩主斉興《なりおき》の隠居と斉彬の藩主就任を実現したのが信順たちである。江戸住まいが長かった斉彬は信順や黒田斉溥《なりひろ》（福岡藩主）と行動をともにすることが多く、それは斉彬の藩主就任後も変わらなかった。嘉永七年夏、斉彬が江戸田町《たまち》の薩摩藩邸で蒸気船の雛形を製造し、大森辺りまで黒田侯（斉溥）・伊達侯（伊達宗城《むねなり》）・南部侯（信順）と試運転をしたという話が、旧鹿児島藩士の市来四郎《いちきしろう》

島津家関係人名図

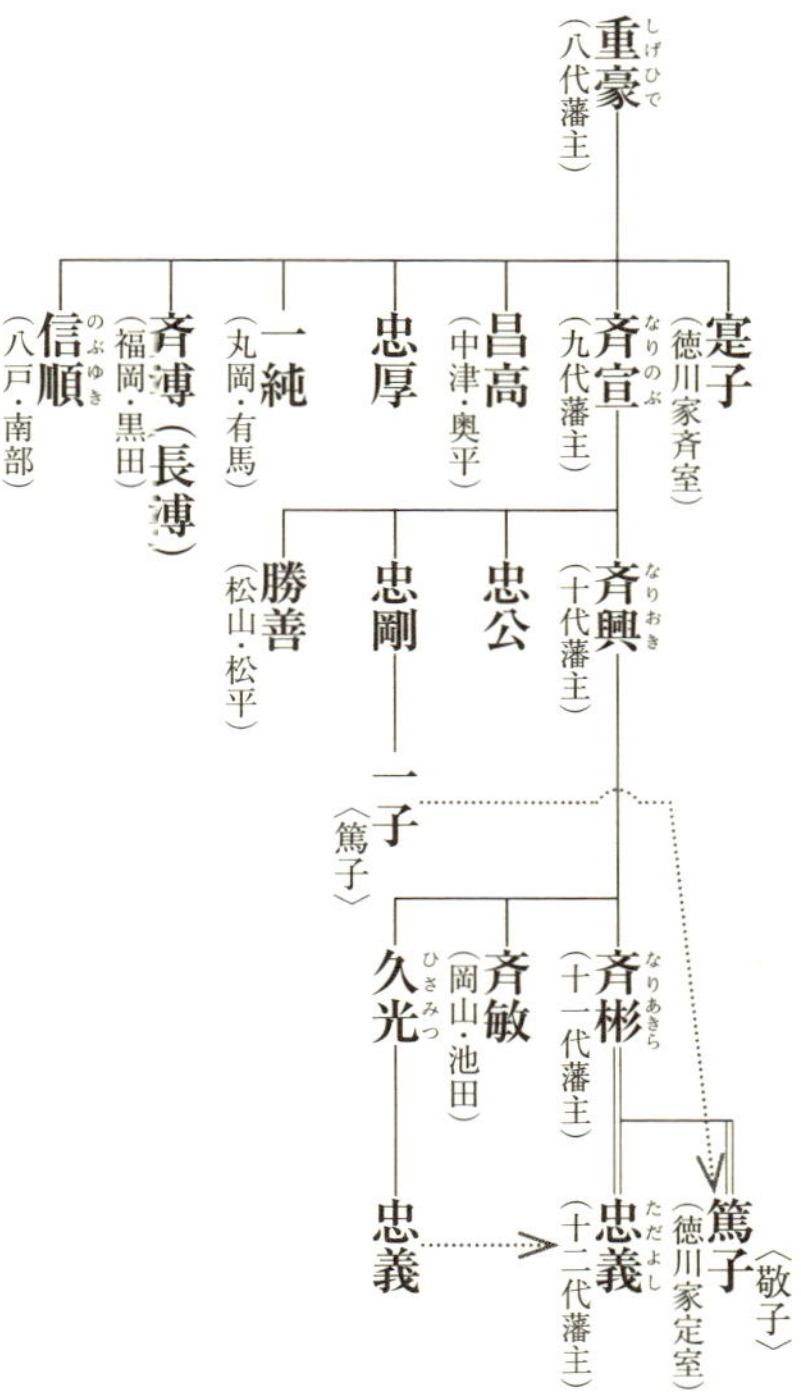

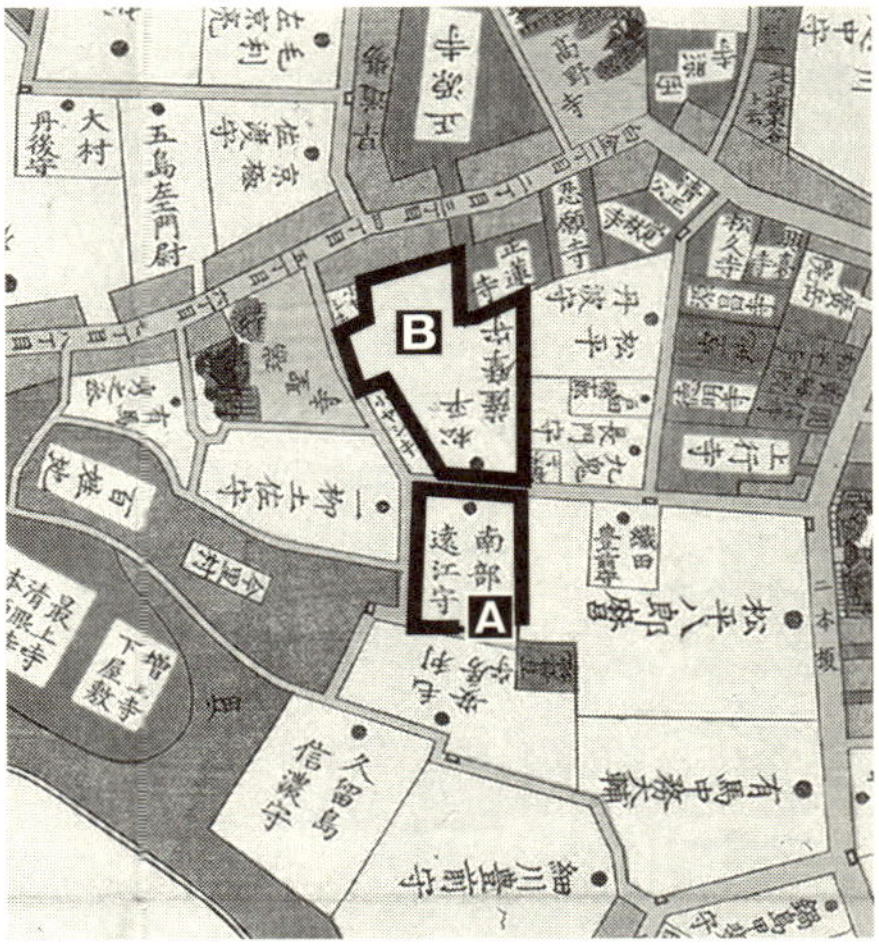

芝白金今里の抱屋敷。A＝八戸藩抱屋敷、B＝薩摩藩抱屋敷

の談話に出てくる（「史談会速記録」）。彼らの藩邸は距離的にも近く、日常的に往き来できる環境にあった。

信順の周辺②——信順と鶴姫

信順の婚約者鶴姫《つる》（信真の八女）は、婚約当時、わずか二歳という幼さだった。二人には二十二もの年齢差があったため、周囲は早くから、信順に側室を持つことを勧めた。のちに家督を継ぐ長男栄信など二男四女は皆、側室との子である。正式な結婚は、鶴姫が十四歳になった嘉永三年（一八五〇）六月である。信順が誂えたという婚礼調度品「菊牡丹《きくぼたん》唐草《からくさ》轡《くつわ》十字紋《じゅうじもん》蒔絵《まきえ》漆器」一三点には島津家の家紋「轡十文字《くつわじゅうもんじ》」があしらわれ、鶴姫の婚礼調度品「唐草向鶴紋蒔絵《からくさむかいつるもんまきえ》漆器」一二点とともに、八戸市博物館に所蔵されている。

文久三年（一八六三）三月、鶴姫は江戸から八戸に移った。末娘の慶姫《よしひめ》（のち董《とう》姫《ひめ》）も同道するはずが、夫の信順お気に入りの僧侶鷹野周祐が「一緒は宜しくない」と占いを立てたため、鶴姫一人の八戸入りとなった。行列は二万石の小大名には過分の賑々しさで、多くの見物人を集めたという。四月には慶姫も八戸入りしたので、連れ立って寺参りに行ったり、長者山の打毬《だきゅう》の会を観に行ったりしていたが、元治元年（一八六四）に入って体調を崩し、同年十二月に死去した。

「菊牡丹唐草轡十字紋蒔絵漆器」（八戸市博物館蔵）

「菊牡丹唐草轡十字紋蒔絵」鏡箱・鏡立、「唐草向鶴紋蒔絵」道具箱（八戸市博物館蔵）

火葬は本光寺《ほんこうじ》（光龍寺《こうりゅうじ》の誤りか）で行い、遺骨は南宗寺に納められた。

信順の周辺③――信順と天璋院篤姫

信順の長女八百姫《やお》は、斉彬により十三代将軍徳川家定《いえさだ》の正室《せいしつ》候補に挙げられたことがある。立て続けに正室を亡くした家定にとって三人目となる正室探しは嘉永三年（一八五〇）頃に始まったが、家定とその生母本寿院《ほんじゅいん》からは、広大院の縁者を候補とするように、との意向が出された。これを受けた斉彬は於朝《おあさ》（八百姫）、於哲《おてつ》（斉彬の弟島津久光《ひさみつ》娘）、一子《かっこ》（今和泉《いまいずみ》島津家の島津忠剛《ただたけ》娘。於一《おかつ》とも。のちの篤姫《あつひめ》）らを候補に挙げたが、幕府の医官多紀元堅《たきもとかた》へ宛てた書簡に「南部（信順）の娘であれば以前から話にも登っており、自分が手筈を整えた上で、後から父斉興に伝えれば済む」と書いていることから、斉彬自身は八百姫を本命と見ていたと思われる。しかし、八百姫は島津貴敦《たかあつ》（垂水《たるみず》島津家）へ嫁ぐことになっていて、斉彬はそれを知らされていなかったようだ。斉彬が藩主に就任するのは嘉永四年二月で、五月に鹿児島へ帰った際、八百姫は三月に婚礼を済ませたと聞かされたのである。こうして一子が斉彬の養女となって篤子《あっこ》と改名し（幕府には斉彬の実子として届けた）、さらに近衛忠煕《このえただひろ》の養女敬子《すみこ》として家定の正室となった。

信順は鹿児島藩の奥女中小野嶋《おのじま》に誘われて、日蓮正宗《にちれんしょうしゅう》富士門流（大石寺《たいせきじ》派）

川村清雄筆「天璋院」
（徳川記念財団蔵）

八百姫墓所（鹿児島県垂水市）

に帰依《きえ》した。八戸藩に迎えられた後は信真《のぶまさ》時代の八戸《はちのへ》法難《ほうなん》（大石寺派への弾圧）を終わらせ、廃寺となっていた玄中寺《げんちゅうじ》（元は黄檗宗《おうばくしゅう》、八戸市柏崎）を日蓮正宗の寺として再興した。また、嘉永七年十一月に信順の勧めで斉彬とともに大石寺派に帰依した篤姫（天璋院《てんしょういん》）は、亡夫家定の法要や世情平穏祈願のため、万延元年（一八六〇）三月・閏三月・四月の五十一日間、常泉寺《じょうせんじ》に在住していた日英上人に一日十二時間（四時間×三回）の唱題祈念《しょうだいきねん》を頼んだという（品川妙光寺《みょうこうじ》蔵『時々興記留』）。信順が幕末の島津家におよぼした影響力は、小さいものではなかった。

明治七年（一八七四）七月、政府は京都から東京へ戻った静寛院宮《せいかんいんのみや》（皇女和宮《かずのみや》、十四代将軍徳川家茂《いえもち》室）のため、麻布市兵衛町の旧八戸南部家邸を買い取り、居住させた。亡夫家茂が眠る芝大門《だいもん》の増上寺《ぞうじょうじ》にも近く、静寛院宮にとっては好ましい住まいとなっただろう。天璋院をはじめとする徳川家の関係者や新政府の人々が訪れることもあり、南部屋敷は新旧の時代が交わる舞台として新しい役割を与えられた。

八戸の薩摩流庭園—信順、故郷をしのぶ

弘化四年（一八四七）、信順は売市《うりいち》に庭園を造らせた。現在の八戸南部氏庭園である。元は異国船を監視する物見場があったが、それを藩主の御田屋《おたや》（＝休憩場）

静寛院宮
（徳川記念財団蔵）

にしたことが庭園造りのきっかけだったという。作庭は薩摩藩お抱えの庭師によるものといい、蓬莱山《ほうらいさん》をかたどった回遊式の枯山水《かれさんすい》庭園となっている。

薩摩藩の借景《しゃっけい》庭園といえば、島津家別邸の仙巌園《せんげんえん》にある「磯庭園《いそていえん》」が、錦江《きんこう》湾《わん》や桜島《さくらじま》の雄大な景観を取り入れていることで有名である。規模こそ違うが、八戸南部氏庭園も馬淵川《まべちがわ》を借景として取り込み、馬淵川寄りの一段低くなった部分を海に見立てている。三〇本余りの松にツツジやサツキ、樹齢数百年といわれるモミの木が植えられ、築山《つきやま》、石灯籠、橋などが巧みに配置されている。天気が良ければ、八甲田《はっこうだ》の美しい山並みを向こうに眺めることができる。

戊辰の折、八戸藩は佐賀藩の艦船を寄港させたが、実は薩摩藩の船も来ている。明治二年（一八六九）四月十六日、西郷隆盛率いる薩摩藩船三邦丸《みくにまる》・豊瑞丸《ほうずいまる》と佐賀藩船一隻が箱館戦争のため品川を出たが、到着時にはすでに五稜郭《ごりょうかく》の榎本武《えのもとたけ》揚《あき》らは降伏していたため、そのまま引き返した。五月二十三日に八戸藩へ事前通告があり、立ち寄った際は約五〇〇名が上陸するとのことだったが（八戸藩「目付所日記」）、鮫湊に入った薩摩藩兵は、けっきょく上陸しなかった（『多志南美草』）。療養中の信順は使者を立て、娘婿の島津貴敦《たかあつ》や西郷らに酒肴《しゅこう》を送った（『八戸藩史料』）。

信順と関わりが深かった天璋院が故郷の桜島を描いた掛軸を生涯手離さなかったことはよく知られているが、信順の心境もそれに近いものがあったのだろうか。

八戸南部氏庭園

これも八戸

人魚のミイラに見る幕末の世相

人魚とは、主に上半身が人間で、下半身が魚体である想像上の生物である。一般的には、美しい女性の姿をした西洋の「人魚姫」などをイメージすることが多いだろうが、日本では男の人魚も存在し、おおむねその姿は奇怪である。現代的に言えば「UMA」（未確認生物）の類ということになろう。また、人魚の肉を食べると不老不死になるといい、何百年も死ぬことができなくなった若狭国の八百比丘尼《やおびくに》の伝説は有名だ。

天狗のミイラ（八戸市博物館蔵）

幕末には、人魚のミイラや絵を作ることが流行した。例えば、弘前藩の兵学者だった横山家には、男人魚の絵が伝えられてきた（本田伸『弘前藩』）。「この絵を病気の母親に見せれば快癒する」と言って、若殿が他藩で見せられた実物を筆写してくれたものだという。また、津軽の国学者平尾魯僊も安政五年（一八五八）、原田宇吉から見せられた、蓬髪で痩せた男人魚のスケッチを残している（「異物図会」）。津軽には、人魚が出現したとの記録もある。宝暦七年（一七五七）三月下旬、外ヶ浜の石崎村（現外ヶ浜町平舘付近）で、漁師の網に「異形の魚」が引っかかったという。「三橋日記」が記すところによれば、顔は人で角が二つあり、髪をかぶり、胸に輪袈裟のようなものをかけ、全身は薄黒い人魚のような姿だったという。

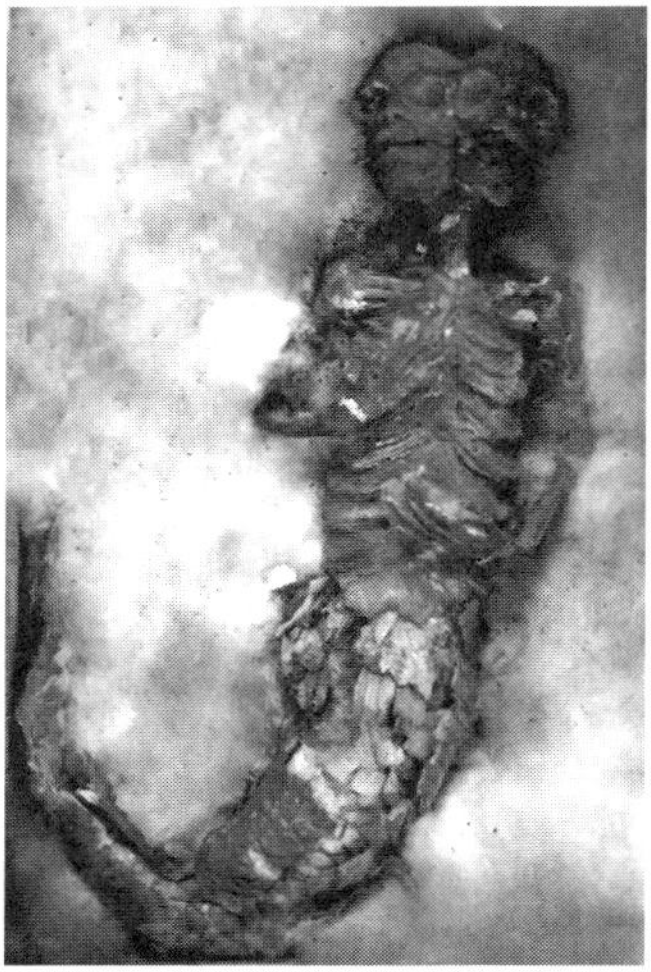
人魚のミイラ（八戸市博物館蔵）

八戸市博物館が所蔵する「双頭人魚」は、最後の八戸藩主南部信順が所持していたものという。このミイラを東京文化財研究所がX線撮影で分析したところ、紙の張り子に魚やシュロの木を合成して作られていることが分かった。幕末の『ペルリ提督日本遠征記』に、猿の上半身と魚の下半身をつないで人魚の標本を上手に作る漁師がいた、とある。それらは長崎出島のオランダ商館から海外へ輸出され、それを写した絵を所持すると伝染病が防げるとの噂まであったという。魔除け・疫病除けとして売られていたわけで、この人魚のミイラや天狗のミイラも、おそらく、そうした品なのだろう。

第六章 八戸藩の幕末維新

幕末維新の混乱を乗り切った八戸藩は、北奥の地で確かな存在感を発揮する。

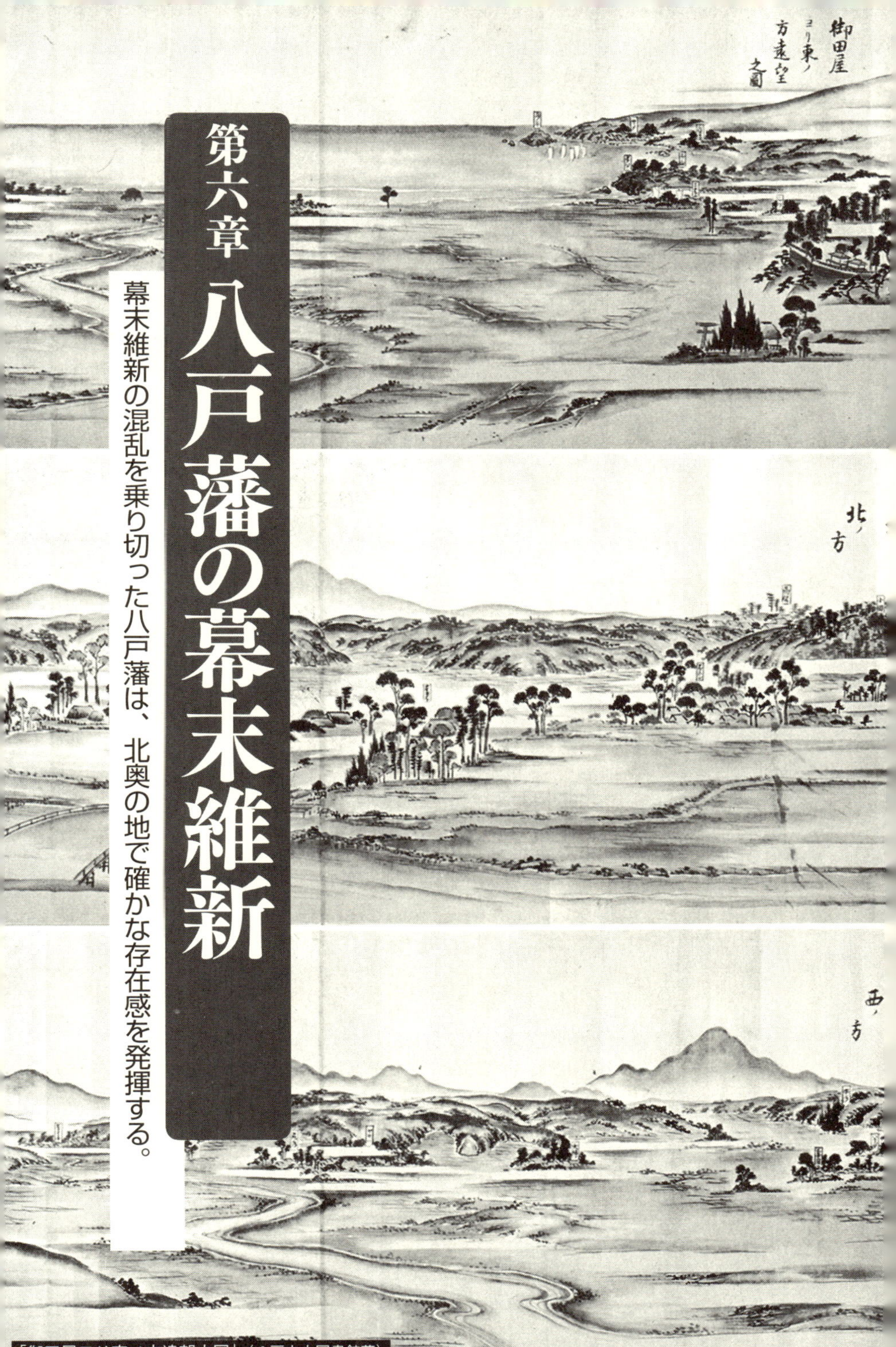

「御田屋ヨリ東ノ方遠望之図」（八戸市立図書館蔵）

1

戊辰戦争に揺れる

幕府と朝廷の板挟みで、東北諸藩は身の処し方に苦しんだ。
南部本家の盛岡藩と歩調を合わせつつ、
独自の動きも辞さなかった八戸藩の、巧みな時勢分析が光る。

異なる出兵命令——戊辰戦争はじまる

慶応四年（一八六八）正月三日の夕刻に始まった鳥羽《とば》・伏見《ふしみ》の戦いは、同月六日、元将軍徳川慶喜《よしのぶ》が大坂城から逃亡し、新政府軍の勝利に終わった。京を制圧した新政府軍は諸藩の京都留守居《るすい》役を呼び出し、国元から兵を送らせるよう命じた。さらに、旧幕府軍および会津《あいづ》藩征討への協力を東北諸藩に求めた。

一方、旧幕府側も同月十日、東北諸藩に対し、至急江戸へ人数を出すよう命じた。東北諸藩は、対立する勢力から同時に出兵命令を受けたわけである。二十一日の飛脚でこの幕命を知らされた八戸藩は、急ぎ番頭《ばんがしら》筆頭の逸見《へんみ》屯《たむろ》（興長《おきなが》）を侍大将とする一隊を編成し、領内商人に御用金の上納を命じた。有力商人大岡長兵衛の述懐に「どういう成り行きになるのか、さまざまな噂が飛び交って、本当

逸見屯着用具足
（弘前市立博物館蔵）

に薄氷を踏む思いだ」とあるように（「多志南美草」）、藩内は混乱した。

会津藩に同情的な仙台藩は、藩主伊達慶邦《だてよしくに》が会津藩への「追討用捨《ようしゃ》」を願い出るなど、比較的はっきりした意思を示したが、新政府から出羽国一円の触頭《ふれがしら》（＝伝達役）を命じられた秋田藩は、幕府への尊意は保ちつつ新政府の意向も拒まないというあいまいな態度をとっている。東北諸藩の間には、最終的に武力衝突は避けられるのでは、という期待が広がっていたようだ。

八戸藩の出兵が官・幕どちらの命に従ったものかについては、なかなか定めがたい。三月八日に足軽大将中里八郎右衛門らが先発し、九日に御旗《おはた》奉行の船越靫《ゆき》負《え》らが、十日に逸見屯率いる本隊が江戸に向けて出発した。以後、観音林《かんのんばやし》・小《こ》繋《つなぎ》・郡山（志和）・鬼柳《おにやなぎ》・吉岡・中田・金ケ崎・斎川《さいかわ》・桑折《こおり》・二本松《にほんまつ》・須賀川《すかがわ》・大田原《おおたわら》・喜連川《きつれがわ》・石橋・古河《こが》と南下したが、その先は、江戸城の攻防に絡む戦闘のため通行不能となっていた。そこで関宿《せきやど》に出て利根川《とねがわ》の舟運を利用し、本庄《ほんじょう》川《がわ》・隅田川《すみだがわ》を経由して海から汐留《しおどめ》に上陸して、二十八日に麻布市兵衛町の藩邸に入った。もっとも、その前の三月十三日、十四日に高輪《たかなわ》の薩摩藩邸で西郷隆盛《さいごうたかもり》と勝海舟《かつかいしゅう》の会談が行われ、新政府軍が十五日に予定していた江戸城総攻撃は見送られていたから、八戸藩隊が到着した時には、すでに江戸の大勢は決まっていたわけである。逸見らがすぐに京都在勤の田中益太《ますた》を通じて京都弁事《べんじ》事務所に指示を仰いだところ、奥羽鎮撫《ちんぶ》総督の指揮下に入るようにとの命があった。しかし総

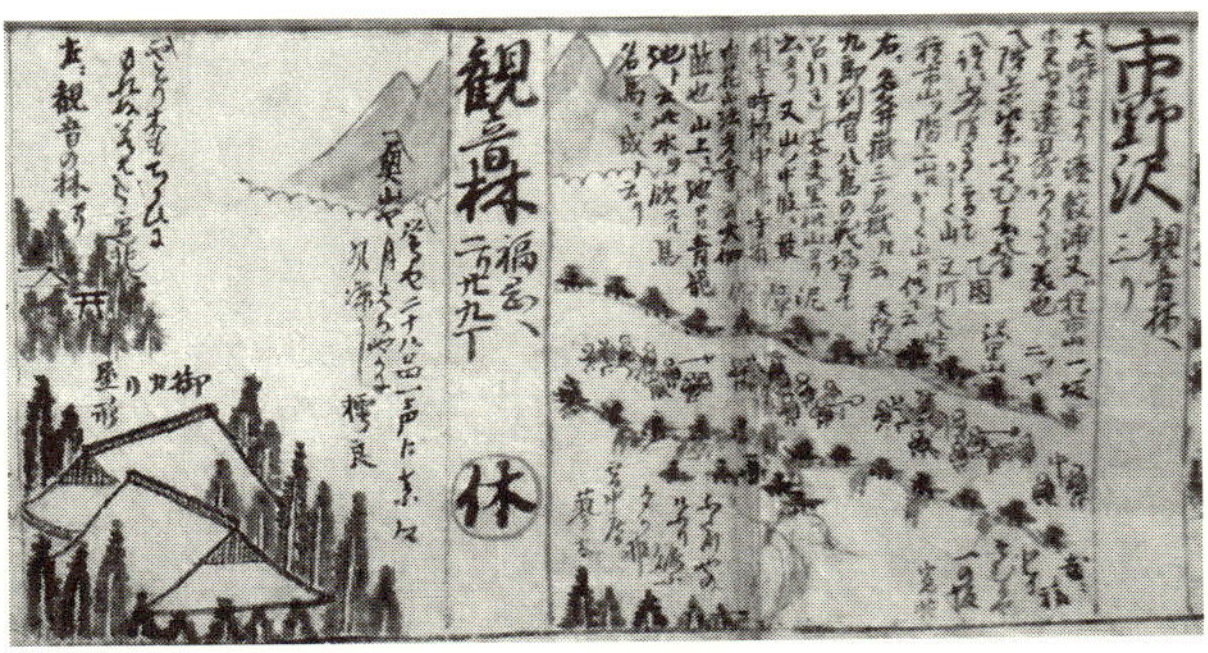

「風流新板東山道八戸より江戸まで道中雙六」市野沢～観音林
（八戸市立図書館蔵）

督府は、当面は江戸にいる必要はないと回答してきたので、八戸藩隊は国元に引き返した。

官軍北上に揺れる北奥―緊迫する会津情勢

江戸を制圧した新政府側だが、上野《うえの》山に籠もる彰義隊《しょうぎたい》の掃討など、新たな問題が生じていた。兵力や軍資金も不足し、東北・北越方面では反政府の気配が高まっていた。そもそも、会津藩に対する方針については新政府内でも意見が分かれ、恭順の態度が見えたら寛大な処置を与えても良いのではないかとする穏健派と、即時開戦・徹底処分を主張する強硬派とが対立していた。慶応四年（一八六八）二月九日時点の奥羽鎮撫軍は、総督に沢為量《さわためかず》（公卿）、副総督に醍醐忠敬《だいごただゆき》（公卿）、参謀に品川弥二郎《しながわやじろう》（長州藩）が充てられていたが、十六日には九条道孝《くじょうみちたか》（左大臣）が総督となり、沢は副総督に、醍醐は参謀に格下げされた。同じ頃、黒《くろ》田清隆《だきよたか》（薩摩藩）が参謀となったが、二月三十日には黒田に代わって大山格之助《おおやまかくのすけ》（綱良《つなよし》、薩摩藩）が、三月一日には品川に代わって世良修蔵《せらしゅうぞう》（長州藩）が参謀となった。品川・黒田は比較的柔軟な考え方を持っていたが、世良は強硬派として知られ、積極的な開戦論者だった。

三月下旬、九条総督率いる鎮撫軍が仙台に入った。連れてきた薩摩・長州・福

品川弥二郎

醍醐忠敬

沢為量

岡藩兵はわずか五〇〇名である。会津藩は、薩摩邸焼き打ちの嫌疑で朝敵とされた庄内藩《しょうないはん》と「会庄同盟」を結んで徹底抗戦の構えをとっており、征討のためには東北諸藩の協力が不可欠だったが、どの藩も動く気配がなかった。

仙台藩が会津藩に同情的だったのは、新政府を主導する薩摩・長州・土佐《とさ》三藩に対する疑いがあったのと、公平かつ公正な議論があれば武力衝突は回避できる、と考えていたからである。四月十一日、仙台藩は世良の催促で会津藩境に兵を進めたが、その陰で、米沢藩《よねざわはん》・会津藩の代表者との会談を断続的に行っていた。要は偽装出兵で、会津藩に恭順の意を示させるための説得工作をする時間稼ぎだったのである。会津若松城の明け渡しを勧める仙台藩・米沢藩に対し、会津藩は、武装解除につながる開城は受け入れられないと、頑《かたく》なだった。途中から二本松藩も説得に加ったが、態度は変わらなかった。しかし最終的には、藩主松平容保《かたもり》が城外に出ることでどうかとの妥協案を会津藩が示したので、最後まで説得に当たっていた米沢藩はこれを準開城と解釈し、閏四月一日、この案を鎮撫総督に伝えることにした。

慌ただしい人の動き──白石会議への参加

慶応四年（一八六八）四月十四日、沢為量副総督の命令の下、参謀大山綱良の

松平容保

黒田清隆

九条道孝

薩摩藩兵一小隊と桂太郎の長州藩兵一中隊が天童《てんどう》城下へ向かった。庄内藩は十九日に全藩動員令を出し、総督軍の進路と予想される最上川《もがみがわ》沿いと、秋田方面の備えである北方海岸沿いに部隊を重点配備した。二十三日、総督軍が新庄に本陣を移し、本格的な戦いを仕掛けた。

閏四月六日、二本松藩士松本孫兵衛が鎮撫総督の急使として八戸に入り、応対した永田右膳《ながたうぜん》に、新庄方面への出兵を要請する九条総督の印判状を渡した。翌七日に逸見屯《へんみたむろ》の八戸藩隊が江戸から戻ってきたので、再出兵の準備を進めさせた。十一日には仙台・盛岡へ鈴木善太夫と戸来左右吉《へらいそうきち》が、秋田へ逸見典膳《へんみてんぜん》と鈴木儀蔵が、さらに新庄へ藩主名代《みょうだい》の山崎勘解由《かげゆ》が派遣されるなど、慌ただしい人の出入りが続いた。

逸見屯はそのまま新庄への派遣部隊を率いるよう命じられたが、巷では、屯の指揮能力を疑う声が出ていた（「多志南美草」）。屯は仙台で購入した「金疾丸」（水銀入りの傷薬）を服用して体調を崩し、ほうほうの体《てい》で八戸に戻ってきたのである（煙山信夫「幕末期、八戸における薬物誤用の顚末」）。隊の編成に不安があったのは確かなようで、一番隊は閏四月二十五日に城を出て、盛岡藩との境に当たる観音林（現軽米町）で歩を留めた。屯は満足に歩けない状態だったが、無理をして二ツ屋まで出張り、そこから駕籠《かご》で八戸城下へ引き返した。代わって二番大将の逸見久米《くめ》が隊を預かったが、二十九日になって、仙台出張中の家老吉岡左膳《さぜん》から

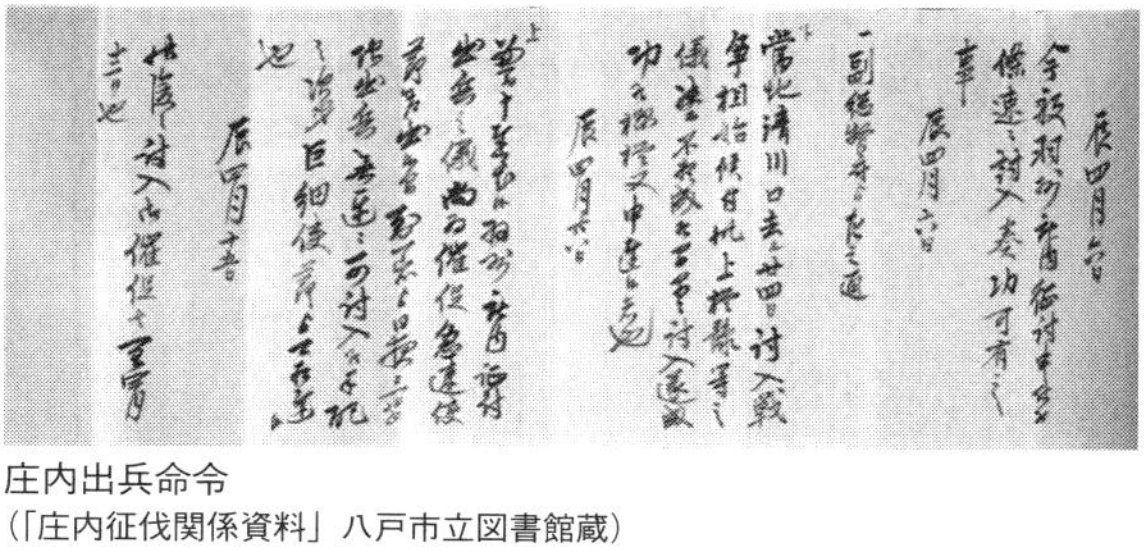
庄内出兵命令
（「庄内征伐関係資料」八戸市立図書館蔵）

出兵を見合わせるよう飛脚が入った。吉岡の出張は、仙台藩・米沢藩の求めに応じたものとみられる。

閏四月四日、仙台藩・米沢藩は諸侯会議を白石《しろいし》（現宮城県白石市）で開くこととし、その期日は閏四月十一日と東北諸藩に通知した。八戸藩にも通知はあったと思われるが、庄内征討軍の派遣命令が来ている時期でもあり、表立って会議に参加することはできなかった。何より、検討の時間がなかった。出席したのは仙台・米沢・二本松など十四藩の代表三三名だけだった。

列藩同盟の成立――八戸藩の危機管理

白石会議では、会津藩家老の名による「嘆願書」、仙台藩・米沢藩主連名の「会津藩寛典処分嘆願書」、出席者の連名による「諸藩重臣副嘆願書」などを総督府に提出することになった。出席できなかった諸藩にその旨を伝えると、さっそく賛同の動きが起こった。例えば弘前藩の家老山中兵部は、慶応四年（一八六八）閏四月十三日に新庄の沢副総督を、十七日に岩沼の九条総督を訪問し、十八日には白石に来て仙台藩主伊達慶邦《だてよしくに》に謁見した。その上で「奥羽諸藩家老連署嘆願書」に加判し、白石会議の結果を追認した。八戸藩の吉岡もおそらくは、同様の動きをしていただろう。会議は二十日と二十二日にも開かれ、諸藩の盟約によ

会津鶴ヶ城

奥羽越列藩同盟

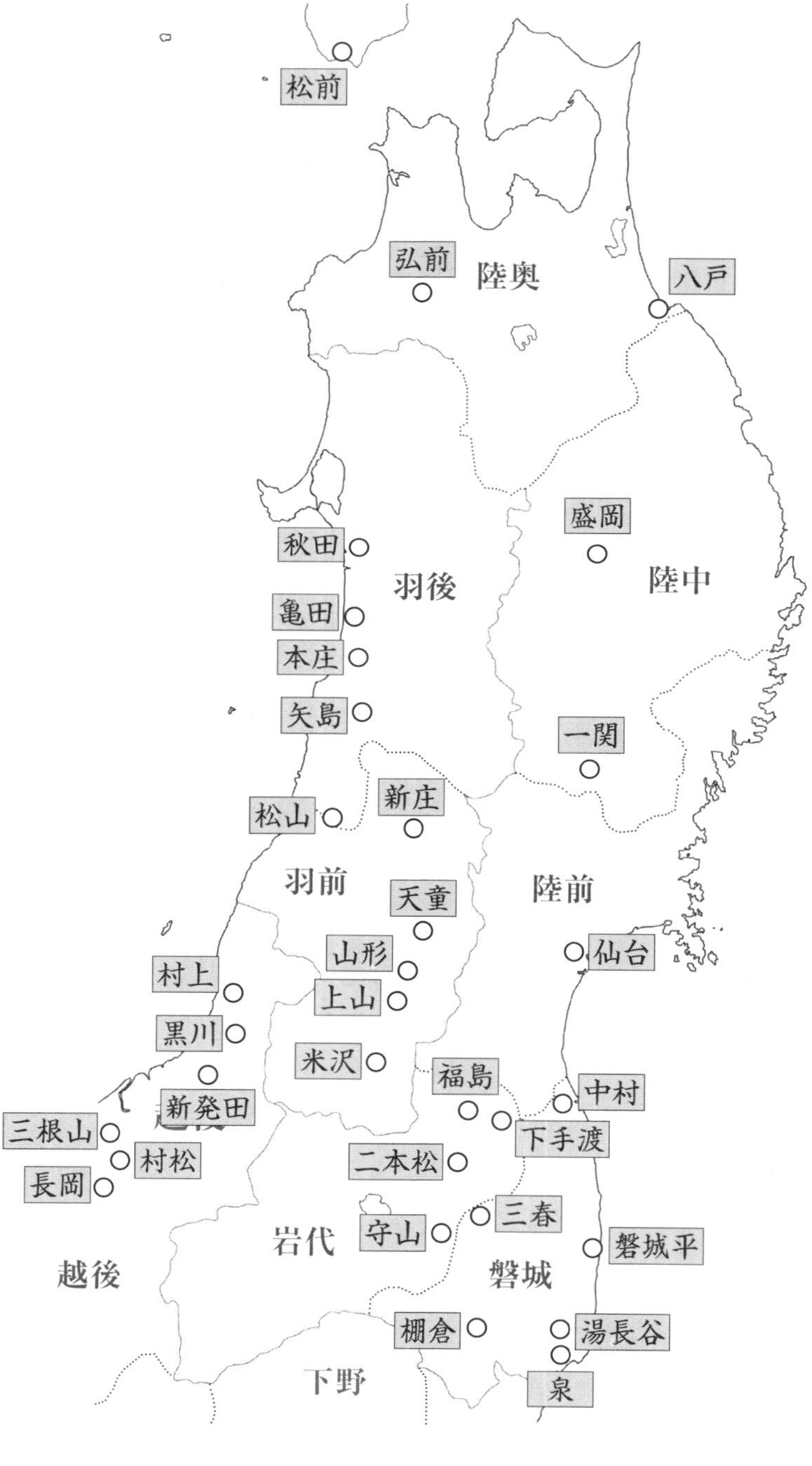
松前
弘前
陸奥
八戸
盛岡
陸中
秋田
羽後
亀田
本庄
矢島
一関
新庄
松山
羽前
陸前
天童
山形
仙台
村上
上山
黒川
米沢
福島
中村
新発田
三根山
村松
下手渡
長岡
二本松
三春
守山
岩代
磐城平
越後
磐城
棚倉
湯長谷
下野
泉

る「白石同盟」が成立し、庄内征討軍の解兵も進められることとなった。
吉岡が八戸藩隊差し止めの飛脚を送ったのはこれと連動した動きである。こうした上層部の決定は戦場にいる藩兵の感情と食い違っており、不満を招いた。弘前藩のように、藩主津軽承昭《つぐあき》が自筆で今後の方針を藩士に示し、「解兵は一時的なもの」と説明したケースもあったが（『弘前藩記事』）、八戸藩ではそうした声が挙がらなかった。藩主信順《のぶゆき》の判断が的を射たものだったからだろう。

実は「白石同盟」の成立直前、大きな問題が持ち上がっていた。会津藩に対して藩主松平容保《かたもり》の死罪を含む過酷な処分を主張してきた世良修蔵が、閏四月二十日未明、福島で暗殺されたのである。世良は新庄にいる参謀大山綱良に「奥羽皆《おううみな》敵《てき》」と書き送り、江戸の西郷隆盛に援兵を求めようとしたが、その密書を福島藩士に頼んだため、事が露見して殺されたのだ。世良の強硬姿勢が和平の障害になっていたのは確かで、その横暴さゆえに暗殺を歓迎する声は多かったが、九条総督に世良の罷免《ひめん》を働きかけ、平穏に事をなすのが得策だったのではとの意見もあった。鎮撫軍への感情には同盟内でも温度差があった。

閏四月二十九日の仙台会議では、鎮撫総督の上位にある太政官《だじょうかん》への建白書草案が仙台藩から示されたが、それは世良批判と鎮撫軍糾弾《きゅうだん》の文言に満ちていた。「白石同盟」結成の目的は、あくまでも和平の実現である。盟約とかけ離れた内容に同盟諸藩は驚き、過激な表現を削除するよう求めた。盟約の条文は修正され、

世良修蔵

大山綱良

奥羽越列藩同盟旗
（米沢市・宮坂考古館蔵）

五月三日、八カ条の条約書が各藩代表により批准《ひじゅん》された。八戸藩は吉岡左膳が加判した。この二五藩から成る「奥羽列藩同盟」は、その後、長岡藩など北越諸藩が加わり、「奥羽越列藩同盟《おううえつれっぱん》」に発展した。

同盟の動揺——八戸の社会不安

世良の死後、鎮撫軍副総督沢為量は単身で仙台を脱出し、勤王《きんのう》色の強い秋田藩に身を寄せた。五月十一日には弘前藩に津軽領への転陣を打診するなど、局面打開の努力を続けた。十四日には急使として川路七次郎《かわじしちじろう》（利良《としよし》。薩摩藩士。のち警視総監）を八戸に送り、八戸藩隊の庄内出兵を取りやめるよう指令してきた。自身が八戸に入ることも想定し、恩を売っておこうとしたのかもしれない。八戸藩には断る理由がなく、観音林に詰めていた藩隊を呼び戻した。ところが、これを知った盛岡藩が「八戸藩が沢を受け入れると同盟諸藩に余計な疑いをもたれかねない」として、説明を求めてきた。急ぎ盛岡に赴いた太田喜満多《きまた》（広城《ひろき》）の述懐によれば、盛岡藩は八戸藩と薩摩藩の縁故を気にし、何かの折に背後を衝かれるのではと心配していたという（「太田広城伝」）。太田の懸命の説明で盛岡藩の誤解は解けたが、同盟の結束が一枚岩でない事実は覆いようもなかった。同盟を主導する仙台藩・米沢藩の顔色をうかがいつつ、勤王の姿勢を疑われぬよう、鎮撫

太田広城

川路利良

軍の出兵命令には形だけでも対応せざるを得ないという状況が、諸藩を苦しめた。「奥羽越列藩同盟」の結成によって目前の危機は回避され、五～六月は目立った戦闘もなかったが、停戦が実現したわけではなく、軍事力や人材に恵まれない藩ほど同盟離脱の可能性にさらされることになった。

こういう状況の中で、五月下旬、鮫《さめ》・白銀《しろがね》の沖合に「かんとう船」（広東《カントン》船）が現れた。三本柱とあるので、やや大型のジャンク★である。米・薪水・鴨・鶏・豚などを求めて書付を差し出してきたが、現場は対応に苦慮した。見物人は群集しているし、船を追い払うのも大変で、本格的な戦いにもなりかねない。火事を恐れ荷物をまとめて逃げ惑う年寄りもあり、七戸《しちのへ》辺りでは「八戸で合戦が始まった」という噂まで流れた（『多志南美草』）。五月二十三日には、浪人の通行をチェックするため代官所に手形用の印判が配布されるなど、八戸の周辺には不穏な空気が漂っていた。

この頃、八戸藩では軍装の統一が図られていた。庄内出兵の際、上級武士は具《ぐ》足《そく》の下に筒袖《つつそで》下着を着け、その上に陣羽織《じんばおり》を用いる、とされた。足軽や又者《またもの》には紺色の木綿に太布《ふとぬの》の裏地を付けた筒袖下着が支給され、背に七寸ほどの菱形を、二の腕に白い木綿で剣竜《けんりゅう》の文様を入れることとした。しかし一方では、甲冑《かっちゅう》は着慣れていないはずなのでよく慣らしておくように、どうしてもダメなら略装で構わない、という情けない状況もあった。庄内出兵の隊編成を見ると、逸見屯率

▼ジャンク
中国船の一形態で、構造が簡単な割に耐波性に優れ、速度もあり、浅い海での航行に便利だった。

あめりか人・かんとん人
（八戸市立図書館蔵）

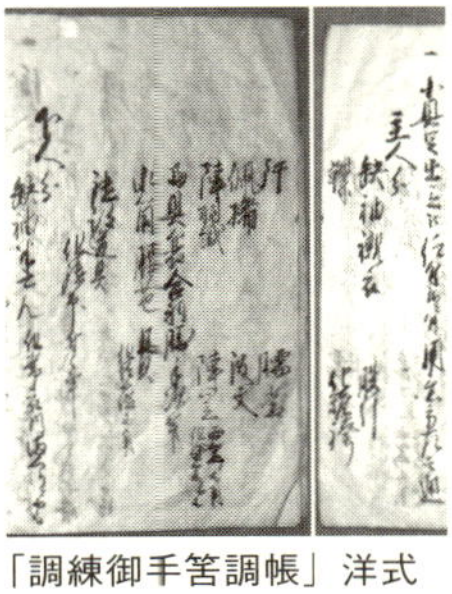
「調練御手筈調帳」洋式軍装（八戸市立図書館蔵）

いる一番隊のほかに逸見久米《くめ》の二番隊、山崎勘解由の三番隊が用意されていた。「多志南美草」は一番・二番隊をそれぞれ一五〇名余、三番隊は「五〇〇人余にもなろうか」と記している。五〇〇人の中には嫡子・次男・三男合わせて一〇〇人が含まれており、藩内の若者を急きょ徴兵した様がうかがえる。また、二番隊の編成のため浦堅《うらがため》★人数★から長柄槍《ながえやり》一五名が回されてきたが、「この頃は銃隊が中心なので鉄砲に替えたいところだが、鉄砲だけでは差し支えもあろうから、長柄槍の代わりに短槍を持たせよう」として、それらは給人の次男・三男から選びたい、と具申した記録もある。

佐賀藩隊、八戸へ——箱館戦争への懸念

慶応四年（一八六八）五月十八日、前山清一郎★率いる佐賀藩隊・小倉《こくら》藩隊が仙台に到着した。軟禁状態にあった九条総督・醍醐参謀はこれを機に転進することとし、盛岡藩に知らせをよこした。盛岡領に入った醍醐は「始テ虎口《ここう》ヲ出ツルノ思ヲナス」と述べており（『復古記』）、仙台での厳しい状況がうかがえる。六月五日、鍋島《なべしま》弥六郎（佐賀藩参謀）・平井小左衛門（小倉藩参謀）に守られた総督一行約一四〇〇名が盛岡に到着し、城下の本誓寺などに宿泊した。九条・醍醐は秋田へ向かうことになったが、その際、佐賀藩隊の一部を海路で箱館方面へ回らせるた

▼浦堅
外国船の来襲に備え沿岸を警備すること。

▼人数
軍勢、兵員の意。

▼前山清一郎
佐賀藩士で、戊辰戦争では仙台藩に軟禁されていた九条道孝総督らを助けるなど、勲功を挙げた。のち佐賀藩大参事。

め、八戸藩に受け入れを求めた。佐賀藩の主たる役割は、旧幕府海軍との戦闘と海上輸送である。八戸に最新鋭の蒸気船「孟春《もうしゅん》」を寄港させ、佐賀藩隊を合流させる計画だった。十七日、盛岡にいた太田喜満多はその知らせを持って八戸に戻ったが、時ならぬ早駕籠を見て「盛岡で何かあったのか」と囁《ささや》く声もあった（「多志南美草」）。

「孟春」は鮫浦から出帆ということで、佐賀藩隊を迎える役付《やくづき》藩士や堅人数は筒袖服と陣羽織を着用するよう義務づけられた。酒屋や小間物屋にも協力を申し付け、味噌・醤油《しょうゆ》などの駄送に配慮するよう命じた。不寝番を立てるなど市中の取り締まりが強化され、非常時には半鐘や太鼓を戦時並みに交じり打ちするとの達しもあった。

二十日、佐賀藩隊二〇〇名が赤地の錦《にしき》に蘭の紋を付けた旗（錦旗《きんき》）を立て、太鼓を先頭にして市中に入ってきた。その装いは「みなみな異国人の風俗」（「多志南美草」）とみえ、耳目を集めた。兵の世話は町人に任されたため、宿となった鮫浦二四軒は大変だった。給仕の手配や道具の運送、注文品の取り揃えに追われ、果ては蛭《ひる》（悪血を吸わせる）を頼む者、銭を無心する者まである。酒役である大岡長兵衛などは何かにつけて文句を言われたが、「宇都宮や白河などの戦火を思えば、戦場にならぬだけまし」と諦めの心境を述べている（「多志南美草」）。

中牟田倉之助《なかむたくらのすけ》（のち海軍中将）を艦長とする「孟春」は二十日に鮫浦に到着し、

孟春艦

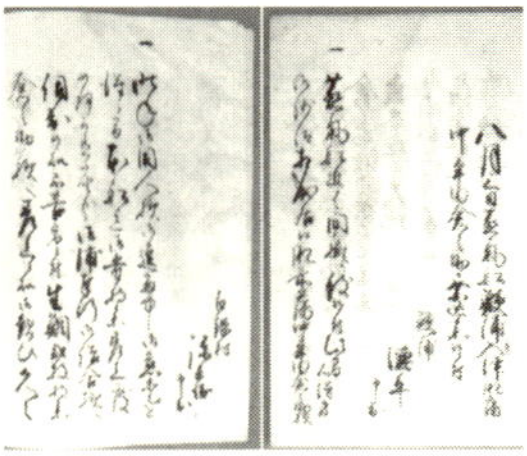

佐賀藩船の鮫浦入津
（八戸市立図書館蔵）

碇泊していたが、二十五日夜の暴風雨にあおられ、白銀《しろがね》沖で座礁した。引き揚げ作業は白銀村の負担となり、大人数で十日ばかり作業したがどうにもならず、焼いてしまって金物だけでも助けるか、という意見まで出た。この間、「孟春」の乗組員も八戸に宿泊したが、中には、傍若無人のふるまいをして「新武士」と渾《あだ》名《な》されたわがまま者もいた。陸上の佐賀藩隊が七月二日、津軽領に向けて出発した後も、「孟春」の乗組員だけは八月十二日まで留まっていた。佐賀藩からは後に、御礼の書状と礼物が八戸藩に届けられた。

北奥の情勢と野辺地戦争——弘前藩隊を撃破

　慶応四年（一八六八）六月末、九条総督を迎えた秋田藩は藩論を転換し、同盟からの脱退を決めた。弘前藩も「反政府側とみなされる恐れがある」と京都の近衛《このえ》家から知らされ、秋田藩に続いて同盟から脱退した。七月、庄内藩征討を命じられた弘前藩は、急いで兵を送り、秋田藩隊と合流させた（「弘前藩記事」）。一刻も早く勤王の態度を認めてもらわねばならなかったからである。

　八戸藩は秋田・盛岡へ使者を出し、情報収集に努めた。盛岡に詰めていた及川武一郎は九条総督からの庄内出兵命令を持ち帰り、秋田にいた川勝内記《かわかつないき》は、七月十三日、秋田藩の同盟離脱を知らせてきた。鎮撫軍が勢いを取り戻し、同盟の瓦《が》

野辺地戦争戦死者の墓
（野辺地町）

佐賀藩からの礼状「口上書」
（八戸市立図書館蔵）

解《かい》が始まったことを、八戸藩はいち早くつかんでいた。そこで、約一〇〇名の小隊を庄内に送ることとし、盛岡藩から派遣されてきた荻原勇馬《おぎわらゆうま》には、独立行動の方針を伝えて引き取らせた。あくまでも勤王の立場に沿って動く、と主張したのである。このように、鎮撫軍や秋田藩との関係は異なっていたが、のちに盛岡藩が八戸藩へ「ミニユケウェール銃」（ゲベール銃改良型のミニエー銃か）四〇挺を贈ったことからも分かるように、両藩の協力は保たれていた。ちなみに、この時期の鉄砲相場は一挺につき金一八両二分という（「多志南美草」）。九月七日に鮫浦に入ってきたフランス船も、鉄砲と石炭の取引を目的にしていた（「逸見興長一代記」）。八戸藩の軍備もようやく近代化が進み、役馬の飼育義務を免じる代わりにミニエー銃の所持を義務づけ、筒袖・羽

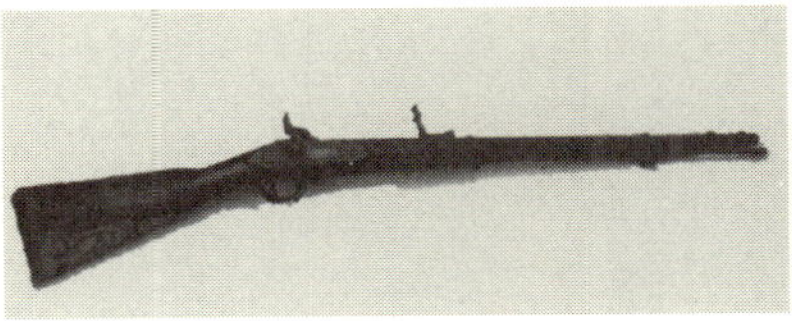

ミニエー銃

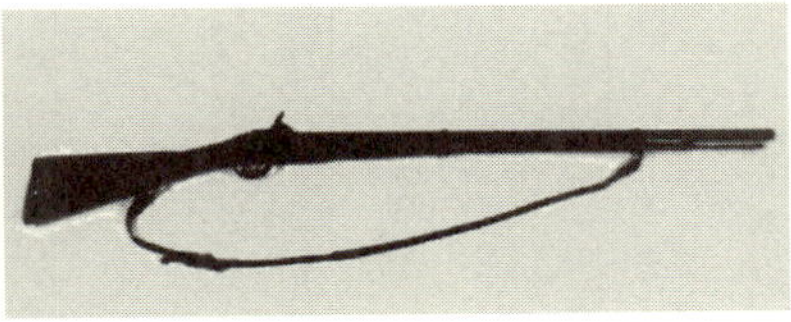

ゲベール銃

野辺地戦争図

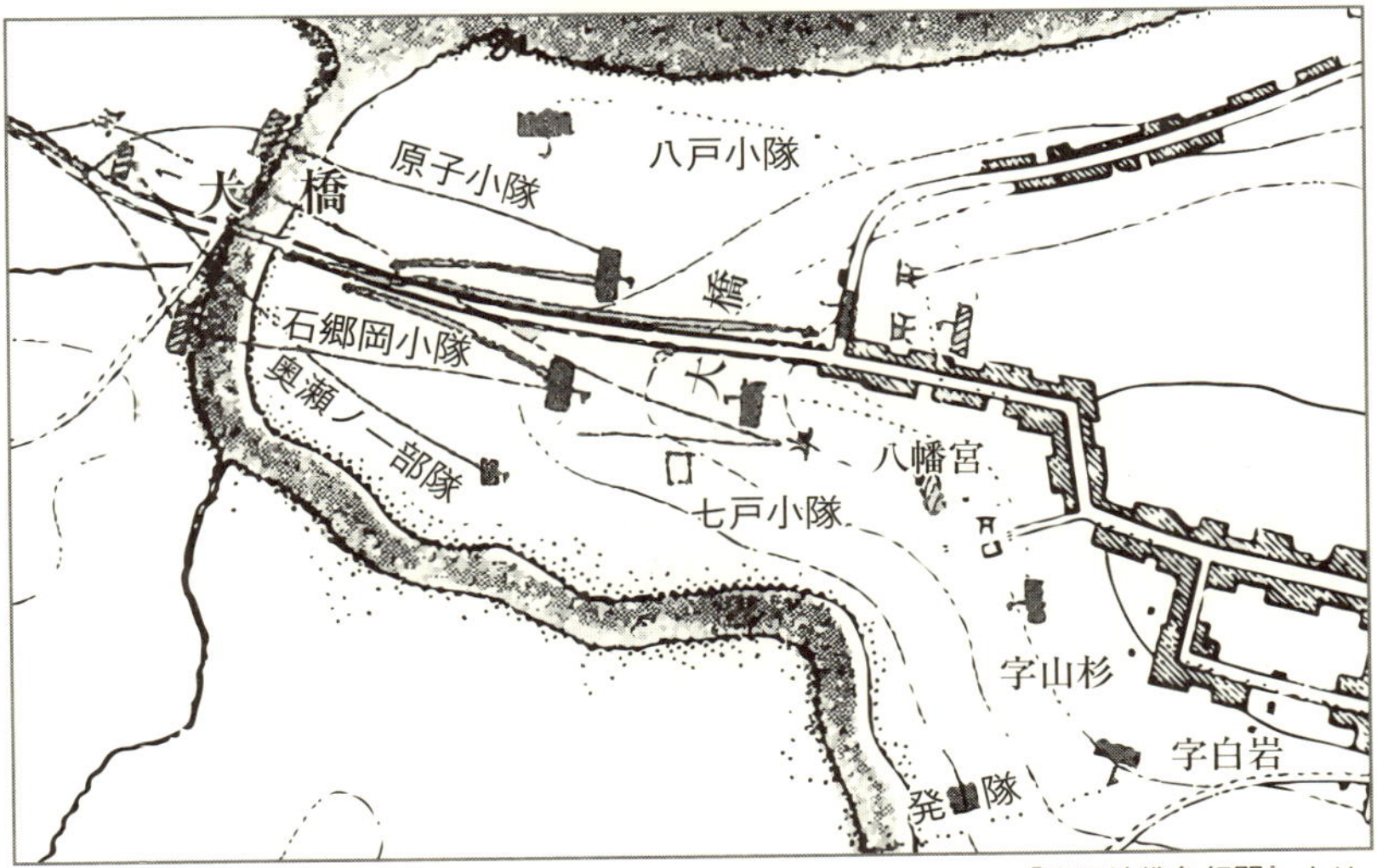

『野辺地戦争紀聞』より

織も必ず着用するとしたところ、「マンテル羽織」（マント）を着て登城する者も出た。

盛岡藩は九条総督に、同盟は会津藩の謝罪の意を伝えるためのもので、鎮撫軍に対抗する組織ではない、と説明していた。しかし、総督の秋田転進直後に秋田藩が同盟から離脱すると、藩内で秋田藩に対する非難が高まり、家老楢山佐渡《ならやまさど》を中心とする主戦論が力を持つようになった。このような状況では佐賀藩隊も八戸にいられないので、中牟田は南部領を徒歩で横断し、野辺地《のへじ》まで出て、そこから津軽に向かおうと考えた。盛岡藩兵が見過ごしてくれる保証はなかったが、野辺地までは衝突はなかった。野辺地には盛岡藩の栃内《とちない》忠兵衛が約一〇〇〇人を率いて詰めていたが、佐賀藩隊への攻撃は行っていない。やがて秋田藩の軍艦「陽春」が迎えに来たため、佐賀藩隊は無事に箱館へ向かうことができた。

八月末、佐賀藩の田村勘左衛門ら援軍五〇〇名が庄内に到着し、補給路を確保した。新政府軍は、圧倒的な火器力を生かして戦況を逆転させた。九月にかけて庄内藩・仙台藩・米沢藩が相次いで降伏し、会津でも会津若松城の落城が目前となった。大勢は新政府軍の勝利に傾いていた。

九月十日、中牟田は軍艦「加賀丸」（「弘前藩記事」では「加賀丸」だが、「野辺地戦争記聞」は「陽春」とする）で野辺地砲台を砲撃したが、反撃を受けて船が損傷したため、三厩に引き揚げた。この時、中牟田の作戦を援助しなかった弘前藩は、

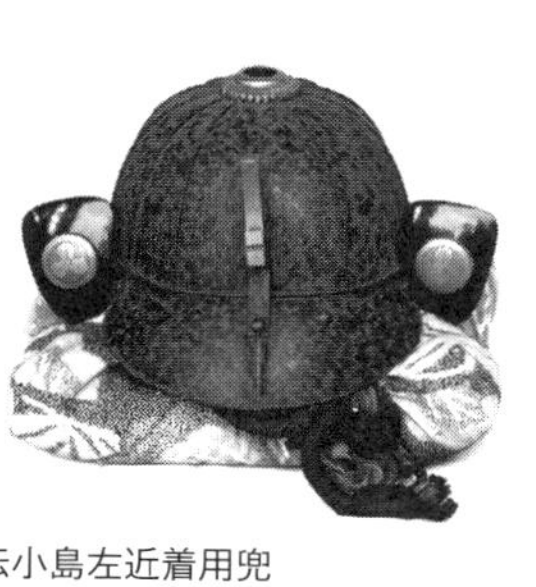

伝小島左近着用兜
（野辺地八幡宮蔵）

佐賀藩船砲弾
（野辺地町歴史民俗資料館蔵）

勤王の態度を示すため、木村繁四郎《はんしろう》に六小隊を預けて野辺地に向かわせた。九月二十二日夜から未明にかけ、三小隊からなる本隊が野辺地馬門口《まかど》を襲撃したが、退却を始めた盛岡藩隊の追撃中に、苫米地又兵衛率いる八戸藩隊約二五〇人に襲われた。混乱したところに盛岡藩隊からの反撃を受け、小隊長小島左近を含む四九人の死傷者を出して、弘前藩隊は惨敗した。

フランス人へ石炭売却―箱館戦争と八戸藩

東北戦争の進行中、新政府軍は徴兵や軍資金の供出を各所に求めた。目安は領知高一万石につき三〇〇〇両だったが、それなら、八戸藩は六〇〇〇両を上納しなければならない。分割が認められたとはいえ、国元では戦争の最中なので支払いは滞り、度々督促を受けた。貨幣制度の見直しが進められていた時期でもあり、太政《だ》 官札《じょうかんさつ》導入のための引き替え金も準備しなくてはならなかった。こうした金策の苦労は、後々まで続くことになる。

明治元年（一八六八）九月、東京では大名屋敷の割り替えが始まった。列藩同盟側に付いた盛岡藩の屋敷は収公され、田辺《たなべ》藩の管理下に置かれた。新政府への届出を見ると、八戸藩は麻布市兵衛町の上屋敷四六六〇坪余のほかに、添屋敷と三つの下屋敷を持っていたことが分かる。その内、上屋敷と麻布新町の下屋敷は

麻布御用邸（明治40年）
（『写された港区　三』No.78、港区教育委員会蔵）

南部栄信
（八戸市博物館蔵）

継続所有が認められた。この上屋敷は後に新政府が一万五〇〇〇円で買い上げ、静寛院宮（徳川家茂夫人の和宮）の住まいとした。

藩主信順は慶応二年（一八六六）に中風を患い、長旅はできない状態だったので、嫡子璟之丞《けいのじょう》（のち南部栄信《さきのぶ》）に代理を務めさせた。若い璟之丞は責務をよく果たし、明治二年に新政府から国事についての意見を求められた際も、そつなく返答している。

東北戦争後、南部本家の盛岡藩・七戸藩は厳しい処分を受けた。信順は謝罪歎《たん》願《がん》に奔走し、新政府から寛典を得られるよう努力した。南部利剛《としひさ》・彦太郎（のち南部利恭）父子が東京で謹慎させられた折には、江戸家老津村大学を蟄居《ちっきょ》先の金地院に遣わし、様子を見させている。金地院は八戸藩の菩提寺で、二代藩主南部直政が儒学の研究会に使っていた場所でもある。おそらくは、利剛父子の身柄を信順が預かることになっていたのだろう。

東北戦争の責任こそ問わなかったが、新政府は八戸藩の行動を監視していた。箱館戦争の最中の明治二年二月、品川を出た新政府艦隊が、北上する途中の宮古《みやこ》湾で幕府脱走艦の回天《かいてん》に奇襲された。宮古湾海戦である。日本初のアボルダージュ（接舷攻撃）を仕掛けた脱走艦側だが、新政府の旗艦甲鉄《こうてつ》の占拠に失敗し、猛反撃を受けて敗走した。新政府は、脱走艦が海戦の前に八戸で石炭を仕入れたのではないかと疑った。八戸藩の公用人太田喜満多（広城）は石炭二〇〇〇俵を売

『甲賀源吾伝』回天と甲鉄

った事実は認めたが、乗り組んでいたフランス人らのたっての願いだったこと、売却は現場担当者の個人的判断だったことなどを主張した。

問題を複雑にしたのは、事情聴取の進行中に不審船が八戸沖に現れ、領民五人を拘束して逃げ去る事件が起きたからである。蒸気船三艘から出たボートが何やら調査しているので目的を尋ねたところ、いきなり捕縛された。数日後、大蛇《おおじゃ》村（現階上町）の卯之助は何とか逃げ出し、残りの四人も箱館で解放されたが、前後の状況から推して、旧幕府の脱走艦（回天か）であるのは明らかだった。太田の説明で八戸藩と脱走艦との関係についての疑いは晴れたが、開港場以外での外国人との取引は条約違反との理由で、石炭の売却代金七五〇両は没収された。ちなみに、当時の記録には三人のフランス人「ウエウ、ニコ、コラシイ」の名が出てくるが、ニコはイポリット・ド・ニコール、コラシイはウジェーヌ・コラッシュと思われる。コラッシュの手記には「鮫村の役人をかついだ」と記されている（市川慎一・榊原直文訳『フランス人の幕末維新』）。

こうした経緯があったためか、八戸藩が九戸郡久慈村（現岩手県久慈市）で石炭採掘を計画し、外国人技師の招聘《しょうへい》を民部省に誓願した時は、詳細な契約書を用意した。外国人とのトラブルを予防しようとする姿勢が見える。

「日本での冒険1868—1869」より
侍姿のコラッシュ
（『世界周遊』一八七四年号）

②明治への移行

いつの世も、大きな改革は痛みを伴う。
吹き荒れる版籍奉還・廃藩置県の嵐により、八戸藩は消滅した。
しかし、新時代を担う人材は確実に育っていた。

藩治職制と版籍奉還――組織改革と若手の登用

野辺地戦争の直前、盛岡藩は降伏の意思を示し、秋田藩に仲介を依頼した。八戸藩隊が野辺地から戻ってきた明治元年（一八六八）九月二十八日にはすでに正式な降伏文書が提出されており、盛岡藩・八戸藩は鎮撫軍の指揮下に入ることになった。七万石削減、罰金七〇万両、白石への移封、さらに家老楢山佐渡《ならやまさど》らの処刑という過酷な処分を示された盛岡藩とくらべ、八戸藩は本領をそのまま安堵《あんど》という寛大な処置で済まされた。佐賀藩隊の受け入れなどが好意的に見られたのだろう。野辺地戦争で八戸藩に敗れた弘前藩からは非難されたが、佐賀藩や島津家の取りなしで事なきを得た。これを見た盛岡藩は、八戸藩に処分軽減に動いてくれるよう依頼し、八戸藩はこれに応えて、罰金を三〇万両に減額してもらい（五

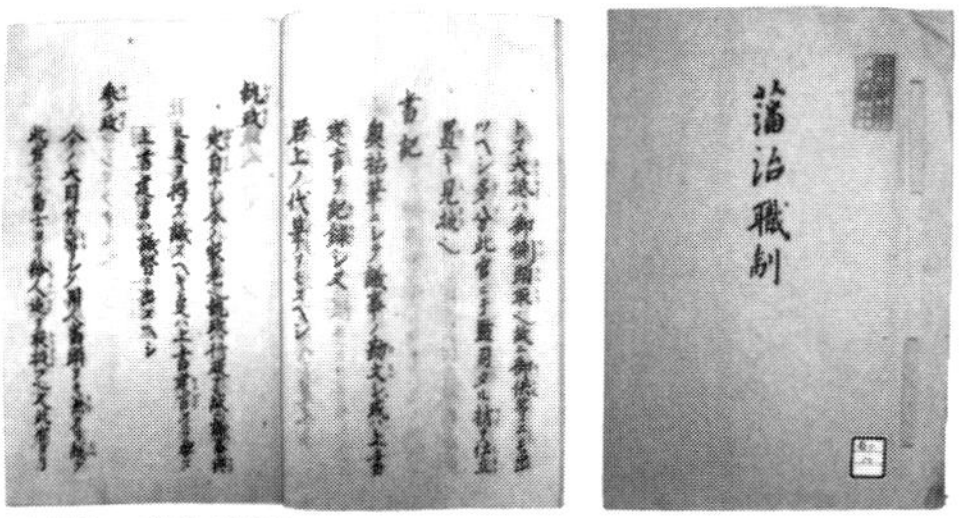

八戸藩の藩治職制
（八戸市立図書館蔵）

万両余を払い込んだ後は免除）、白石から盛岡への復帰処置も新政府から引き出した。

十二月、新政府は各藩に対し、役職の見直しと職務の統一を図るよう、制度改革を指令した。藩治職制《はんちしょくせい》である。執政《しっせい》・参政《さんせい》・公議人《こうぎにん》を定め、藩主側近と行政組織を分離し、門閥《もんばつ》にこだわらずに人員を適正に配置し、合議制を立てて、特定の実力者による独裁の弊を避けさせようとしたのである。

明治二年正月、新政府は版籍奉還《はんせきほうかん》を断行し、土地と人民は国家が把握すると宣言した。諸藩の藩主は知藩事《ちはんじ》に任命され、武士は新たに士族と呼ばれることになった。藩主信順の知藩事就任は、六月二十二日のことである。この直前の五月に箱館五稜郭《ごりょうかく》の旧幕府軍が降伏し、新政府は全国を掌握した。

これにより、八戸藩は新たな行政組織をスタートさせた。旧来の筆頭家老に相当する議督には山崎勘解由《かげゆ》が、家老相当の執政には吉岡左膳と湊九郎太が就任したほか、中里雄五郎ほか八人が参政に、新宮主税《しんぐうちから》ほか一二人が議士に任じられた。また、実務を担当する組織として民政察・度支察《どしさつ》・生産察・軍政察が置かれた。さらに、藩主家に関する職務として家知事《かちじ》が新設され、沢田満ほか三名が任命された（「職制」）。ここでは、藩の代表として政府との折衝に当たる公議人が挙げられていないが、藩治職制以前から京に詰めていた中里行蔵が公献人（のちの公議人）に充てられ、江戸改め東京にいた中島渚もそれに近い立場にあった。公議人は、慶応四年（一八六八）正月の三職七科制が、翌年二月に三職八局制へ変わっ

八戸藩知事印
（八戸市立図書館蔵）

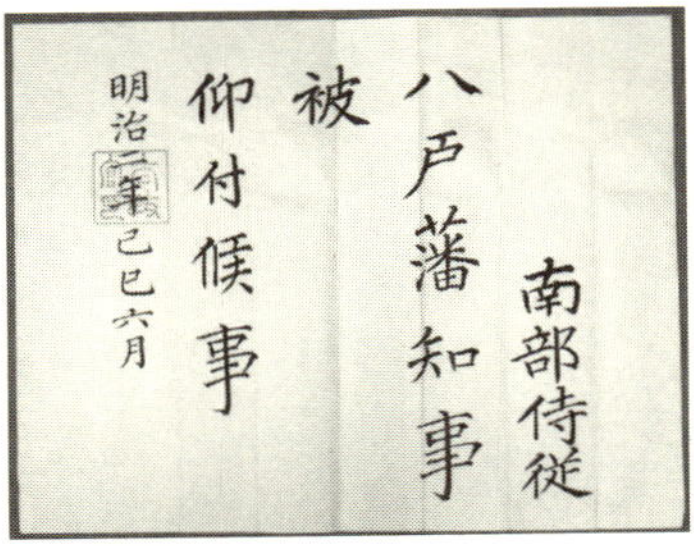

八戸藩知事の辞令
（八戸市博物館蔵）

た際、人材登用のために設けられた徴士《ちょうし》・貢士《こうし》に由来する。徴士は有能な者を抜擢《ばってき》して参与・各局の判事とし、貢士は諸藩の藩主が選任して政府に差し出す議事官である（大藩三人、中藩二人、小藩一人）。この貢士がさらに改められ、公議人となった。

七月の職員令で大参事・少参事制が導入され、八戸藩は大参事に中島渚、権《ごん》大参事に山崎左文《さぶん》・中里行蔵《こうぞう》（公議人を兼ねる）、少参事に野中鉄与《てつよ》・吉岡頼母《たのも》・中里孫次郎、権少参事に湊九郎太・中里弥右衛門・岩山宗機《むねのり》・太田広城（公議人を兼ねる）を選任した。太田は明治三年三月、投票によって八戸藩大参事となり、青森県の誕生に尽くすことになる。しかし、こうした職名・職務は一時的なもので、中央も地方もしばらくは落ち着かない状態が続いた。

十月には政府から、藩士の給禄を改定するよう指令があった。経費削減により浮いた経費を政府に上納させようとの意図があったとされる。八戸藩は明治元年、二年と凶作に見舞われて年貢収入が激減し、民部省への救済依頼も不調に終わったので、大幅な給禄減は必至だった。反発を恐れた藩側は士族らに意見書を出させることにし、それらを参考にして、士族を大士・中士・小士に分け、従来の給禄に関わりなく、それぞれ四〇俵・三〇俵・二〇俵を支給することとした。

現米三拾俵下賜
（八戸市立図書館蔵）

廃藩置県と青森県の誕生——新時代の幕開け

版籍奉還を機に新政府は旧幕府領や旗本領《はたもと》を直轄地とし、府と県を置いたが、依然として藩は存続した。廃藩置県に至るまでの約二年半、府・県・藩の三治《さんち》制が採られたのである。戊辰《ぼしん》戦争の結果、盛岡藩領の下北郡と三戸郡・二戸郡の一部は、明治元年（一八六八）十二月、弘前藩の管理となったが、領民の反対運動もあって黒羽《くろばね》藩の取り締まりに移され、明治二年二月九日には三戸御役所の支配下に置かれた。これはのちに「北奥県《ほくおうけん》」と呼ばれたが、あくまでも過渡期に設置された仮の県で、明治二年八月十八日に九戸県が設置されると、これに吸収されることになった。この九戸県は九月十三日 の八戸県、同十九日の三戸県を経て、斗南《となみ》藩と江刺《えさし》県に分かれた。この三治制下の八戸県と、八戸藩に由来する八戸県とは、全く別物である。

明治四年七月、新政府は廃藩置県を発令した。「冗ヲ去リ簡ニ就キ有名無実ノ弊ヲ除キ」と太政官《だじょうかん》の令達（『天朝御書付之写』）にあるように、版籍奉還など一連の制度改革が十分な成果を挙げていなかったための決断である。これにより、北奥諸藩はそのまま県となった。知藩事の地位にあった旧藩主らは東京に集められ、代わりに中央から県令《けんれい》（のちの県知事）や府知事が派遣された。八戸藩では

「八戸藩」の印を用いた八戸県庁下達書
（個人蔵）

この時、藩主信順が病気で臥せっていたため、十五歳の長男栄信《さきのぶ》が東京に赴くことになった。栄信は沼館《ぬまだて》の川原地開墾を指揮したり、久慈通の巡視を行ったりするなど、すでに父信順の代わりに公務を行っていたが、明治五年の東京行きを機会に元服し、家督を相続した。

栄信は明治七年十一月にアメリカへ留学したが、途中で病を得て帰国し、明治九年三月に十九歳で死去した。そのため、妻の麻子《あやこ》（南部利剛《としひさ》次女）が家督を継いだ。麻子の兄英麿《ひでまろ》を迎える話もあったが不都合があり、女性ながら麻子が暫《ざん》定《てい》的に当主となったのである。明治十一年五月、麻子は盛岡藩から弟の利克《としなり》（四歳）を養子に迎え、家督を譲った。その間、西南戦争に参加する兵士集め、八戸小学校の建築費献金、三八城《みやぎ》神社の創建請願など、積極的に活動した。同社落成後に藩主所用の軍装用具を寄贈するなど、八戸南部家の顕彰に努めた。栄信との結婚生活が短かったため、周囲には再婚を勧める声もあったが、麻子は「四民の模範たる華族の身で夫を重ねることはできない」と断ったという（島森光雄『八戸の女性史』）。

廃藩置県により、北東北は小県分立の状態となった。しかし、それは行政事務の煩しさにつながり、経費的にも効率が悪かった。斗南《となみ》県の広沢安任《やすとう》と八戸県の太田広城《ひろき》は、地域間の経済格差や歴史的・文化的背景の違いを乗り越えるため、より広い地域を一つにした方が有利だろうとの見通しを立て、共同で新政府に大

軍扇（三八城神社蔵）

三八城神社

合併を提案した。これが大久保利通《おおくぼとしみち》に伝わり、田中不二麿《ふじまろ》や内田政風《まさかぜ》ら新政府関係者による事情聴取が重ねられた（青森県立図書館蔵「官省《かんしょう》指令留」壱）。『公文録』によって生産高を比較すると、弘前県＝三十一万七千六百三十三石余、八戸県＝四万七十四石、斗南県＝三万石、七戸県＝一万三百八十四石余、黒石県＝一万三千二百五十一石余である。

弘前藩にはこの合併を不都合とする向きもあったが、当時の情勢では合併は避けられなかった。

九月五日、黒石・斗南・七戸・八戸県と旧松前藩の館《たて》県を加えた五県が弘前県と合併した。しかし、県大参事野田豁通《ひろみち》が「県庁が弘前では偏り過ぎ」との伺書を太政官へ提出したことから、同月二十三日に県のほぼ中央に位置する青森への県庁移転が決まり、県名も青森県となった。結局、廃藩置県による八戸県が存在したのはわずか五十日ほどだった。

十一月、青森県下の九戸郡と岩手県下の二戸郡の交換が行われた。しかし、二戸郡の住民が岩手県への所属を強く望んだため、明治九年、この地域は岩手県に移管された。さらに、海峡をへだてた旧館県の地域はあまりにも連絡が不便なため、明治五年に北海道開拓使《かいたくし》に移管された。こうして、現在に繋がる青森県の領域が確定した。

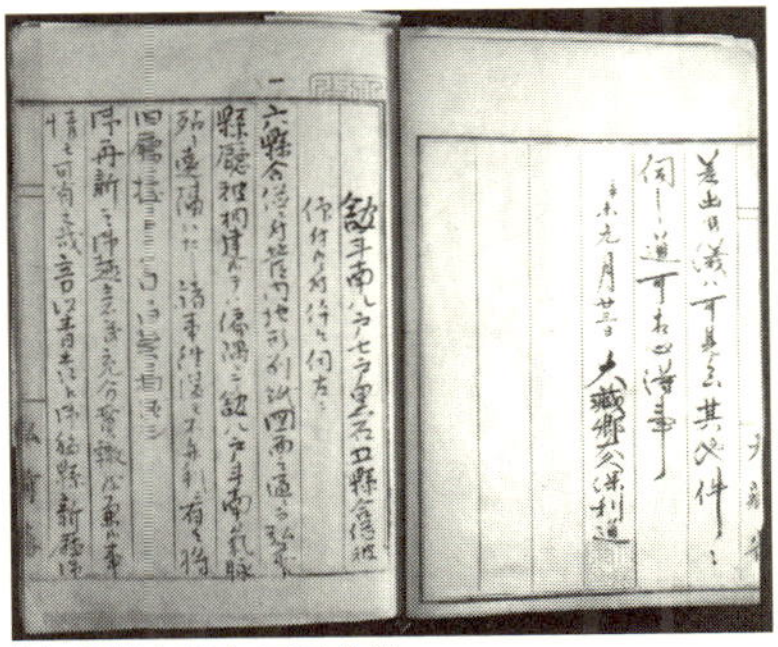

「官省指令留」五県合併
（青森県立図書館蔵）

広沢安任
（三沢市先人記念館蔵）

③ 近代化のなかの八戸

藩は消えても、学問・文化を好む風土と人情は残った。
文明開化の風潮の中、新しい生き方を模索する八戸の人たち。
北東北の片隅に、進取の精神は灯り続ける。

源晟と八戸のハリストス正教会

安政元年（一八五四）に開港した箱館のにぎわいは、津軽海峡を挟んだ北奥の地にも聞こえてきた。弘前の絵師平尾魯僊《ろせん》は、松前・箱館での見聞を「松前紀行」（函館市立中央図書館蔵）・「箱館紀行」（弘前市立弘前図書館蔵）・「洋夷茗話」（同）にまとめている。魯僊が感じた新時代の息吹や変わりゆく世相への驚きは、幕末の日本人が等しく共有したものと言うことができよう。

明治初期、長らく禁止されていたキリスト教が復活した。英米からはプロテスタント諸派が、フランスからはカトリックが、ロシアからはロシア正教が流入し、開港地の横浜・長崎・箱館には教会が建てられた。西洋文化の浸透により、古い価値観は失われていった。近代化の波は全国に広がり、戊辰戦争で疲弊した東北地方にも及んだ。青森県では明治初期に、弘前を中心にメソジスト派の宣教が展開し、八戸と三戸ではハリストス正教会（ロシア正教）の宣教が始まった。その担い手は、キリスト教を新時代の象徴と見て飛び込んでいった若い士族たちだった。

弘前のメソジスト派を支えた人物の一人に、本多庸一《ほんだよういつ》がいる。弘前藩の士族だった本多は、幕末に開港地横浜の宣教師サミュエル・ブラウンやジェームス・バラの教えに触れ、バラ塾やブラウン塾に参加した。帰国して東奥義塾の塾長となり、教員・学生らと布教活動を共にした。明治九年（一八七六）には、東北最古のプロテスタント教会である弘前教会をジョン・イングとともに設立している。その後、アメリカ留学を経て東京英和学校の校長となり、同二十七年に青山学院と改称した。第二代院長として十七年間務め、発展の基礎を築いた。

八戸のハリストス正教会を主導したのは、源晟《みなもとのあきら》（一八五〇—一九一八）である。八戸藩の祐筆を務めた河原木弥兵衛の子で、幼名は滝蔵という。藩の文武講習所を経て東京に遊学し、明治四年に代言人《だいごんにん》（弁護士の前身）となった。河原木家に伝わる義経伝説との縁で源姓に改めたという。廃娼や救貧といった社会活動に関わりを持ち、同六年のキリスト教解禁を機に、八戸に伝播したハリストス正教に近づいた。同九年、地元信者と語らって「陸奥国八戸光栄会」を設立し、日本人最初のハリストス正教司祭沢辺パウエル琢磨（元土佐藩士の山本琢磨）から洗礼を受け、上京してニコライ司祭に学んだ。以後、各地を伝道して明治十四年に帰郷

源晟

し、産馬騒擾事件の解決など、政治活動にも関わった。県会議員や同議長、衆議院議員を務める傍ら、自由民権運動の政治結社「土曜会」を結成し、尋常中学校八戸分校の開設を図るなど、教育界にも尽くした。

名僧と呼ばれた西有穆山

八戸の湊村に生まれた笹本万吉は天保四年（一八三三）に十三歳で出家し、類家村の長流寺に入って金英となった。のちに明治天皇から「直心浄国」の禅師号を贈られた西有穆山《にしありぼくざん》（一八二一―一九一〇）その人である。天保十二年に江戸駒込の吉祥寺に入ったが、近くに菊地竹庵の儒学塾があり、吉祥寺の愚禅《ぐぜん》や栴檀林《せんだんりん》の慧亮《えりょう》という優れた研究者もいて、勉学は進んだ。特に、曹洞宗の最も重要な経典である「正法眼蔵《しょうぼうげんぞう》」（開祖道元《どうげん》が禅の真髄を説いた書）を学んで、曹洞禅の本筋をつかんだ。

金英は嘉永二年（一八四九）に瑾英と名を改め、文久二年（一八六二）にはさらに穆山と改めた。不合理や無作法を嫌い、自他ともに厳しい修行を求めたが、平常は人当たりも柔らかく、軽妙洒脱な物言いをする人だった。牛込の宗参寺にいた頃、彰義隊《しょうぎたい》に参加した信徒を匿《かくま》い、官軍を説き伏せて追うのを止めさせたが、これがきっかけで西郷隆盛や大久保利通とも知り合った。

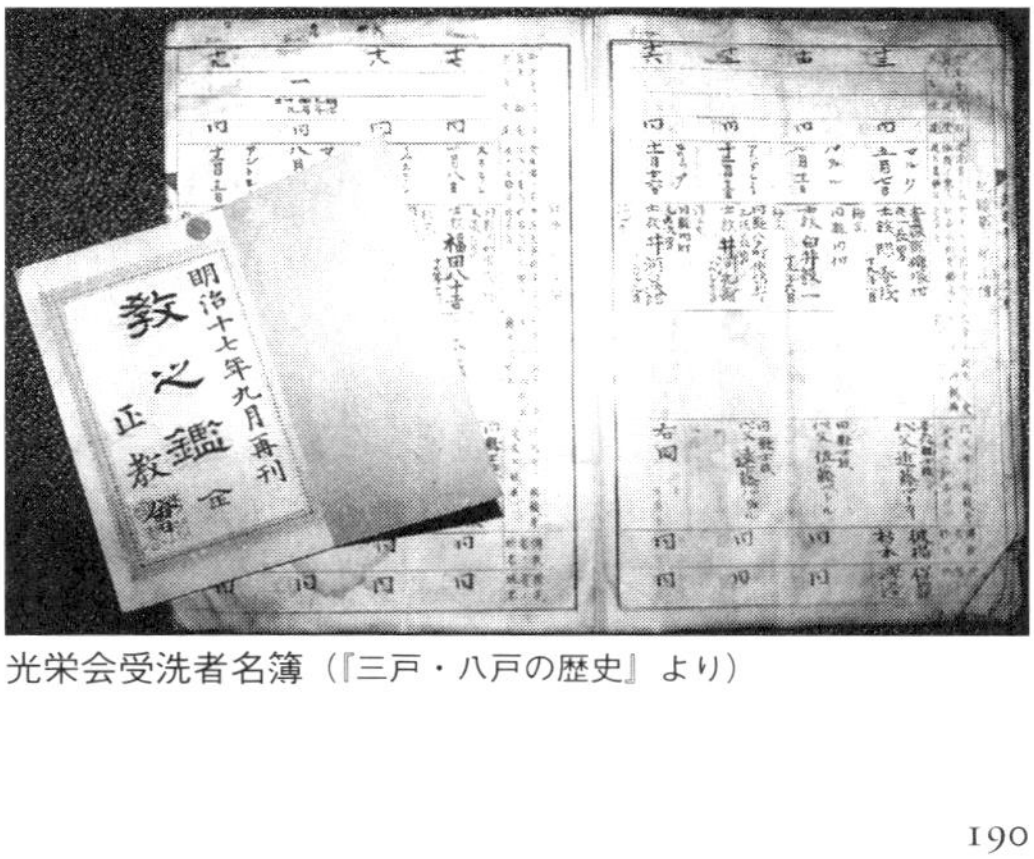

光栄会受洗者名簿（『三戸・八戸の歴史』より）

穆山の最大の功績は、永平寺《えいへいじ》と総持寺《そうじじ》の関係改善である。両本山は互いに別物との立場をとってきたが、明治初頭の廃仏毀釈《はいぶつきしゃく》の動きの中、永平寺が強引に統合運動を進めたため、総持寺側は反発した。それでも、道元ゆかりの永平寺を格上とすることで妥協が成立し、明治五年(一八七二)に手打ちとなった。これにより、非常時の助け合いなど新たな協力関係が生まれたが、一方で諸所との連絡に当たる東京出張所が二カ所に分かれるなど、対立時そのままという部分もあった。のちに出張所は芝の青松寺に一本化されたが、これは、穆山の広い人脈と調整力で実現したと言える。

穆山は明治十九年から永平寺の西堂職(トップである貫首の補佐役)にあったが、明治三十一年の総持寺火災を受け、すみやかな再建を期待されて同寺の貫首に迎えられた(同三十四年)。この時、鶴見(横浜市)への本山移転を決断したことで批判されたが、現在の総持寺は、屈指の大本山として偉容を誇っている。両寺から必要とされた穆山が、青森県出身者としては初の曹洞宗管長に推されたのは、その禅の力量と人格に照らして当然と言える。

西有穆山

全国に伝わった東洋捕鯨会社焼き打ち事件

江戸時代、八戸では肥料用イワシの地引網《じびきあみ》漁が行われていたが、明治二十年代

(一八八七〜)頃から、漁業の中心は沖合漁業へと移った。三重県生まれの長谷川《はせがわ》藤次郎《とうじろう》は、二隻の船が並んで網を引く揚繰網《あぐりあみ》漁法を導入し、イワシを手早く加工するための搾《しぼ》り機を改良して、魚肥《ぎょひ》の品質向上と量産化に成功した。

日露《にちろ》戦争後、食糧増産が国策となった影響で、三陸海岸一帯に西洋式捕鯨を導入しようとする動きが起こった。しかし、漁民たちは、鯨は大漁をもたらす霊魚と信じていたし、解体による血や脂が海を汚すとの噂もあった。解体場の設置場所が容易に決まらない状況を見て、長谷川は沿岸各村の漁業組合を訪ね、むしろ積極的に受け入れよ、と進言する。捕鯨業そのものはもちろん、缶詰・肥料・水産加工など関連事業が発展すれば地元は大いに潤う。会社からも、一頭につき補償金一〇円を出すとの好条件が示された。東洋捕鯨会社鮫《さめ》事業所が恵比須浜《えびすはま》(八戸市鮫町)の敷地にオープンしたのは、明治四十三年秋のことである。

解体作業は翌年五月に始まったが、雇われたのは鮫村の漁民ばかりで、周辺の白銀《しろがね》村・湊《みなと》村には何の補償もなかった。さらに、八月までと約束した漁期を越えて会社が操業を強行したため、漁民の怒りは爆発した。十一月一日早朝、漁民約千人が館鼻《たてはな》(八戸市湊町)に集結し、景気づけの酒をあおり、三隊に分かれて会社へ詰めかけた。火の手を上げ、関係者宅を襲い、警官と激しく斬り結んだ。長谷川も家や船を壊され、網を焼かれる損害を被った。しかし真に責められるべきは、住民感情に配慮せず、一方的に反対意見を切り捨ててきた行政側の対応の

東洋捕鯨株式会社鮫事業場の鯨解体
(八戸市立図書館蔵)

方であろう。裁決は厳しく、多くの漁民が収監されたが、明治天皇崩御《ほうぎょ》による大《たい》赦《しゃ》で釈放されたのがせめてもの救いだった。

青森県の中等教育と八戸

生徒の就学期間や授業内容から見れば、戦前の中学校は現在の高等学校に近い。三八地域の中等教育は、明治二十六年（一八九三）に八幡《やはた》町（八戸市八幡）に開校した青森県尋常《じんじょう》中学校八戸分校に始まる。以後、青森県第二尋常中学校・青森県第二中学校・県立第二中学校と校名変更を重ね、明治四十一年に大杉平《おおすぎたい》（八戸市糠塚）の広大な敷地に移転し、翌年四月に県立八戸中学校と改称した。八戸高校の前身である。生徒数は明治三十五年からの五年間に、三三〇、三五〇、三一〇、二九二、三〇一と三〇〇人前後を推移したが、その後しだいに増加し、大正十二年（一九二三）には一五学級七五〇人の定員制となった。「文武両道」が校風で、早稲田大学の名外野手大下常吉《おおしたつねきち》、大正十五・昭和三（一九二八）・同五年と甲子園出場を果たした野球部、大正十四年から関東・東北大会四連覇の柔道部などの活躍が知られている。

青森県の女子就学率はかなり低く、明治三十一年には男子七八・九八％に対し、三二・四五％に過ぎなかった。それでも、明治三十三年の県立高等女学校（弘前

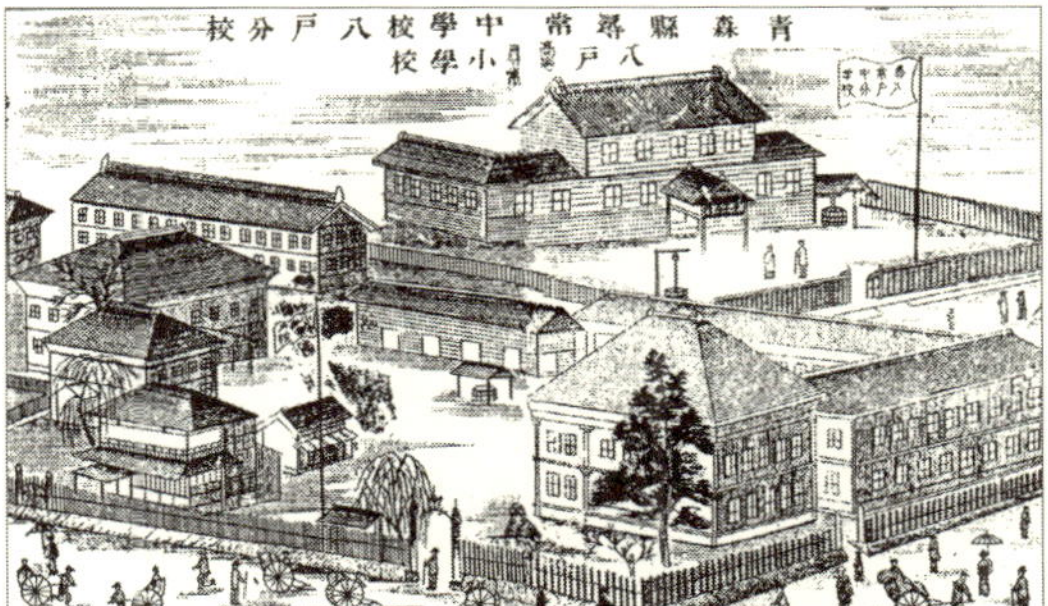

「八戸実地明細絵図」青森県尋常中学校八戸分校
（青森県立郷土館蔵）

市）開校を機に女子にも中等教育の道が開かれ、翌年には類家《るいけ》（八戸市類家）に県立第二高等女学校が建てられた。しかし、当時の男尊女卑《だんそんじょひ》の風潮の中では実技教育にも配慮しなければならず、明治四十二年には、改称した県立八戸高等女学校に県立女子実業学校を併置している。のち両校は県立実科高等女学校として統合されたが、大正八年には県立八戸高等女学校の称に復した。八戸東高校の前身である。

このほか大正九年十月には、県立水産講習所が人形沢《にんぎょうさわ》（八戸市白銀町）に設置され、大正十三年に県立水産学校へ移行した（のちの八戸水産高校）。また「信愛」を理想に掲げて千葉くら（羽仁《はに》もと子の妹）が設立した八戸女塾が、大正十二年に学校認可を得て、私立千葉裁縫女塾《ちばさいほうじょじゅく》となった（のちの千葉学園）。

八戸で観測されたハレー彗星

ハレー彗星《すいせい》が約七十六年ごと（数年の誤差あり）に現れる周期彗星であると主張したのは、イギリスの天文学者エドモンド・ハレー（一六五六―一七四二）で、その学説が発表されたのは宝永二年（一七〇五）のことである。日本の天文学の発達度を考えると、当時は誰も興味を持っていなかったのではと思いがちだが、実は幕府天文方の渋川景佑《しぶかわかげすけ》が編集した『新修彗星法』に宝暦七年（一七五七）に出

県立八戸中学校（昭和14年）
（個人蔵）

現した彗星の記述があり、これがハレー彗星のことである。渋川の同僚である足《あ》立信頭《だちのぶあきら》も天保六年（一八三五）にハレー彗星を観測しており、少なくとも、暦の作成に関わる天文方内にはハレー彗星への関心が息づいていた（栗田和実「新修彗星法による天保六年彗星の軌道計算」）。

欧米の科学知識や近代技術が大量に流入した明治期、日本の学問レベルは一気に引き上げられ、地方にも科学熱が高まった。八戸で時計店を営んだ前原寅吉《まえはらとらきち》（一八七二〜一九五〇）もその一人で、宇宙へのあこがれを抱いて天文学・物理学を勉強した。その後、太陽黒点の観測に成功して日本天文学会の特別会員となった前原は、明治四十三年（一九一〇）、ハレー彗星の太陽面通過の観測に成功した。学会では認められなかったものの、世界で唯一の成功例として脚光を浴びた。

前原は、天文学の実際への応用という点を強く意識していた。ハレー彗星の到来に湧く日本において、この彗星について正確に理解している庶民は皆無と言ってよく、「地球がくだける」「大気が吹き飛ばされる」「彗星の尾に毒ガス成分がある」という噂話が、少なからず混乱を招いていた。社会に正しい科学知識が不足している点を憂えた前原は、天文学の普及を念頭に積極的に行動した。同年、南極探検に出発する白瀬矗《しらせのぶ》中尉に星座表を利用した「星座時計」を贈ったのはアピールの一つだが、ほかにも、冷害の原因を天文学的に研究して発表したり、みずから天体を撮影して作った「月球世界」「天体之現象」といった教材を日本・

前原寅吉と天体望遠鏡（個人蔵）

アメリカ・アジア諸国に無償で配ったりしている。アマチュアながら、天文学の普及に情熱を燃やした前原の態度には学ぶべきものがある。

デモクラシー時代の八戸

大正二年（一九一三）の東北大凶作は農村部に深刻な打撃を与えた。しかし第一次大戦による好景気が到来すると、青森県もにぎわいを見せはじめる。同三年、青森でトーキー（有声）映画館が登場すると、翌年には八戸鍛冶町に新開座《しんかいざ》がオープンした。この年には弘前・青森・八戸で飛行機の展示会も行われている。同五年には八戸廿八日町（現在の第一生命ビル辺り）にルネサンス様式の劇場「錦座」が建てられ、こけら落としに歌舞伎の中村吉右衛門一座が招かれた。同七年には弘前で第一回観桜会《かんおうかい》が開かれ、同九年には八戸〜久慈間に乗合《のりあい》自動車（バス）が走った。庶民の購買力も高まり、同十年に松木屋呉服店（青森）、同十二年に角は《かくは》デパート（弘前）が開業した。この数年は米・リンゴが豊作で、八戸駅が木炭出荷量で日本一になる（十一年度三〇〇万俵）など、産業面でも実りがあった。生活水準の向上と文化活動の大衆化・地方化の動きこそ、大正デモクラシーの核心である。

八戸では政財界に人気があった俳句に加え、短歌や詩作が流行した。「北国文

八戸劇場　錦座
（八戸市立図書館蔵）

芸」など同人誌が次々と発行され、一般にも裾野を広げた。新聞の文芸欄も重要なメディアで、八戸政界の主流土曜会《どようかい》の機関紙『はちのへ』には、『一茶俳句全集』の編者大塚甲山《おおつかこうざん》（上北町）も寄稿している。この『はちのへ』と激しい論戦を演じた『奥南新報』は、昭和三年（一九二八）、小井川潤次郎《こいかわじゅんじろう》ら八戸郷土研究会メンバーによる「村の話」の連載をスタートさせるなど、紙面を通じて地元の文芸活動を支えた。

『婦人之友』の羽仁《はに》もと子（八戸出身）が「自由学園」を創設した大正十年、八戸では演劇が注目を集めた。文芸同人の塑像社《そぞうしゃ》から、演劇に関心を持つ北村祐五郎《きたむらゆうごろう》や三浦惣三郎《みうらそうざぶろう》が分かれ、演劇社や八戸劇協会を設立した。慶應大学生の北村小松《きたむらこまつ》（八戸町長北村益の弟）は築地《つきじ》小劇場の小山内薫《おさないかおる》に脚本を学び、在学中の大正十二年に書いた「借り間」が帝国劇場に採用された。昭和六年には、代表作『マダムと女房』（日本初のトーキー映画化作）を、松竹キネマから発表している。

漁業の近代化と八戸港の発展

漁船の大型化・動力化が進むと、港湾設備の近代化が大きな課題となった。八戸共商会の浦山太吉らは鮫港整備構想を提出している。大正四年（一九一五）六月、八戸町長奈須川光宝《なすがわみつとみ》は漁港問題懇談会を開き、地域住民の関心を呼び起こし

修築前の八戸浦（大正４年）
（『青森県写真帖』より）

た。大正七年四月、地元有力者が集う土曜会《どようかい》（憲政会系）を率いる奈須川は、中央寄りの奥南《おうなん》派（政友会系）の県議遠山景三《とおやまかげぞう》と図って鮫湾漁港修築期成同盟会を組織し、政官財を巻き込む一大運動を立ち上げた。折しも第一次大戦による輸出増大で好景気が続き、政府の補助事業が活性化したことが追い風となって、修築費一二〇万円の大事業として、県議会で承認された。翌年十一月には起工式が行われ、以後、港湾施設の整備が進んだ。

また、政友会総裁原敬《はらたかし》の呼びかけで東北振興会に参加した根津嘉一郎《ねづかいちろう》が大正八年、新井田川岸に「日の出セメント」八戸工場（のちの住友セメント）を設立すると、八戸には大型近代工業が根づきはじめた。同十一年には八戸と岩手県久慈を結ぶ鉄道（久八線）の敷設が始まり、臨海部発展の基礎が固まった。昭和四年（一九二九）の町村合併・八戸市制施行を機に鮫港は白銀・川口湊を含めて「八戸港」と改称され、昭和十四年に正式開港した。昭和二十六年には重要港湾に指定され、青森県南から岩手県北に広がる経済圏の形成に貢献した。昭和三十五年には特定第三種漁港に指定され、魚市場や背後施設の整備を進めた結果、昭和四十一年から三年連続で水揚げ日本一を記録した。近年は、漁業環境の厳しさから水揚げも減少傾向にあるが、平成十二年（二〇〇〇）の水揚げ数量が二四万一〇〇〇トンで前年に引き続き全国一位、金額が三四〇億円で全国六位と、高水準を維持している。

蕪島の架橋（八戸市立図書館蔵）

港湾地域はさらに広がり、鮫漁港・館鼻《たてはな》漁港と第一～第三魚市場を含む白銀《しろがね》地区、昭和十二年の馬淵川《まべちがわ》河口付け替え以後工業地域となった河原木《かわらぎ》地区、貿易施設が集中する八太郎《はったろう》地区の三区で構成される、北日本有数の漁港・商港・工業港となっている。昭和五十五年には八戸大橋・八太郎大橋が開通し、三区は貨物輸送バイパス線により結ばれた。平成八年にはＦＡＺ（輸入促進地域）指定を受け、翌年にはポートアイランド構想がスタートするなど、拡大と発展を続けている。

吉田初三郎の仕事ぶり

第一次世界大戦後の日本は好景気にわき、社会全体にゆとりができた。昭和二年（一九二七）には十和田湖が日本新八景に選出されるなど、名所ブーム、旅行ブームがおきた。この時期に全国を歩き、綺麗で分かりやすい観光地図を制作して人気を得たのが、「大正の広重」こと吉田初三郎である。高空から地上を眺める鳥の目線を意識した鳥瞰法を用いて限られた紙面に広い範囲を入れこむ「パノラマ地図」を生みだした。

昭和七年八月の『河北新報』によれば、初三郎は「種差の海は正に日本一の絶景だ」と述べたという。昭和八年七月の『奥南新報』には「八戸市鳥瞰図の売れ行きが大変良い、吉田画伯の一年余の努力だ」ともある。昭和九年六月には「種差の風光をなぜ陸奥金剛と呼ばせたか」という講演も行った。東洋一の景勝地とされる北朝鮮の金剛山になぞらえるほど、初三郎は種差海岸を気に入ったのである。初三郎はアトリエ兼別荘「潮観荘」を建て（命名は徳富蘇峰。のち焼失）、一時はここを本格拠点とした。「潮観荘」には多くの人が出入りした。高松宮が訪問し、あれこれ質問をしたこともある。初三郎の洋画の師鹿子木孟郎（関西美術院長）は種差海岸を見て、「フランスのブルターニュに優る海光美」と賞賛した。

初三郎による八戸の鳥瞰図は、

○原画…昭和二十五年（二点）、昭和二十七年、昭和二十八年の計四点

○折図…昭和八年、昭和十二年、昭和二十五年、昭和二十九年の計四点

が確認されており、ほかにも多くの関連作品が残っている。

初三郎の活動については、青森市の統計課長渡邊惣助が、『青森市政』第十一号（昭和二十三年七月二十日付）に興味深い記事を載せている（「新しい鳥瞰図作成の苦心を語る」）。

渡邊は市制五十周年記念事業として鳥瞰図の頒布を思い立ち、初三郎に連絡を取った。昭和七年にも青森市鳥瞰図を制作したことがあり、その縁を頼っての依頼だった。この頃は初三郎の長男朝太郎が営業を担当していて、折良く、函館へ渡るところだった。六月二十一日、渡邊は朝太郎や交通公社・印刷会社の関係者と連れ立って青森市周辺を回った。作画にも関わっていた朝太郎は、重要な建物

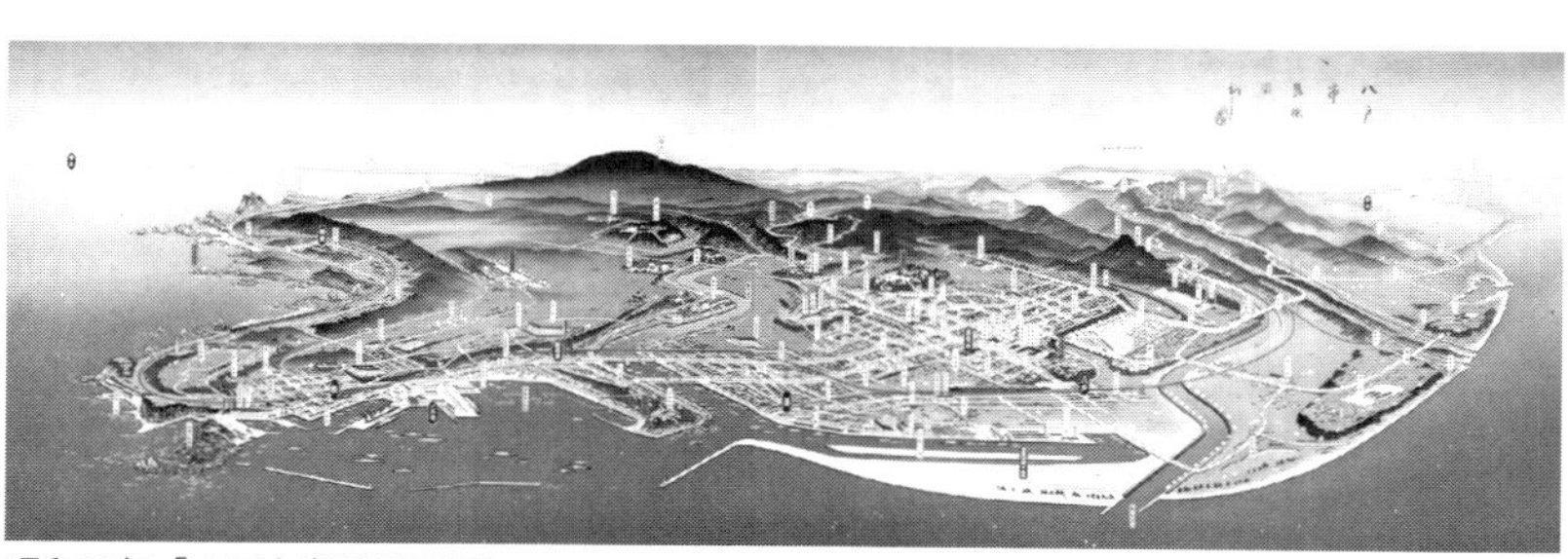

昭和28年「八戸市鳥瞰図原画」
（青森県立郷土館蔵）

や景色を熱心にスケッチしていたという。翌日には竜飛崎へ向かい、悪路に苦労しながらも何とか日帰りで青森まで戻った。一週間後には早くも原図ができあがり、初三郎父子が市長室を訪ねてきた。渡邊は「原図は一尺に四尺位の絹に色美しく描かれたもので、青森市街が一目で手にとるように分ると共に浅虫や小湊、椿山、また油川、平舘、三厩、龍飛方面、更に三内霊園、浄水場、八甲田山、十和田湖まで取り入れ実に見事なできばえです」と書いている。

七月一日には校了となり、裏面の原稿や写真が手配された。印刷は京都で行うことになったが、仕上がりは紙質しだいということで、青森からわざわざ上質紙を客車便で送るという気の遣いようである。渡邊は同月十四日に京都へ出発し、校正を終われば直ちに印刷、七月二十五日には納入の運びにしたい、と考えていた。記念式典と「港まつり」に間に合わせるためとはいえ、その要求に応える初三郎らの仕事の速さには驚かされる。

日本画家東山魁夷の代表作「道」が、種差海岸周辺の情景をモチーフにしていることは有名だが、そのように、様々な人々が種差海岸の魅力に惹きつけられたのである。

八戸藩と地震・津波

太平洋に面した三陸《さんりく》海岸一帯は、世界有数の地震地帯である。八戸はこれまでも大きな地震・津波を経験してきたが、平成二十三年（二〇一一）の東日本大震災は、やはり衝撃的だった。同年三月十一日午後二時四十六分に発生した東北地方太平洋沖地震はマグニチュード九・〇、宮城県栗原《くりはら》市では観測史上三度目となる震度七を記録した。その後の津波や火災で死者・行方不明者合わせて二万四千余人を出し、おびただしい余震が続発した。八戸市では南郷《なんごう》区で震度五強を観測したほか、内丸《うちまる》で震度五弱、湊町と島守《しまもり》で震度四を観測した。津波は白浜《しらはま》で波高約一〇メートル、新湊《しんみなと》で六・二メートル、二号埠頭《ふとう》付近で六・四メートルを観測したほか、馬淵《まべち》川で一〇・九キロ、新井田《にいだ》川で約六・九キロの遡上《そじょう》が確認された（八戸市『東日本大震災　八戸市の記録』）。相対的に死者・行方不明者が少なかったとはいえ、貴重な人命と生活が失われたことに変わりはない。

八戸藩でも、地震・津波は記録されている。慶長十六年十月二十八日（グレゴリオ暦一六一一年十二月二日）の慶長三陸地震は、三陸沿岸から北海道東岸を震源とするマグニチュード八・一（推定）の大きさで、南部・津軽の海岸で津波による多数の死者・死馬を出した。江戸時代に八戸沖で発生したマグニチュード七クラスの地震は、宝暦十二〜十三年（一七六二〜六三）にかけての三度の地震や、安政三年七月二十三日（グレゴリオ暦一八五六年八月二十三日）の安政八戸沖地震など、十数度あった（白石睦弥「歴史災害ハザードマップ作成のための文献史学的アプローチ」）。安政八戸沖地震による津波は釜石周辺で波高五・四メートルに達し、八戸の馬淵川では上流一一キロの櫛引《くしひき》まで遡上した。死者は盛岡・八戸・仙台藩を合わせて三七人だったが、八戸藩・盛岡藩では全壊二八九軒、半壊三〇〇軒余りの住家被害を出した。

東日本大震災直後の蕪島
（『東日本大震災　八戸市の記録』より）

この地域の人たちはそれ以降も、明治三陸地震（明治二十九年）、チリ地震津波（昭和三十五年〈一九六〇〉）、十勝《とかち》沖地震（昭和四十三年）、宮城県沖地震（昭和五十三年）、三陸沖はるか地震（平成六年）に見舞われた。しかし、不断の努力によってその痛手を乗り越えてきた。

災害からの復興を可能にするのは、強い意志の力である。地震や津波からその都度立ち上がってきた八戸の歴史は、そうした人々の思いに支えられている。

あとがき

平成二十年（二〇〇八）七月、「シリーズ藩物語」の一冊として、拙著『弘前藩』が刊行された。私の不勉強や思い込みもあり、内容的には反省点も多かったが、予想以上の好評で、弘前藩の歴史への興味関心を引き出す役目は果たせたか、と思っている。それからすぐに『八戸藩』執筆の話をいただいたが、当時、私は『青森県史』『新編八戸市史』『新編弘前市史・岩木地区』の編纂に関わっていて、なかなか余裕がなかった。何度かお断りしたが、その最中の平成二十三年三月十一日、東日本大震災が起きた。

津波が岸壁を乗り越え、すべてを呑み込みながら町を破壊していく様は、テレビの中の映像とはいえ、やはり大きなショックだった。私が住む青森市に大きな被害はなかったが、停電や燃料不足、品物不足の影響で、日常生活には支障が出た。一カ月後に所用で八戸に出向いた折、新井田川の中に横倒しになったままの船や、蕪島の海水浴場を取り巻く護岸ブロックが大破している様を目の当たりにして、言い表せない複雑な感情を覚えた。八戸で生まれ育った私にとって、それらの地は懐かしい記憶と重なる。しかし、眼前には容赦ない荒涼が広がっていた。執筆を決意したのは、まさにこの時である。

こうした思いは、本書の構成にも影響を与えている。八戸藩の終焉までをカバーするだけなら第六章の前半で筆を擱《お》くべきだが、震災の記憶を留めるためのエピローグを用意したことで、近代以降の八戸の発展と港湾整備に少なからず触れる必要が生じた。八戸の歴史にとって、海は重要なファクターなので、この点については、ご寛恕を願う次第である。

平成二十六年春、七年間の学芸員生活を終え、青森商業高校へ転勤することになった。これを機に執筆も区切りをつけようと、夏までに原稿を送ると約束したが、その矢先に思わぬ体調不良に見舞われた。入院・手術・休職・療養に費やした半年間は、これまでいちばん苦しい時期だった。初めての大病で弱気になることもあったが、親族や同僚、恩師の長谷川成一先生、かつての仕事仲間や研究会の方々から多くの励ましをいただき、何とか職場復帰にこぎつけた。身体的には、体調を見ながらの生活が今も続いているが、精神的には、ほぼ全快と言えるところまで来た。

『弘前藩』の時もそうだったが、最新研究を踏まえたいとの理由から、幾度となく締切を延ばしてもらった。成稿は平成二十九年春だから、さすがに時間を掛け過ぎたが、その間に『青森県史資料編　近世5　南部2　八戸藩領』『青森県史資料編　近世6　幕末・維新期の北奥』『新編八戸市史　通史編Ⅱ　近世』などが刊行され、その優れた成果を取り込むことができたのは、何よりだった。多くの学恩をいただいたが、すべての方のお名前をここに挙げることはできない。その非礼をお詫び申し上げるとともに、辛抱強く待っていただいた現代書館の菊地泰博氏には、改めて感謝の意を表したい。

参考文献

（本文中に示したため省略したものもある）

○研究書・概説書など

八戸社会経済史研究会編『概説　八戸の歴史』（北方春秋社　一九六〇～六二）
八戸市立図書館編『安藤昌益』（伊吉書院　一九七四）
長谷川成一編『北奥地域史の研究―北からの視点』（名著出版　一九八八）
三浦忠司『八戸湊と八戸藩の海運』（八戸港湾運送株式会社　一九九〇）
菊池勇夫『近世の飢饉』（吉川弘文館　一九九七）
野田健次郎『安藤昌益と八戸藩の御日記』（岩田書院　一九九八）
長谷川成一『近世国家と東北大名』（吉川弘文館　一九九八）
渡辺信夫編『東北の交流史』（無明舎　一九九九）
長谷川成一ほか編『青森県の歴史』（山川出版社　二〇〇〇）
浪川健治編『下北・渡島と津軽海峡』街道の日本史4（吉川弘文館　二〇〇一）
細井計編『南部と奥州道中』街道の日本史6（吉川弘文館　二〇〇二）
地方史研究協議会編『歴史と風土―南部の地域形成』（雄山閣　二〇〇三）
三浦忠司『探訪　八戸の歴史』（八戸歴史研究会　二〇〇三）
瀧本壽史・名須川溢男編『三陸海岸と浜街道』街道の日本史5（吉川弘文館　二〇〇四）
沼田哲編『「東北」の成立と展開』（岩田書院　二〇〇二）
菊池勇夫『飢饉から読む近世社会』（校倉書房　二〇〇三）
浪川健治編『近世武士の生活と意識』（岩田書院　二〇〇四）
若尾政希『安藤昌益からみえる日本近世』（東京大学出版会　二〇〇四）
浪川健治『近世北奥社会と民衆』（吉川弘文館　二〇〇五）
三浦忠司『八戸三社大祭の歴史―江戸時代の八戸城下祭礼の伝統』（伊吉書院　二〇〇七）
長谷川成一ほか編『北方社会史の視座』1～3（清文堂　二〇〇七～〇八）
長谷川成一『北奥羽の大名と民衆』（清文堂　二〇〇八）
菊池勇夫『安藤昌益と飢饉―天災は人災なり』（安藤昌益と千住宿の関係を調べる会　二〇〇八）
吉田徳寿『安藤昌益―直耕思想いま再び』（東奥日報社　二〇一〇）
三浦忠司『八戸藩「遠山家日記」の時代』（岩田書院　二〇一二）
三浦忠司『八戸藩の歴史をたずねて』（デーリー東北新聞社　二〇一三）
三浦忠司『よみがえる八戸城下―復元絵図と藩士の由緒』（デーリー東北新聞社　二〇一六）
齋藤潔『北奥羽八戸藩の産業活動』（二〇一六）
飯村均・室野秀文編『東北の名城を歩く　北東北編』（吉川弘文館　二〇一七）

○資料集・報告書・図録ほか

『青森県史　資料編　近世1　近世北奥の成立と北方世界』（青森県　二〇〇一）
『青森県史　資料編　近世4　盛岡藩領』（青森県　二〇〇三）
『青森県史　資料編　近世　学芸関係』（青森県　二〇〇四）
『青森県史　資料編　近世5　八戸藩領』（青森県　二〇一三）
『青森県史　資料編　近世6　幕末・維新期の北奥』（青森県　二〇一五）
『南部の仏像―南部地方寺院の仏像と絵画』（青森県史叢書　二〇〇六）
『新編八戸市史　近世資料編』Ⅰ・Ⅱ・Ⅲ（八戸市　二〇〇七～一一）
『新編八戸市史　通史編Ⅱ近世』（八戸市　二〇一三）
八戸市史編纂室『はちのへ市史研究』1～7（八戸市　二〇〇三～〇九）
八戸市史編纂室「八戸の歴史双書」
①資料集「八戸南部史稿」②「八戸藩士系譜書上」③「八戸の神社寺院由来集」④「明治・大正の八戸市街図と三戸郡誌」⑤「江戸期八戸の日記集」⑥「八戸藩遠山家日記」⑦工藤祐董「八戸藩の歴史」⑧阿部　達「八戸の民俗芸能」⑨稲葉克夫「八戸の安藤昌益」⑩島守光雄「八戸の女性史」⑪太田尚充「八戸藩の武芸」⑫舘花久二男「近代八戸地方の農村生活」⑬山根勢五「八戸の漁業・近代編」
佐藤文孝『南部の相撲史』1・2（『北奥文化』二六・二七　二〇〇五～〇六）
青森県立郷土館『調査研究年報』・『研究紀要』
第二十四号「八戸南部家文書中の絵図資料について」（二〇〇〇）
第三十四・三十五号「八戸藩『四品御昇進一件』」一・二（二〇一〇～一一）
八戸市博物館『研究紀要』二一、二三（二〇〇七、二〇〇九）
酒井久男編『八戸藩士一覧』（種市町立図書館　一九九六）
酒井久男編『八戸南部藩用語辞典』（九戸歴史民俗研究会　二〇一六）
安永寿延編『増補写真集　人間安藤昌益』（農山漁村文化協会　一九九二）
港区資料シリーズ『写された港区』三（東京都港区立みなと図書館　一九八三）
『青森県の文化財』（青森県教育委員会　一九九七）
『写真が語る八戸の歴史 世紀を超えて 近世編』（八戸ガス興業株式会社　一九九九）
『図説　青森県の歴史』（河出書房新社　一九九一）
『図説　三戸・八戸の歴史』（郷土出版　二〇〇五）
『伊能図大全』5　伊能中図・伊能小図（河出書房新社　二〇一三）
展示図録『円空と学秀―庶民の心を彫る』（青森県立郷土館　一九七七）
展示図録『野澤如洋と橋本雪蕉』（青森県立郷土館　一九九四）
展示図録『描かれた青森』（青森県立郷土館　一九九九）
展示図録『八戸藩―大名の江戸と国元』（八戸市博物館　二〇〇一）
展示図録『吉田初三郎と八戸』（八戸市博物館　二〇〇六）
展示図録『「日本名山図会」と川村寿庵』（岩手県立博物館　二〇〇八）
展示図録『天璋院篤姫』（江戸東京博物館　NHKプロモーション　二〇〇八）

本田伸（ほんだ・しん）
青森県立青森商業高等学校教諭。昭和三十六年（一九六一）青森県八戸市生まれ。弘前大学人文学部卒。専攻は日本近世史（絵図史及び境界論）。
青森県史編さん近世部会事務局、青森県立郷土館学芸課を経て現職。『青森県史』『新編八戸市史』『新編弘前市史・岩木地区』の編さんに関わる。
著書、シリーズ藩物語『弘前藩』。共著『津軽・松前と海の道』『写真が語る八戸の歴史 世紀を超えて 近世編』ほか。

シリーズ藩《はん》物《もの》語《がたり》**八戸《はちのへ》藩《はん》**

二〇一八年二月二十五日 第一版第一刷発行

著者――本田伸
発行者――菊地泰博
発行所――株式会社 現代書館
東京都千代田区飯田橋三―二―五 郵便番号 102―0072 http://www.gendaishokan.co.jp/
電話 03―3221―1321 FAX 03―3262―5906 振替 00120―3―83725
組版――デザイン・編集室 エディット
装丁――中山銀士＋杉山健慈
印刷――平河工業社（本文）東光印刷所（カバー・表紙・見返し・帯）
製本――鶴亀製本
編集――加唐亜紀
編集協力――黒澤 務
校正協力――駒沢正博

 ISBN978-4-7684-7147-0

江戸末期の各藩

松前、**八戸**、七戸、黒石、**弘前**、**盛岡**、**一関**、秋田、亀田、本荘、秋田新田、仙台、松山、**新庄**、**庄内**、天童、長瀞、**山形**、上山、**米沢**、米沢新田、相馬、福島、**二本松**、三春、**会津**、**守山**、棚倉、平、湯長谷、泉、**村上**、黒川、三日市、**新発田**、村松、三根山、与板、**長岡**、椎谷、**高田**、糸魚川、松岡、笠間、宍戸、**水戸**、下館、結城、**古河**、下妻、府中、土浦、麻生、谷田部、牛久、大田原、黒羽、烏山、喜連川、**宇都宮・高徳**、壬生、吹上、**足利**、佐野、関宿、高岡、佐倉、小見川、多古、一宮、**生実**、鶴牧、久留里、大多喜、請西、飯野、佐貫、勝山、館山、岩槻、忍、岡部、**川越**、沼田、前橋、**伊勢崎**、館林、高崎、吉井、小幡、安中、七日市、飯山、須坂、**松代**、**上田**、**小諸**、岩村田、田野口、**松本**、諏訪、**高遠**、飯田、金沢、荻野山中、小田原、**沼津**、小島、田中、掛川、**相良**、横須賀、浜松、富山、加賀、大聖寺、郡上、高富、苗木、岩村、加納、大垣、高須、今尾、犬山、挙母、岡崎、西大平、西尾、吉田、田原、大垣新田、尾張、**刈谷**、西端、長島、**桑名**、神戸、菰野、亀山、津、久居、鳥羽、宮川、彦根、大溝、山上、西大路、三上、膳所、水口、丸岡、勝山、大野、**福井**、鯖江、敦賀、小浜、淀、新宮、田辺、紀州、峯山、宮津、田辺、綾部、山家、園部、亀山、福知山、柳生、柳本、芝村、郡山、小泉、櫛羅、高取、高槻、麻田、丹南、狭山、岸和田、伯太、豊岡、出石、柏原、篠山、尼崎、三田、三草、明石、小野、姫路、林田、安志、龍野、山崎、三日月、赤穂、鳥取、若桜、鹿野、**津山**、勝山、新見、岡山、庭瀬、足守、岡田、岡山新田、浅尾、松山、鴨方、福山、広島、広島新田、高松、丸亀、多度津、西条、小松、今治、松山、**大洲・新谷**、**伊予吉田**、**宇和島**、徳島、**土佐**、土佐新田、**松江**、広瀬、母里、浜田、津和野、岩国、徳山、長州、長府、清末、小倉、小倉新田、**福岡**、**秋月**、**久留米**、柳河、三池、蓮池、唐津、**佐賀**、小城、鹿島、大村、島原、平戸、平戸新田、**中津**、杵築、日出、**府内**、臼杵、**佐伯**、森、**岡**、熊本、熊本新田、宇土、人吉、延岡、高鍋、佐土原、飫肥、薩摩、対馬、五島（各藩名は版籍奉還時を基準とし、藩主家名ではなく、地名で統一した）

★太字は既刊

江戸末期の各藩
(数字は万石。万石以下は四捨五入)